国家出版基金项目
NATIONAL PUBLICATION FOUNDATION

● 国家社会科学基金项目（14BTQ075）研究成果

新民主主义革命时期中国共产党文书档案工作研究

刘迎红 著

黑龙江人民出版社

图书在版编目(CIP)数据

新民主主义革命时期中国共产党文书档案工作研究/刘迎红著. — 哈尔滨：黑龙江人民出版社，2021.5
ISBN 978-7-207-12451-7

Ⅰ.①新… Ⅱ.①刘… Ⅲ.①中国共产党—文书档案—档案工作—研究 Ⅳ.①D267

中国版本图书馆 CIP 数据核字(2021)第 105825 号

特约编辑：李庭军
责任编辑：姜新宇　陈　欣　常　松
封面设计：张　涛

新民主主义革命时期中国共产党文书档案工作研究

XINMINZHU ZHUYI GEMING SHIQI ZHONGGUO GONGCHANDANG WENSHU DANG'AN GONGZUO YANJIU

刘迎红　著

出版发行	黑龙江人民出版社
地　　址	哈尔滨市南岗区宣庆小区 1 号楼
网　　址	www.hljrmcbs.com
印　　刷	哈尔滨市石桥印务有限公司
开　　本	787×1092　1/16
印　　张	20.5
字　　数	280 千字
版　　次	2021 年 5 月第 1 版
印　　次	2021 年 5 月第 1 次印刷
书　　号	ISBN 978-7-207-12451-7
定　　价	88.00 元

版权所有　侵权必究　　　　举报电话：(0451)82308054
法律顾问：北京市大成律师事务所哈尔滨分所律师赵学利、赵景波

前　言

　　一百年前，中国共产党的诞生，成为中国历史发展进程中新的里程碑，同时为档案史学研究开辟了一个新领域。作为新中国档案事业最直接的根基与源泉，新民主主义革命时期（1919—1949）中国共产党的文书档案工作与以往任何一个历史时期相比，都具有迥然不同的风貌与特点，因而，我们有足够的理由通过深情回望和全面展现中国共产党文书档案工作百年发展的艰辛历程，充分彰显彼时中国共产党在文书档案工作上不同以往的创获与超迈，从而为中国档案事业站在新的历史起点、走向新征程提供历史鉴照。

　　在专门史研究领域，新民主主义革命时期中国共产党的文书档案工作对我们而言是历史洪流中的潜流，那么，对这段鲜为人知的历史予以全方位的审视，不仅能够从一个侧面映现我们党始终不渝的初心使命，也有助于从历史中汲取未来档案事业持久发展的精神力量。为了能够给人们了解相关研究成果及其理论与现实意义提供必要的引导，笔者将本书的主要内容概括如下：

一、清晰勾勒新民主主义革命时期中国共产党文书档案工作的演进轨迹

　　1921年中国共产党成立时形成了党的第一批纲领性文件，中国共产党文书档案工作历史由此开启。文书档案工作既是革命斗争的辅助性手

新民主主义革命时期中国共产党文书档案工作研究

段与工具,也是革命斗争的有机组成部分之一,且要服从并服务于党的中心工作。因此,该时期中国共产党文书档案工作的开展,伴随党在不同时期面临的斗争形势与时局的变换,呈现出了不同的阶段性。该时期文书档案工作依照新民主主义革命的发展进程,自然也分成第一次国内革命战争时期、第二次国内革命战争时期、抗日战争时期和解放战争时期四个阶段。通过对每个阶段文书档案工作开展的具体情况所进行的细致描述,清晰地勾勒出新民主主义革命时期中国共产党文书档案工作的全貌,以及该时期文书档案工作从草创、初步发展、进一步发展至日益加强这一发展演进的基本脉络与轨迹。通过对这一时期党的中心任务转换对各阶段文书档案工作产生的不同影响的分析,概括文书档案工作各阶段的基本特点,进而深入探讨各个阶段文书档案工作递进和发展的必然性与规律。

二、全面阐述新民主主义革命时期文书档案机构设置状况、职能与特点

文书档案机构是对文书工作与档案工作进行管理的组织设施。该时期中国共产党的文书档案工作尚未形成统一的管理体制,文书档案工作往往主要在党政军三个系统中分别开展。各系统的文书档案机构基本可划分为两种形式:一是文书档案工作的组织领导机构——各级秘书处。由于该时期未将文书处理与档案管理视为独立的工作领域,只是机关秘书工作的重要组成部分,所以没有专属的行政管理机构,文书档案事务的组织领导统辖于秘书部门。二是文书档案保管机构。各级秘书处下设的秘书室、文书科、文件保管处、材料科等名称各异的机构承担文书处理与档案管理工作。因文书工作与档案工作的密切联系,以及出于便于利用的整体考虑,早期文书处理与档案管理往往在一个机构内进行。而文书工作与档案工作具有的特定专业要求,又在抗战之后使文书档案保管机

构逐渐分离,具备一定的独立性。该时期文书档案机构设置形成了较固定的层次,呈现出整体分散与局部统一相结合、职能多样与交互相适应、机构小而精与工作高效性相一致的特点。

三、细致梳理新民主主义革命时期文书档案人员选择与任用的基本概貌与制度设计

文书档案人员是文书档案工作的承担者。新民主主义革命时期,文书档案人员的设置相当普遍,主要由秘书和文书组成,在整个革命队伍中属于知识分子阶层。这一时期,中共中央为了发现、培养和充分发挥各类知识分子的作用,出台了一系列的政策、法规与制度,初步建立起了文书档案人员的选任机制和组织保障措施。文书档案人员的选用主要从政治观念和态度、政治面貌、工作经验、文化水平、专业技能、社会关系等方面进行综合考察,但更侧重于政治上的绝对忠诚和对各项纪律尤其是保密纪律的严格遵守。对文书档案人员入职任用后的基本要求,主要集中于文书档案人员要具有奉献牺牲精神、加强政治学习、日益提升专业技能等方面,并制定了相应的奖惩措施。值得注意的是,本书特设一节,对文书档案人员中的杰出代表在该时期肩负使命、不负重托、无惧牺牲、默默奉献的英雄事迹加以介绍。他们坚定的信仰、过人的勇气、足够的智慧和忘我的工作态度,必定成为激发新时代文书档案人员为国守史、为民服务、实现中华民族伟大复兴的强大精神力量。

四、系统分析新民主主义革命时期中国共产党文书档案工作法规制度建设及时代特点

新民主主义革命时期,中国共产党相继出台了一批文书档案管理的法规制度与规范,在法规制度建设上,体现出明显的创新性。这种制度上的创新,表现为从无到有的制度创立过程与为解决问题和矛盾的制度探

索活动。该时期的文书档案法规,既有对文书档案机构设置与职能、文书档案人员行为要求、机构和个人违法违规行为的惩处规定等的原则性和一般性规范,也有对文书处理的各主要业务流程和档案管理的各主要业务环节的相关规定。这一时期,中国共产党文书档案法规制度具有鲜明的时代特点:既具开创性,又具粗浅性;既有原则性,又具灵活性;既有整体性,又有局部性;既有连续性,又具阶段性。但受各种因素制约,文书档案法规制度建设方面也存在明显的缺陷:法规制度层次较低,尚未建立起文书档案法规制度体系;法规制度在内容上呈现单一性,缺少对文书档案工作的总体性要求。该时期的文书档案法规制度反映了着眼于解决存在的突出问题的针对性,虽不甚科学、系统,但比较灵活、实用、有效。

五、详尽呈现新民主主义革命时期中国共产党文书处理与档案管理的各具体业务流程,从而真实反映该时期文书档案工作水平

新民主主义革命时期,中国共产党已经初步建立起了文件及其处理、档案及其管理工作一般性的方法与程序。从文件处理方面考察,本书首先对该时期文件具体名称种类进行了统计,并介绍了文件的体式及特殊要求。在此基础上,对文件处理(发文处理与收文处理)各环节、各流程的具体要求与基本做法,各阶段文件整理归档的主要程序与步骤,都进行了细致而全面的描述。从档案管理方面考察,着重对文件的收、管(保管保护)、利用加以介绍。本书以收集主体、收集范围和收集方式三者的有机结合,介绍这一时期文件收集工作的基本状况。从文件材料的常规化保管与保护、危机与特殊情况下档案文件的处理与保护、各斗争阶段档案文件保密规定与措施三个角度切入,比较详尽地概括了该时期有关档案文件保管保护的规定与具体举措。对该时期阅览、发借、异地调阅、编研出版、公布等档案材料,在利用的状况方面进行系统概述,充分论证档案

利用在传达会议精神、贯彻执行中国共产党的方针政策、保护与保存文电材料、总结历史经验与教训、进行政治动员和宣传等方面的作用。

六、深入探讨新民主主义革命时期中国共产党领导人对文书档案工作的理解与认识，从而展现领导的重视关怀与该时期文书档案工作发展之间的联系

社会变革的先导、先进阶级的杰出代表、无产阶级革命斗争的领导者和组织者——中国共产党的领袖们，以他们对文书档案工作的深刻理解，给予文书档案工作以巨大的关注与关怀。无论是宏观层面上政策、制度的制定及全面指示，还是微观层面上的亲自指点及躬亲力行，都为该时期文书档案工作起到了方向性、指导性、示范性的奠基作用。本书主要围绕毛泽东、刘少奇、朱德、周恩来、任弼时、瞿秋白、邓小平等中国共产党早期领导人对文书档案价值、文书档案工作作用的总体认识，全面探讨、评析他们的档案思想；通过他们在文书处理与档案管理各主要方面甚至许多流程上所做出的指示与批示的具体内容，借以表明正是党中央和党的领袖们的领导、重视与关怀，才为不同时期文书档案工作的发展指明了方向，提出了有效的策略与办法；通过对相关史料的梳理，展示党的领导人亲自参与文书档案工作的具体实践和领导文书档案工作的主要事例。可以说，中国共产党的领袖们摒弃了以往统治阶级对文书档案工作的偏狭认知，以无产阶级革命家的胸怀与视野，使文书档案工作的独特作用在新民主主义革命过程中得以充分发挥。

七、客观评析新民主主义革命时期中国共产党文书档案工作的时代特点、历史贡献及当代启示

新民主主义革命时期的文书档案及文书档案工作，除了具体业务环节外，在各个方面都焕发出新的生机与活力，呈现出不同于以往任何时期

的时代特征。该时期文书档案工作特点如下:为我国档案事业发展注入了新的时代力量,奠定了重视文书档案工作的优良传统,因时因地制宜开展文书档案工作,铸就了文书档案人员信仰忠贞与无私奉献的革命精神。该时期文书档案工作又以特定的形式在革命斗争、社会进步和发展等诸多方面做出了应有的贡献,这些贡献具体体现为:开启了我国档案事业发展新阶段,成为新民主主义革命取得胜利的重要保障之一,全方位记录并保存了新民主主义革命的发展历程,为新中国档案事业的发展奠定了坚实的基础,铸就了具有丰富内涵和时代特点的革命精神,形成了优良的工作作风。与此同时,本书从该时期文书档案工作特点及历史贡献的主要方面,尤其是文书档案工作中所透现出的崭新风貌入手,探讨该时期文书档案工作的成功经验对于加强和推动新时期档案事业发展有哪些重要的借鉴意义与有益的历史启示。

作为百年前中国共产党所领导的新民主主义革命不可分割的组成部分,其时的文书档案工作既是新民主主义革命取得胜利的基本保障,同时又成为社会主义革命与建设时期文书档案工作最重要的基础。因而,蕴含于该时期文书档案工作中具有恒久意义的时代价值与精神,后人是需要了解、学习和旌扬的。

目　录

绪　论 ·· （1）
　一、研究的目的与意义 ·· （2）
　二、相关研究现状综述 ·· （3）
　三、主要研究内容、研究方法与创新之处 ····················· （17）
　四、关于本研究几个需要说明的问题 ··························· （22）

第一章　新民主主义革命时期中国共产党文书档案工作发展演变历程
　·· （25）
　第一节　第一次国内革命战争时期中国共产党文书档案工作的
　　　　　创设（1921年7月至1927年7月） ················· （25）
　　一、文件的形成与文书档案工作的建立 ····················· （26）
　　二、文书档案人员设置与文书档案机构的产生 ··········· （27）
　　三、建党早期档案工作的开展 ·································· （28）
　第二节　第二次国内革命战争时期中国共产党文书档案工作的
　　　　　初步发展（1927年8月至1937年7月） ············ （30）
　　一、各级党组织在国统区的文书档案工作 ·················· （31）
　　二、农村革命根据地的文书档案工作 ························ （35）
　　三、中国工农红军的文书档案工作 ··························· （36）
　　四、长征前后中国共产党的文书档案工作 ·················· （38）

第三节　全面抗日战争时期中国共产党文书档案工作的进一步
　　　　发展(1937年7月至1945年8月) ……………………(39)
　一、党组织的文书档案工作 ………………………………………(40)
　二、抗日民主政权文书档案工作的发展 …………………………(41)
　三、八路军、新四军的文书档案工作 ……………………………(42)
　四、抗战时期国统区的文书档案工作 ……………………………(43)
　五、干部档案和干部档案工作的建立 ……………………………(44)

第四节　解放战争时期中国共产党文书档案工作的日益加强
　　　　(1945年8月至1949年10月) ………………………(45)
　一、解放战争初期档案的清理与保藏 ……………………………(45)
　二、战略防御阶段档案的疏散转移 ………………………………(46)
　三、战略反攻阶段对旧政权档案的接管 …………………………(47)
　四、党政军文书档案工作的全面发展 ……………………………(48)

第二章　新民主主义革命时期中国共产党文书档案机构设置及其职能
　……………………………………………………………………(51)

第一节　文书档案机构设置基本状况 ……………………………(51)
　一、第一次国内革命战争时期文书档案机构的初设 ……………(52)
　二、第二次国内革命战争时期文书档案机构的普遍建立 ………(53)
　三、抗日战争时期文书档案机构的全面恢复与发展 ……………(57)
　四、解放战争时期文书档案机构的转移与逐步健全 ……………(61)

第二节　文书档案机构的主要职能 ………………………………(65)
　一、文书档案工作组织领导机构——各级秘书处的职能 ………(65)
　二、文书处理与档案保管机构的职能 ……………………………(68)

第三节　文书档案机构设置特点 …………………………………(72)
　一、机构设置的科层性与自我调适性相始终 ……………………(73)
　二、组织体系的分散性与局部的统一管理相结合 ………………(74)

三、机构职能的多样性与交互性相适应 …………………… (76)
四、机构的精简化与工作的高效性相一致 …………………… (79)

第三章 新民主主义革命时期中国共产党文书档案人员设置及选任 …………………………………………………………… (81)

第一节 文书档案人员配置概况 …………………………… (81)
一、秘书、文书之设 …………………………………………… (82)
二、技术书记之设 ……………………………………………… (86)
三、各级秘书长之设 …………………………………………… (87)
四、其他与文书档案工作相关的人员设置 …………………… (89)

第二节 文书档案人员的选任 ……………………………… (90)
一、中国共产党相关的政策规定 ……………………………… (90)
二、选择文书档案人员的基本条件 …………………………… (93)
三、文书档案人员任用的要求 ………………………………… (96)

第三节 文书档案人员英雄事迹择要 ……………………… (101)
一、以生命保护党的文件安全的楷模——张宝泉烈士 ……… (101)
二、"一号机密"保管者——一组英烈群像 ………………… (102)

第四章 新民主主义革命时期中国共产党文书档案工作法规制度建构 …………………………………………………………… (107)

第一节 文书档案法规制度建设概览 ……………………… (108)
一、第一次国内革命战争时期中国共产党文书档案工作制度的起源 ……………………………………………………………… (108)
二、第二次国内革命战争时期文书档案法规制度的建立 …… (109)
三、抗日战争时期文书档案法规制度建设的加强 …………… (112)
四、解放战争时期文书档案法规制度建设的新发展 ………… (114)

第二节 文书档案法规制度的主要内容 …………………… (116)
一、有关文书档案工作的一般性规定 ………………………… (116)

— 3 —

二、有关文件及文件处理的相关规定 …………………… (117)
　　三、有关档案及档案管理的相关规定 …………………… (118)
　第三节　文书档案法规制度的特点及成因 ………………… (119)
　　一、文书档案法规制度的时代特点 ……………………… (120)
　　二、文书档案法规制度特点的动因 ……………………… (128)

第五章　新民主主义革命时期文件与文件处理工作 ………… (134)
　第一节　文件的种类与体式 ………………………………… (134)
　　一、文件的种类 …………………………………………… (134)
　　二、文件的体式 …………………………………………… (139)
　　三、文件种类及体式的特点 ……………………………… (147)
　第二节　文件处理工作概况 ………………………………… (149)
　　一、发文之处理 …………………………………………… (149)
　　二、收文之处理 …………………………………………… (156)
　第三节　文件的整理归档 …………………………………… (159)
　　一、第一次国内革命战争时期文件的简单归类 ………… (159)
　　二、第二次国内革命战争时期文件整理制度的确立 …… (162)
　　三、抗日战争时期文件的整理与编目 …………………… (168)
　　四、解放战争时期文件整理归档的实践及研究 ………… (175)
　第四节　电报档案与干部档案的整理 ……………………… (180)
　　一、有关电报档案的整理要求 …………………………… (180)
　　二、干部档案及其整理 …………………………………… (184)

第六章　新民主主义革命时期中国共产党档案管理工作 …… (186)
　第一节　文件材料的收集工作 ……………………………… (186)
　　一、各级党政军机关文件的收集 ………………………… (187)
　　二、中央各部委收集本系统内的文件材料 ……………… (192)
　　三、书报刊物的收集与汇编 ……………………………… (194)

四、各类特殊材料的收集 ·················· (197)
　　五、对文件材料大规模的集中收集 ············ (198)
　　六、专题性文件材料收集工作的开展 ··········· (200)
　第二节　档案文件的保管、保护与保密 ············ (203)
　　一、文件材料的常规化保管、保护 ············ (204)
　　二、危机与特殊情况下档案文件的处理与保护 ······ (207)
　　三、各斗争阶段档案文件保密规定与措施 ········ (212)
　　四、有关军事文件保密工作的严格要求 ·········· (214)
　　五、对旧政权档案的保护性接收 ·············· (216)
　第三节　形式多样的档案文件利用 ·············· (217)
　　一、文件材料的阅览 ···················· (218)
　　二、文件的发借与清退催还 ················ (218)
　　三、档案的异地调阅 ···················· (219)
　　四、档案文件的编研 ···················· (220)
　　五、档案文件的公布 ···················· (229)

第七章　党的领导人与新民主主义革命时期文书档案工作发展
　　··································· (232)
　第一节　党的领导人对文书档案、文书档案工作的总体认识
　　··································· (232)
　　一、对文书档案价值的充分体认 ·············· (233)
　　二、对文书档案工作作用的宏观认识 ············ (238)
　第二节　党的领导人对文书档案工作的指示 ········ (241)
　　一、对文书档案工作的总体指示 ·············· (241)
　　二、对文书处理工作的指示 ················ (244)
　　三、对档案管理工作的指示 ················ (251)
　　四、对文书档案人员的关心与爱护 ············ (254)

第三节　党的领导人亲自参与及领导文书档案工作 ………… (256)
　一、兼任文书档案人员或直接领导文书档案工作 ………… (256)
　二、亲自参与文件的起草与经办 ………………………… (258)
　三、亲自参与文件整理 …………………………………… (259)
　四、亲自保管档案文件 …………………………………… (260)
　五、指导和参与档案文献汇编工作 ……………………… (262)

第八章　新民主主义革命时期中国共产党文书档案工作特点、历史
　　　　贡献及其当代意蕴 ……………………………………… (265)
　第一节　中国共产党文书档案工作的时代特征 ……………… (265)
　　一、为档案事业发展注入了新的时代力量 …………… (266)
　　二、奠定了重视文书档案工作的优良传统 …………… (269)
　　三、紧密结合斗争实际，因时因地制宜开展工作 …… (271)
　　四、培养了文书档案人员忠诚信仰的政治品格与奉献牺牲的精神
　　　　……………………………………………………… (273)
　第二节　中国共产党文书档案工作的历史贡献 ……………… (275)
　　一、开启了我国档案事业发展新阶段 ………………… (276)
　　二、成为新民主主义革命取得胜利的重要保障之一 … (276)
　　三、真实记录、有效保存了反映新民主主义革命进程的文献资料
　　　　……………………………………………………… (280)
　　四、为新中国档案事业的发展奠定了坚实的基础 …… (282)
　　五、铸就了具有丰富内涵和时代特点的职业精神 …… (283)
　　六、形成了优良的工作作风 …………………………… (284)
　第三节　新民主主义革命时期中国共产党文书档案工作的启示
　　　　……………………………………………………… (290)
　　一、中国共产党的领导是文书档案工作建设与发展的根本保证
　　　　……………………………………………………… (290)

二、文书档案工作要与社会实践紧密结合,为社会各项建设提

　　供良好的服务 ………………………………………… (291)

三、法规制度建设是文书档案工作持久开展的基本保障 …… (292)

四、坚定信仰、勇于担当、善于思考、乐于服务是文书档案人员

　　永远的价值追求 ……………………………………… (293)

五、应继承和发扬党的优良传统与作风 ……………………… (294)

参考文献 ……………………………………………………… (297)

后　　记 ……………………………………………………… (310)

绪　　论

人们通常认为，对历史的回顾影响着对未来的选择，实际上，关于现实的定位和未来的选择更容易凸显历史的记忆。因为历史并不仅仅意味着既往的静态性存在，它更意味着后人对其历久弥新的记忆、叙述与昭阐。如果我们承认这一点，那么，我们有足够的理由回溯到近百年前，对我们今天档案事业发展最直接的根基与源泉——新民主主义革命时期中国共产党的文书档案工作予以全方位的省视。早在2003年，时任浙江省委书记的习近平同志在考察浙江省档案局（馆）工作时就曾精辟地指出："之所以说档案工作是一项非常重要的工作，主要是因为档案工作是一项基础性工作，经验得以总结，规律得以认识，历史得以延续，各项事业的发展，都离不开档案。"①对新民主主义革命时期文书档案工作的全面厘析，正是基于总结经验，认识规律，深入思索，在珍贵的历史记录中找寻和解读中国共产党初心之源头。因此，我们希冀通过考察特定历史阶段中国共产党文书档案工作形成和初步发展的历史嬗变轨迹，认真分析该时期中国共产党文书档案工作价值诉求的时空语境，从而揭示其历史必然性；通过系统梳理在艰苦的战争环境中，中国共产党文书档案工作开展的整体状况，对此间中国共产党文书档案工作的时代特征、历史贡献及其当代意蕴加以客观的估衡，进而为信息化条件下中国档案事业发展过程中的

---

① 《省委书记、省人大常委会主任习近平同志在考察省档案局省档案馆时的讲话》，《浙江档案》2003年第6期。

新民主主义革命时期中国共产党文书档案工作研究

价值重构与探求提供可能的智识启迪。

一、研究的目的与意义

中国共产党的诞生及新民主主义革命的兴起,是中国历史发展进程中的一个新的里程碑,同时为中国共产党党史及档案史学研究开辟了一个新领域。新民主主义革命时期中国共产党文书档案工作的建立,开启了无产阶级档案工作的新时代,从而为近代中国档案事业注入了最进步、最富有朝气、最具时代性的力量。中国共产党文书档案工作的发展,一方面主要依靠自身在革命斗争中不断进行有益的探索和创新;另一方面,受到了苏联与共产国际文书档案工作的有限影响,也在国共合作期间零星地吸收了国民政府文书档案管理的先进经验。但该时期中国共产党的文书档案工作,绝不同于苏俄,更不同于国民政府,展现出与其他任何历史时期文书档案工作迥然有别的、鲜明的时代特征,它是社会环境、中国共产党民主政权建设与文书档案工作自身发展综合作用的结果。在档案事业发展达到相当水平的今天,重温这一时期文书档案工作实践,总结这一时期文书档案工作取得的成就与经验,对于今天档案事业的发展具有重要的指导与借鉴意义。

首先,新民主主义革命时期中国共产党文书档案工作对我们而言是历史洪流中的陌生潜流,相较于这一时期中国共产党党史、军事斗争史、经济发展史、文化建设史、法律史等领域的问题而言,文书与档案史的研究相当薄弱。因而,有必要通过系统的阐述将这段鲜为人知的历史呈现在世人面前。同时,以翔实的史料和系统的论证,进一步审视并明晰该时期文书档案工作在我国档案事业发展整个历史进程中的贡献与地位。

其次,该时期中国共产党的文书档案工作,既是革命斗争中的一条特殊战线,也成为革命斗争中不可或缺的一环。只有对其时文书档案工作的基本原则、核心内容、具体方式、一般程序、主要方法、制度标准等进行细致而全面的考察,才能对文书档案工作在新民主主义革命中发挥的独特作用予以应有的观照。而且与中国的历代旧政权相比,该时期文书档案工作性质发生了本质的变化,融入了许多新的成分与内容,我们需要对此做出理性的判断、对比与分析,借此阐明该时期在文书档案工作方面不同以往的创获与超迈。

再次,新民主主义革命时期中国共产党的文书档案工作有其自身的发展特点和规律,尤其是在持续的战争与地下斗争这一特定的历史条件下,中国共产党的领袖们对文书档案工作认识上的远见卓识、在文书处理与档案管理实践上的亲力亲为,战时文书档案管理制度的建立,文书档案工作的思想、原则与经验,文书档案工作者坚定的信仰和甘于奉献、舍生忘死的精神等,后人是需要了解、学习和旌扬的。不唯如此,新民主主义革命时期的文书档案工作还是我们今天档案工作最直接的历史渊源,彼时文书档案工作中的优长与局限性,均应予以理性地吸摄和否弃。

本研究将以新的视野,多角度全方位地展现新民主主义革命时期文书处理与档案保管的状况,对文书档案管理思想、原则、制度加以多维度的审视,对文书档案工作在新民主主义革命时期发挥的独特作用给予客观的肯认,对文书档案人员忠诚信仰、不负使命的事迹与崇高精神给予充分的彰显,同时省思存在的不足,使其为今天文书档案工作提供丰厚的物质与精神财富,也使之成为未来档案事业可持续发展与传承的历史鉴照。

二、相关研究现状综述

新民主主义革命时期中国共产党文书档案工作的研究发轫于20世纪50年代,但当时只有个别的成果。即使在今天看来,围绕该问题研究的成果数量与文书档案工作其他领域的研究相比,尚不够丰富,而从成果绝对数量上考察,还是有了一定的积累。为了能够更好地把握该项研究在国内史学界和档案学界的研究状况,充分了解当下学界对该课题的认

新民主主义革命时期中国共产党文书档案工作研究

识领域与水平,笔者着手展开学术搜索与调研,寄希望于通过对新民主主义革命时期中国共产党文书档案工作相关研究成果的文献梳理,发现并厘清该课题的基本研究现状,以此为本课题后续问题的展开提供参考与借鉴。相较于国内的研究,国际档案学界因受到各种主客观因素的制约,至今未有涉猎此领域相关问题研究的成果。

(一)相关文献概述

目前,国内对新民主主义革命时期中国共产党文书档案工作加以探讨的著作类成果屈指可数,与本研究直接相关的仅有5部,分别简单介绍如下:

1.《中共文书档案工作简史(1921—1949)》

该书由费云东、潘合定编著,出版于1987年。作为国内唯一专门探讨新民主主义革命时期中国共产党文书档案工作的开山之作,《中共文书档案工作简史(1921—1949)》的开创之功正如档案学家裴桐为该书所作序中所言:"在我国数千年的文书档案历史中,又出现了一个新的篇章。"[①]《中共文书档案工作简史(1921—1949)》按照新民主主义革命四个历史阶段的递进,首次对中国共产党文书档案工作的历史演变过程做了较为细致的梳理,真实地再现了这一时期文书档案工作的全貌。

2.《中共秘书工作简史(1921—1949)》

该书由费云东、余贵华著,出版于1992年。这部专著尽管着眼于该时期的秘书工作,但由于新民主主义革命时期文书处理、档案保管工作的组织与领导归属于秘书部门,因而该成果涉及众多有关文书档案工作的内容。该成果也基本以这一时期历史阶段发展为线索,逐次对不同历史阶段党、政、军各系统的秘书工作开展加以探讨。

3.《中共保密工作简史(1921—1949)》

该书由费云东主编,出版于1994年。由于文书档案工作是中国共产

---

① 费云东、潘合定编著:《中共文书档案工作简史(1921—1949)》,档案出版社1987年版,第1页。

党机要工作的组成部分之一,做好保密工作非常重要,因此该成果与这一时期文书档案工作的部分内容有一定的契合。这部专著反映了新中国成立前中国共产党保密工作的历史面貌,概述了中央对保密工作的指示,其时保密工作的方针、政策、方法,涉及保密教育、纪律、制度、检查等各个方面。

4.《中共档案文献征集》

该书由费云东著,2004年出版,专门论述新中国成立前中国共产党档案的征集工作。专著主要对征集名人文稿、新民主主义革命时期四个阶段的档案征集工作、调查研究在征集工作中的作用、征集工作中需要处理好的几种关系、曾三与征集工作、征集工作者的基本素质等问题进行了论述。

5.《陈为人传》

该书由吕芳文著,1997年出版。这部著作记述了中国共产党早期党员、东北地区党组织的主要奠基人之一——陈为人烈士在传播马克思主义、领导工农运动和在隐蔽战线复杂斗争方面的重要贡献,其中部分内容对陈为人在上海保护党中央秘密档案库档案文件的光辉事迹做了简要的概括。

以上除《陈为人传》外的其他四部著作,有两个共同的特点:其一,主要著述者都是中央档案馆"老档案"费云东,他在此方面的研究不仅具有开创之功,也颇具权威性;其二,四部著作成果均以大量翔实的档案、文献资料,以清晰的脉络,描绘了一幅壮阔而曲折的中国共产党文书档案工作发展的历史画卷。

此外,有限的中国档案史教材、秘书史教材、档案学丛书对新民主主义革命时期中国共产党文书档案工作历史略有涉及。如周雪恒主编的《中国档案事业史》教材,将该时期的文书档案工作独立成章,并对主要内容加以概括介绍;刘国能主编的《当代档案事业丛书》和专著《档案观——档案人生·档案业务·世界档案》在阐述中国档案事业发展历程时,也对该时期文书档案工作进行了简要的回顾。

除了专著与教材,还有一定数量围绕新民主主义革命时期中国共产

新民主主义革命时期中国共产党文书档案工作研究

党文书档案工作相关问题进行研究的成果,其中以期刊论文为最,加之少量的学位论文等。这些成果从不同视角对该时期中国共产党文书档案工作加以探讨,使相关研究内容得到了进一步的补充与丰富。因此,本课题主要以论文成果统计来做文献检索和数据分析。

(二)论文成果文献检索

1. 主要数据来源及检索结果

笔者主要选取中国知网(CNKI)数据库所收录的各类学术期刊,尤其是中共党史、档案学期刊已发表的有关新民主主义革命时期中国共产党文书档案工作方面的学术文献,同时参考中文社会科学引文索引(CSSCI)中收录的相关期刊文献数量,对与该课题相关的既有成果加以全面的统计。

新民主主义革命时期中国共产党文书档案工作有着极其丰富的内容,概括讲,在整个新民主主义革命时期,不同的斗争阶段,不同时期与不同地区党的各级组织、党建立并领导的各级民主政权和人民军队以及群众组织的文书档案工作,呈现出了不同的面貌与特点,那么,仅以"新民主主义革命时期中国共产党+文书(并文书工作)""新民主主义革命时期中国共产党+档案(并档案工作)"作为关键词来进行文献检索,无疑会以偏概全。因此,笔者依据已有的知识储备和前期的资料阅读,希望通过对以下检索项的细致划分来展现该课题研究成果的一般状况,见表0-1。

表0-1 与课题相关的主要检索项论文数量统计

基本类别	检索项(主题词+关键词)	期刊论文	学位论文	总数量
历史时期	新民主主义革命时期(建国前、民主革命时期,新中国成立前)	11	3	14
各个斗争阶段	第一次国内革命战争时期(大革命时期)	2		2
	第二次国内革命战争时期(土地革命战争时期)+长征时期	3		3
	抗日战争时期(抗战时期)	7		7
	解放战争时期	4		4

续表

基本类别	检索项(主题词+关键词)		期刊论文	学位论文	总数量
党组织的文书档案工作	中央秘书处(包括下属机构)		4		4
	中央局		1		1
	各地方党组织(国统区、白区)		2		2
民主政权文书档案工作	根据地政权	苏维埃政权(苏区)	4		4
		抗日民主政权(抗日根据地)陕甘宁+晋察冀+其他	8	1	9
		解放区	3		3
军队的文书档案工作	红军		2		2
	八路军、新四军		2		2
	中国人民解放军		0		0
党的领导人与文书档案工作	毛泽东		46	1	47
	刘少奇		12		12
	周恩来		37	1	38
	朱德		6		6
	邓小平		15		15
	瞿秋白		5		5
	其他领导人		7		7
代表性的档案人员	陈为人、张唯一、陈来生等		17+10	1	28
	曾三等		6	1	7
专门档案(载体、内容、技术)	电报档案、干部档案、照片档案、邮政档案等		10		10
研究成果较集中	中央文库		30		30
	《文件处置办法》		6		6
其他	其他		26		26
总计			286	8	294

笔者在中国期刊全文数据库和中国优秀博士、硕士论文全文数据库,

新民主主义革命时期中国共产党文书档案工作研究

将文献发表的起始时间设定为1980年,成果终止时间设定为2020年12月31日,以"主题"并包"关键词"作为检索条件,在所有的检索项后+文书(并文书工作)+档案(并档案工作、档案管理、档案保管)+秘书(并秘书工作),分别进行检索项与不同主题词和关键词相互搭配的多次检索。与主题词、关键词直接相关的文献共计400篇,经细致浏览、阅读、梳理,查检出与该研究相关的学术文献共294篇,这些文献发表年度与数量统计见表0-2。

表0-2 中国知网(CNKI)收录相关文章统计

年份	1980	1981	1982	1983	1984	1985	1986	1987	1988	1989	1990	1991	1992	1993
收录篇数	1	2	2	2	9	6	10	2	1	1	3	6	5	18
年份	1994	1995	1996	1997	1998	1999	2000	2001	2002	2003	2004	2005	2006	2007
收录篇数	7	3	4	14	16	4	3	6	10	2	4	3	5	6
年份	2008	2009	2010	2011	2012	2013	2014	2015	2016	2017	2018	2019	2020	
收录篇数	13	21	22	15	6	12	11	12	7	4	5	5	4	

在此基础上,通过中文社会科学引文索引共查检出25篇相关文献,其中大部分文献包含在中国知网已检索出的文献中,文献发表年度与数量统计见表0-3。

表0-3 中文社会科学引文索引(CSSCI)收录文章统计

年份	1998	1999	2000	2001	2002	2003	2004	2005	2006	2007
收录篇数	4	1	1	0	0	1	1	2	1	0
年份	2008	2009	2010	2011	2012	2013	2014	2015	2016	2017
收录篇数	0	0	2	1	1	0	1	0	4	2
年份	2018	2019	2020							
收录篇数	1	2	0							

为了更清晰地展示研究成果的基本状况,依据检索结果生成了中国知网收录论文数量分布图(见图0-1),以及中文社会科学引文索引收录论文数量分布图(见图0-2)。

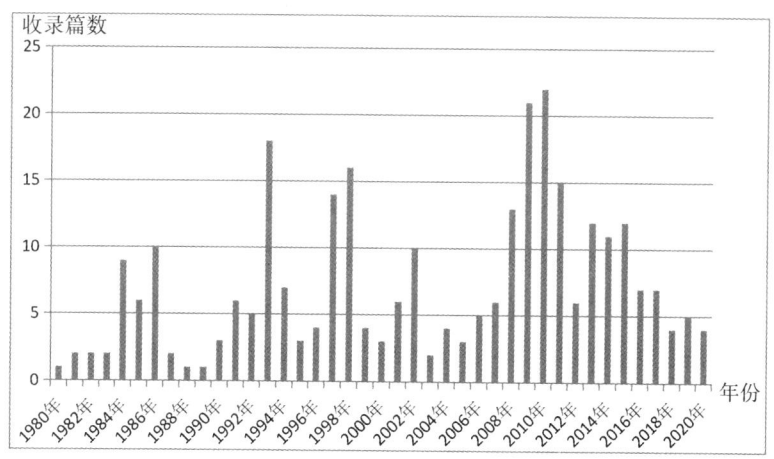

图 0-1 中国知网（CNKI）收录论文数量分布图

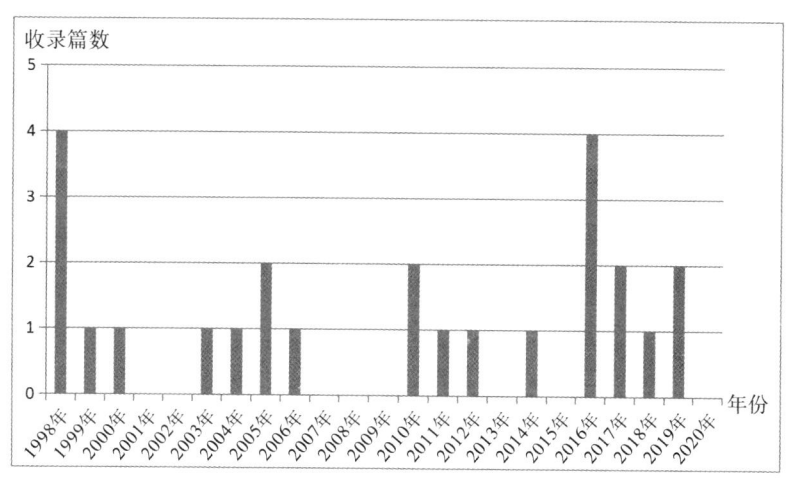

图 0-2 中文社会科学引文索引（CSSCI）收录论文数量分布图

2. 文献检索结果的统计分析

表 0-2、表 0-3、图 0-1、图 0-2 中相关数据显示：我国档案学界对新民主主义革命时期中国共产党文书档案工作进行持续的研究肇始于 20 世纪 80 年代，此前仅有零星的成果。2008 年至 2011 年，国内对有关

新民主主义革命时期中国共产党文书档案工作研究

问题的研究达到高潮,在认识问题角度与认知范畴上都有了一定的提升。笔者检索的文献中最新的一篇发表于 2020 年,由此我们可以看出在整整 40 年里,理论研究具有持续性和连续性,一直有学者从事与本课题有关的科研工作,一直在不断推进相关研究的学术进步。

表 0-1 显示,在 294 篇成果中,绝大多数成果为期刊论文,只有 8 篇学位论文,其中 7 篇为硕士学位论文,1 篇为博士学位论文,这表明该课题研究在高层次教育教学领域并未受到普遍关注。

从图 0-1 的分布图考察,该主题研究呈现曲线型趋势,高低起伏较大。如果将文献年份与数量关系加以比对,笔者发现文献数量在新一轮研究高峰期出现时,较多的年份有:1993 年、1997 年、1998 年、2008 年至 2011 年,几乎都处于具有纪念意义的年份。上述年份分别为毛泽东 100 周年诞辰、香港回归、周恩来 100 周年诞辰、北京奥运会、新中国成立 60 周年、中国共产党成立 90 周年,充分体现出专业史学研究在有重大纪念意义的年份会较为繁荣的一般性特点。

(三)国内研究现状综述

笔者主要依据对文献的阅读并结合上述统计结果分析,认为国内关于本课题的研究成果主要集中在以下几个方面:

1. 对中国共产党早期领袖们的档案思想研究

统计显示,老一辈无产阶级革命家(中国共产党第一代领导人)于新民主主义革命时期对文书档案工作认识、重视与关怀、具体实践的研究,在所有成果中数量最多,达 130 篇之众,占所有文献的 44.2%。其中以对毛泽东、刘少奇、周恩来、朱德、邓小平、瞿秋白的研究居多,尤以毛泽东为最(46 篇),余下的成果主要论及任弼时、董必武对文书档案工作的关心。这一时期中国共产党早期领导者们对档案工作地位与作用的认识,对档案工作做出的指示和批示,亲自参与文书档案收集和管理等,成为研究的核心内容。依笔者之见,《毛泽东与档案工作》[①]《刘少奇情系档案事业》[②]《朱总司令与红军档案》[③]《周恩来档案学思想渊源探微》[④]是其中的佳作,虽视角各有偏重,但阐述都较为充分。

2. 对中央文库的研究

中央文库是该时期专门保管党中央和中央各部委从中国共产党成立至1931年党中央迁入苏区前形成的档案文件的专门机构。据统计,有30篇文献(占所有文献的比例为10.2%)对党中央地下档案库——中央文库相关问题进行了探讨,大多数成果集中于对中央文库设置的背景、中央文库发展始末、保存于文库的档案的主要内容、在党中央撤出上海后中央文库档案保管保护等系列问题进行了研究。其中费云东撰写的《中央文库纪实》[⑤]和《中央文库历险纪实》等系统文章,以翔实的史料与生动的事例,全面介绍了中央文库在上海设立、多次遇险、辗转于不同保管者直至中央文库保存的档案最后安全交给党中央的过程,文章将那段鲜为人知的历史事实细致而完整地呈现出来,对于了解与认识中央文库在这一时期中国共产党文书档案工作中的经历与特殊地位,提供了有益的参考。

3. 对该时期文书档案工作者中杰出代表们的工作和事迹加以推介

在35篇相关文献(占所有文献的比例为12%)中,记叙文书档案人员光辉事迹的有28篇,主要是对中央文库的首任保管者、最后一任保管者及领导者陈为人、陈来生和张唯一的事迹介绍,其中仅关于陈为人的事迹就近20篇。28篇文献,对那一时期以陈为人、陈来生、张唯一等为杰出代表的中国共产党文书档案工作者在中央文库档案保管、整理、保护中

---

① 刘芳莲:《毛泽东与档案工作》,《档案学通讯》1998年第5期。
② 费云东、刘静一:《刘少奇情系档案事业》,《档案天地》2009年第12期。
③ 潘合定、费云东:《朱总司令与红军档案》,《档案学通讯》1986年第3期。
④ 陈坚:《周恩来档案学思想渊源探微》,《档案与建设》1993年第2期。
⑤ 费云东:《中央文库纪实》,《北京政协》1998年第2期。

新民主主义革命时期中国共产党文书档案工作研究

所做出的突出成绩与独特贡献进行了全方位的展示。余下7篇主要是关于新中国档案事业的奠基人曾三在当时工作状况的描述,集中于曾三担任中央秘书处负责人时期对文书档案工作特别是解放战争后期中央档案大转移工作的统一指挥。其中名为《曾三档案工作与档案学理论研究》的硕士学位论文,对该时期曾三从事文书档案工作的情况与后来成长为文书档案工作具体领导者的历程进行了回顾,对于曾三在该时期对文书档案工作、文书档案工作制度建设上的认识做了比较充分的阐述。①

4.对《文件处置办法》的研究

《文件处置办法》是中国共产党最早关于文书档案管理的指导性、纲领性文件,在中国共产党文书档案工作史上占有特殊的地位,因此也成为本课题研究的热点之一,研究主要集中于《文件处置办法》出台的背景、主要内容、作用及意义。尽管从统计结果看只有6篇文献,但在其他研究成果中,则多兼有论述:研究该文献的起草者瞿秋白对档案工作的贡献时,研究该文献的审批者周恩来的档案思想时,大多会提及此文献。该时期在文书档案工作制度建设与党的组织文件分类整理的所有研究成果中,无一不涉及该文献并必然成为探讨的中心内容。其中王英撰写的《瞿秋白〈文件处置办法〉中的引导理念》一文,将贯穿于《文件处置办法》中的瞿秋白核心的管理理念概括归纳为5个不同的方面,与同类成果相比,文章切入的视角比较独特,有一定的启发作用。②

上述较集中被学者关注的研究内容,其研究成果达201篇,占研究成果总量的68.4%,其他研究成果大致占比与内容分布如下:

其一,新民主主义革命时期文书档案工作相关的成果14篇,占研究成果总量的4.8%,内容涉及该时期文书档案机构、档案法规、档案事业、文书档案工作特点、历史贡献、文件工作、文书档案工作小常识等。其中,

---

① 刘前程:《曾三档案工作与档案学理论研究》,硕士学位论文,广西民族大学,2009年。
② 王英:《瞿秋白〈文件处置办法〉中的引导理念》,《艺术科技》2016年第8期。

胡明波撰写的题为《建国前中国共产党文书工作的现代化进程研究》的博士论文,以现代化为切入点,全面阐述了这一时期中国共产党文书、文书工作现代化的历程、具体表现及历史地位,在理论研究方面具有一定的创新性。①

其二,党政军各系统的文书档案工作相关成果25篇,占研究成果总量的8.8%。关于党的组织和军队系统的文书档案工作研究成果较少,只有8篇;即使是成果较多的政权系统,其内容也较为分散,如该时期民主政权的文书档案工作,包括苏维埃政权、抗日民主政权和解放区,抗日民主政权中又有陕甘宁、晋察冀等边区。其中费云东、刘静一撰写的《解放战争中的档案工作之二——各中央局的档案工作》一文,在对中央局的历史变迁加以简要概括的基础上,全面细致分析了解放战争时期中央局档案工作的若干特点及具体表现,文章史料翔实,论证充分,更可贵的是主题内容此前鲜有学者论及,立意较新颖。②韦界儒撰写的《温故知新 与时俱进——广西革命根据地文书档案工作研究》一文,对广西根据地文书档案工作开展的具体情况、主要特点及对当今的启示进行了分析,在同类成果中,史料丰富,内容比较具体全面。③

其三,关于新民主主义革命斗争各阶段文书档案工作的成果16篇,占研究成果总量的5.4%。16篇成果散见于第一次国内革命战争、第二次国内革命战争、抗日战争和解放战争四个阶段,内容也各有侧重。其中方新德撰写的《解放战争时期时局与档案工作重点之演变》一文,对中国共产党在内战爆发前、战略防御阶段、战略反攻阶段所处的不同军事斗争

---

① 胡明波:《建国前中国共产党文书工作的现代化进程研究》,博士学位论文,南京师范大学,2014年。
② 费云东、刘静一:《解放战争中的档案工作之二——各中央局的档案工作》,《档案天地》2011年第11期。
③ 韦界儒:《温故知新 与时俱进——广西革命根据地文书档案工作研究》,《档案学通讯》2008年第4期。

新民主主义革命时期中国共产党文书档案工作研究

环境进行了全面的分析,由此说明在不同形势下,档案工作分别将档案的清理、疏散转移、对一切旧政权档案接管作为重点的依据、必然性及其相互关系。①

其四,论及特殊载体、专门档案的相关成果10篇,占研究成果总量的3.4%,表明在此方面的研究还是比较薄弱的。10篇成果中涉及电讯电报档案工作的有5篇、干部档案管理的有2篇、照片档案管理的有1篇,余下2篇是关于邮政、铜板档案的介绍小文。其中仲一撰写的《中央电报档案保管与整理方法的历史回顾》一文,对自电讯业务开展以来至新中国成立前中央电报档案的保管方法、整理分类的步骤,电报档案的利用等问题,按时间顺序进行了系统的梳理。② 马国顺撰写的《延安时期我国干部人事档案的形成》一文,从延安时期"干部"这一概念和干部人事档案形成的历史背景出发,探究干部人事档案如何在干部审查工作中形成和发展,梳理和总结我国早期干部人事档案的主要内容及作用。③ 两篇文章都对我们了解认识该时期电报档案与干部档案工作有一定的参考价值。

关于其他内容的成果26篇,占研究成果总量的8.8%。其他成果内容包括该时期曾经从事文书档案工作人员的回忆录、访问以及口述内容的记录,史料的发现和公布,一些相关的专题报道,带有文学创作成分的纪实,还有上述成果中已有内容细节的描述或再现等,内容较庞杂,虽有史料参考价值,但学术水平比较有限。

(四)研究成果存在的主要不足

1. 缺少系统性、体系化的研究

在全部的研究成果中,除两部简史(费云东、潘合定编著的《中共文

---

① 方新德:《解放战争时期时局与档案工作重点之演变》,《浙江档案》2001年第6期。
② 仲一:《中央电报档案保管与整理方法的历史回顾》,《档案学研究》1990年第1期。
③ 马国顺:《延安时期我国干部人事档案的形成》,《山西档案》2018年第4期。

书档案工作简史(1921—1949)》,费云东、余贵华著的《中共秘书工作简史(1921—1949)》)和广西民族大学赵琰的硕士学位论文《新民主主义革命时期中国共产党档案事业研究》尚能对这一时期中国共产党文书档案工作进行相对全面的阐述外,其余的所有成果均围绕本时期文书档案工作相关的某个特定的主题展开论述,都是非常具体的问题,鲜有以宏观的角度对该时期中国共产党文书档案工作的发展进行系统的梳理、全方位的论证。赵琰的硕士学位论文由于篇幅的限制,许多问题未能论及;《中共文书档案工作简史(1921—1949)》虽有对该时期文书档案工作基本状况的准确把握,但对四个不同历史阶段以及各阶段之间的一些相关问题的阐述缺乏应有的衔接与延展,整体结构略显松散;《中共秘书工作简史(1921—1949)》因主要着眼于该时期的秘书工作,对文书及文书处理的阐述非常充分,而档案管理的内容则稍显缺略。

2. 偏重史实介绍,理论抽象不足

与本研究相关的绝大多数研究成果,均偏重于对史实的呈现与介绍,对史料的解释与事实的简要说明成为研究的主要方面,缺乏对所述问题的细致分析、整合与深度挖掘。多关注某历史事件、某专门机构、某项制度规定、某些具体行为及做法等的铺陈,对事物及问题背后的原因、条件等则鲜有周详的解析,使大多数问题的探讨仍流于浅显,以至于国内该课题的研究成果理论创新性严重不足。无论是两部代表著作还是大部分的期刊论文,其内容多是描述性的,去找寻事物之所以形成、发生、发展的可行性、必然性与特殊性的成果寥寥无几,这从很多期刊论文的内容和不足3 000字的阐述中即可见一斑。那么,我们对事物的认识就必定要停留于表象、停留于浅层,这也是直至今天,与本研究相关的成果未在学术界引起广泛影响和产生一定共鸣的主要原因。

3. 研究内容单一,研究视野相对较窄

从上述统计与分析中发现,现有的研究成果存在如下问题:一是研究

新民主主义革命时期中国共产党文书档案工作研究

内容单一且集中化程度较高,导致成果内容的简单重复,如陈为人对中央文库档案的保管保护、瞿秋白起草《文件处置办法》、毛泽东及周恩来的档案思想、解放战争后期中央档案的三次大转移等成果,虽在表述上不尽一致,但共性的史料与内容较多;而其中有关党的领导人以及曾三、裴桐档案思想的成果,相当一部分内容是新中国成立后的,不在本课题的研究范畴之内,能够提供的参考比较有限。二是研究视野相对狭窄。就该课题几十年的研究状况而言,还是累积了一定数量的成果,但成果数量的逐年增加,并未弥补相当多的领域及问题无学者涉足这一缺陷,如该时期文书档案人员如何选择、怎样任用,该时期文书档案工作的主要特点等,皆为研究的空白。

4. 缺乏整体性的专题研究

这一时期中国共产党文书档案工作涉及诸多专项问题,也有学者对特定的专题加以探讨,但学者们的研究成果往往都是单一的局部性问题,鲜有整体性的专题研究。如对于各个历史阶段档案机构设置情况,前面提到的两部简史中都有论及,著者费云东还有系列论文成果问世,潘合定则对材料科这一抗战后中国共产党最重要的档案保管机构进行了细致入微的探讨,但这一时期档案机构设置的总体状况无人问津。再如对苏维埃政权、边区政府和解放区的档案管理分别有学者论及,但尚无对这一时期民主政权文书档案工作的状况、特点进行综合研究的成果。总之,就专题研究而言,缺少将一个主题的演变递进、具体状况、影响因子、地位作用等进行条分缕析、完整而系统阐述的成果。

5. 研究成果集中于少数学者

据不完全统计,费云东的研究成果占据了最高的比例,在既有的 294 篇论文成果中,费云东撰写的所有成果高达 63 篇,而其作为第一作者的成果有 59 篇之巨,其中独立完成 19 篇,其余均为合作完成。费云东与刘静一合作完成 34 篇,与潘合定合作完成 6 篇,作为第二作者的成果只有 4

篇。费云东的成果数量占总量之比达 21.4%，即 1/5 偏多的成果出自费云东之手。更何况上述列举的 5 部专著中，由费云东著、主编和任第一作者的就达 4 部。潘合定为第一作者的成果有 6 篇,其余成果中 2 篇成果出自同一作者的也占有一定比例，特别是学位论文的作者,包括学位论文在内，都有至少 2 篇成果。由此，显示出国内在该课题研究上研究力量相对集中，分布不均衡，也反映了学界大多数学者未涉足该研究领域。可喜的是各级国家档案馆的工作者在作者中占有一定比例。

总而言之，为数有限的著作和文章，以史实的罗列、陈述与介绍为要端，未把文书档案工作的开展置于一个宏阔的历史环境下加以深入的考察与省视，更未对整个新民主主义革命时期中国共产党文书档案工作的整体状况、管理制度与法规、特点及历史作用等进行全面、系统、有见地的阐述与把握。

三、主要研究内容、研究方法与创新之处

（一）主要研究内容、重点与难点

1. 主要研究内容

从 1921 年中国共产党成立至 1949 年中华人民共和国成立的历史，也是中国共产党文书档案工作从产生、确立到初步发展的历史。那么，整个新民主主义革命时期，文书档案工作机构与人员设置、职责如何？建立了哪些适合战时文书档案工作开展的法规制度？一大批默默无闻的文书档案工作者以什么样的精神力量创造了保护档案的奇迹？文书档案工作如何开展，具有哪些特点和局限性？文书档案工作在这一时期发挥了怎样的作用？该时期文书档案工作对今天有何启示与借鉴？这些就成为本书探讨的主要问题。归纳起来，将从以下三大方面进行深入的研究：

（1）系统梳理。具体说来就是以时间为断限，结合新民主主义革命

新民主主义革命时期中国共产党文书档案工作研究

时期四个历史阶段,即第一次国内革命战争时期、第二次国内革命战争时期、抗日战争时期和解放战争时期的具体状况和斗争实际,概述这一时期各阶段中国共产党文书档案工作开展的基本情况,厘清中国共产党文书档案工作发展的基本脉络与轨迹,展现文书档案工作发展的基本面貌,借以揭示该时期及各个历史阶段文书档案工作发展演进的特点与基本规律。

(2)细致阐述。具体说来就是以专题研讨为主,通过对下述各项内容的阐述,从不同侧面反映这一时期文书档案工作发展的概貌。

其一,通过对文书档案工作机构设置与职能的阐述,说明该时期文书档案工作的组织领导体制、文书档案工作开展的基本方式。

其二,通过对文书档案人员选择与任用的阐述,说明该时期文书档案工作人员任用的基本条件与职责,更凸显他们的忠诚与担当。

其三,通过对文书档案工作制度法规建设总体情况的阐述,说明该时期文书档案工作开展的主要依据及科学化、规范化程度。

其四,通过对文书处理与档案管理的具体状况、实际方法及基本要求的阐述,展现该时期文书档案工作水平。

其五,通过中国共产党领袖们对文书档案工作的重视、指示与指导,说明该时期文书档案工作的渐次发展与领导人重视、关怀之间的必然联系。

(3)综合分析。基于对中国共产党文书档案工作的系统而全面的探讨,从宏观方面深入厘析新民主主义革命时期中国共产党文书档案工作的特点、经验与水平,并说明这些特点的存在与当时社会环境及军事战争之间的交互关系;客观评价新民主主义革命时期中国共产党文书档案工作的作用及价值,特别是其开创性的具体表现,进而揭示其对新中国成立后文书档案工作的影响,挖掘当下文书档案工作可以从中得到的有益启示与借鉴。

2. 研究的重点

鉴于既有的研究成果主要着力于对史实的描述,因此,本研究在将史实加以更凝练、更系统阐释的基础上,侧重于对以下五个问题的深入探讨:

(1)借助于对该时期各个历史阶段党政军各系统文书档案工作组织领导机构和文书档案业务机构设置、权限职责及相互关系的全面检视,认识文书档案机构运行的基本机制与方式,以及实现其管理服务任务的手段和方法,从而阐明文书档案工作体制的特点及具体表现。

(2)系统概括各个阶段文书档案法规制度建设的基本状况,全面梳理文书档案法规制度的具体规范及基本内容,准确而理性地评价整个新民主主义革命时期尤其是特定环境条件下文书档案法规制度的历史价值,全面把握文书档案法规制度的时代特点及成因。

(3)细致考察文书处理与档案管理的具体环节设置、主要方法、方式与特定要求,清晰地展现该时期不同历史阶段文书档案工作的基本状况和递进发展的表现,特别要对战时文书档案工作措施与手段予以客观的评判,真实再现和探寻该时期文书档案工作中所融入的近代化因素。

(4)全方位考量新民主主义革命时期中国共产党文书档案工作的特点,立足于整个近代社会性质、政治军事斗争、国际共产主义运动形势、中国共产党自身政权建设这种宏阔的背景下,探究影响这一时期中国共产党文书档案工作发展的诸因子,即其时社会各种因素与中国共产党文书档案工作呈现出的时代特征之间的相互关系。

(5)以翔实的事例和系统的论证,对新民主主义革命时期中国共产党文书档案工作的历史贡献、在革命发展进程中的应有作用、历史经验给予周彻、客观的省视,进而彰显中国共产党文书档案工作不同以往的新的历史样态和时代风貌。与此同时,探寻该时期文书档案工作的当代意蕴,尤其要倡扬那个时代所孕育出的、现早已根植于中华民族血液中的那些被历史检验了的井冈山精神、延安精神等,这些革命精神是我国档案事业发展不竭的精神源泉与动力。

3. 研究的难点

(1)本研究属于专业史或专门史研究,是比较典型的跨学科研究,研究内容主要涉及历史学、档案学与法学三个学科领域。对研究者而言,要熟悉与掌握这三个学科领域的基本理论与基本知识,本身就使研究带有一定的挑战性。

(2)尽管就历史时代而言,新民主主义革命时期离我们今天并不久远,该时期波澜壮阔的革命斗争也为我们留下了一定数量的档案资料,但其中可供参考的、与文书处理和档案管理相关的原始档案与汇编资料却极其有限且分散,在规定的时间内去找寻和筛选相关史料,需花费大量时间和精力。

(3)受所处的环境与在国内地位的拘囿,对新民主主义革命时期中国共产党文书档案工作的研究虽延续了数十年,但深度探求的成果相当有限,总体看尚处于初步发展状态,要对中国共产党文书档案工作予以准确的定位与评述,避免使本研究套用党史研究成果中的现成结论,也是较难以掌控的问题之一。

(二)主要研究方法

1. 文献分析法

对涉及本研究所有有关的历史文献资料进行全面细致的搜集、鉴别、统计与整理,进而总结和分析文献资料,准确掌握有关的研究成果及动态,以便梳理、归纳、发现与综合历史线索、轨迹和规律,形成对历史事实的基本认识。在此基础上,理清研究思路与目标,掌握研究的步骤及范围,设计出总体的研究框架。

2. 历史研究法

遵循辩证唯物史观的原则,通过对该时期文书档案工作生发的历史现象进行分析研究,理解在特定的历史条件下人们的行为与思想,从而在历史过程各种因素的普遍联系和相互作用中把握历史发展的脉络,以及各种历史事件和历史现象得以存在的理由,探索事物发展的规律性。

3. 综合分析法

作为专门史研究,本书必然要从历史的现象、根源和意义三个维度加以解析,现象需要描述,根源需要追究,意义需要探求。因此,本研究就要综合运用观点综述、总结归纳、系统分析、数据统计、比较研究等方法,对各项内容进行细致的分析与综合系统的论述。

(三)创新之处

1. 体系新

本研究不再以新民主主义革命时期各历史阶段文书档案工作的开展为基本线索,而是在对该时期文书档案工作历程予以概述的基础上,将文书档案工作中最核心要素以专题的形式予以纵向研究,从而打破了原有成果的基本结构,形成对文书档案工作不同方面状况连贯的反映与认识。与此同时,又对文书档案工作的某一特定领域在各个历史阶段的继承与改进、程度与水平有全面而准确的把握。

2. 观点新

本书对新民主主义革命时期文书档案机构设置、职能与特点的综合研究,对文书档案人员选择任用状况的综合归纳,对该时期中国共产党文书档案工作的时代特点、历史贡献及其当代意蕴的系统探索,几无前见。除上述宏观问题,在微观问题中,也运用了一些新史料对部分史实做了补充和丰富。

3. 注重深度的理论阐述

同以往学者对新民主主义革命时期中国共产党文书档案工作多眷注史实叙述相比,本书更注重理性的分析与评价,能够将历史叙述与对历史事实的评价与论证有机统一起来。期望通过较深入的挖掘,尽可能在学术探讨上留下一点更深的意义的透视空间。

四、关于本研究几个需要说明的问题

（一）时间断限及阶段划分

本研究起始于中国共产党成立，终至新民主主义革命取得阶段性胜利（中华人民共和国宣告成立），即从1921年7月至1949年10月。由于这一时期文书档案工作的开展是为了更好地服务于革命斗争的特定需要，文书档案工作建立与发展的进程与水平，就必然与新民主主义革命的发展阶段有着密切联系。因此，该时期的文书档案工作依照革命斗争形势的变换，也分成第一次国内革命战争时期（1921年7月至1927年7月）、第二次国内革命战争时期（土地革命战争时期，1927年8月至1937年7月）、全面抗日战争时期（1937年7月至1945年8月）和解放战争时期（1945年8月至1949年10月）四个阶段。当然，涉及本课题研究的一些问题，之所以并未完全或严格按四个阶段加以阐述，主要还是考虑到如何将不同主题在各阶段间的发展递进关系呈现得更加清晰，更具有逻辑性，更能反映此间文书档案工作不同环节各自演进的基本线索与全貌。

（二）研究的范围与侧重点

本书虽为"新民主主义革命时期中国共产党文书档案工作研究"，但显然不能够从字面意义上单纯理解为中国共产党及其各级党内组织的文书档案工作，还必然应当包括由中国共产党亲自创建、组织并领导的各级人民政权、人民军队和群众团体在政权建设、军事活动、群众斗争中形成的文书、档案及其所进行的文书处理与档案管理活动。这一时期，管理体制的分散决定了文书档案工作分为党政军三个不同的系统，由于党的核心领导地位决定了党的系统的文书档案工作具有引领性与示范性，而党政军各系统之间天然的、不可分割的联系,又使三个系统的文书档案工作具有一定内在的统一性;故此,本书主要以党政军各级组织开展的文书处理与档案管理活动相关的各项问题加以研究,尤以党组织的文书档案工作为要,其中极少部分也涉及了党领导的群众团体的文书档案工作。

(三)本书涉及的文书档案工作物质对象及范围

文书档案工作的物质对象毫无疑问就是指文书与档案,那么,我们从当时的斗争实际及从仍留存至今的档案实体两个方面出发予以考察,可以了解到以下基本事实:这一时期形成的文件及由此转化而来的档案,从文件载体与形成技术看,大多为纸质档案、电报档案,含部分照片档案、少量影片档案及其他形式的档案;从具体内容看,尽管这些档案是中国共产党领导的新民主主义革命整个进程的全面记录,但反映该时期政治军事政权建设方面的公文档案占有相当的比重;从专门档案角度看,主要侧重于干部档案及其管理,虽然当时根据地进行了生产经营、文化教育、社会改造等活动并产生了新型的会计档案、税务档案、邮政档案、婚姻档案、户籍档案等,但现存的相关具体管理方法、要求等方面的文献较少。因此,本书只能着眼于、限定于对那些史料较丰富、重视程度较高的文书档案管理问题的研究。

(四)本书对于相关问题的阐述、评价定位

新民主主义革命时期中国共产党的文书档案工作基本上是零起点,没有前人的经验可以借鉴,共产国际在文书档案工作方面给予的指导极其有限,国共两党之间的关系也使中国共产党对国民政府文书档案工作的有益成分予以多方吸纳尚无可能。而长期处于军事斗争、地下秘密环境下,使中国共产党无暇也没有条件对文书档案工作进行全面而系统的建设,只能在实践中慢慢摸索和逐渐改进。同时,文书档案工作要在不同阶段、不同时间、不同地区、不同系统、不同形势下全面服务于党的中心工作,又要直面各种紧急情况与不时之需。因此,该时期尤其是抗日战争中

新民主主义革命时期中国共产党文书档案工作研究

后期之前,中国共产党的文书档案工作无论从整体还是具体方面考量,都不是很成熟与健全的。这给本研究带来许多困扰,但笔者的研究始终本着以下原则开展:

其一,面对具体语义问题时,所有的表述都被置于当时的语境下来进行。如抗战前,文书、档案统称为"文件材料",即使后来档案名称出现,文书与档案依然没有明确的界定,文件材料、档案材料等称谓也没有统一的规定,常常混用,且一种称谓有时也涵盖全部的文书与档案。与此相适应,现为档案一个门类的"文书档案",在课题研究中就是一个专门词语,往往与其他词语组合表述特定的事物:如文书档案+工作、文书档案+机构、文书档案+人员等。再如,文件、公文、文书在这一时期交替使用,本书中也按当时的习惯表述。总之,本研究就是要充分尊重历史,将其时的相关概念、称谓、表达等尽可能还原,而不将今天的定论、认知强加于过往。

其二,面对具体事实与实践问题时,所有的说明都应还历史本来的面目。如该时期特别是抗战之前,文书档案机构设置的不完备,导致文书工作与档案工作经常在同一机构进行,工作环节没有明确划分,界线也不分明,文书处理与档案管理实践活动有时交织在一起。再如,至解放战争时期,党政军各系统的文书档案工作虽然专业化程度越来越高,却也并未完全从秘书部门独立出来。所以,在对该时期相关问题加以阐释时,就是要忠实于历史。当然,这样做的结果,一些问题在论证时难免有混为一谈之嫌。

其三,面对综合归纳与评价时,所有的剖析都将置于特定的历史条件下来进行。不人为拔高,不用现今档案事业发展水平去衡量和比较。要以辩证的、历史的、科学的态度,回溯新民主主义革命时期中国共产党文书档案工作的发展轨迹、表征、发生的条件和动力,揭示其产生发展的合理因素、必然性与特殊性,展现一种因果关系。在此基础上,对此间中国共产党文书档案工作予以理性、客观的总体定位与评价。

第一章 新民主主义革命时期中国共产党文书档案工作发展演变历程

中国共产党的成立和新民主主义革命的兴起,开创了中国档案事业发展的新时代。文书档案工作既是新民主主义革命时期革命斗争的辅助性手段与工具,也是革命斗争的有机组成部分之一。故而,文书档案工作必须服从并服务于党的中心工作。随着该时期斗争形势与时局的转换,文书档案工作的重心也必然要做相应的调整。所以,该时期中国共产党文书档案工作的开展,与党在不同时期的革命斗争一样,呈现出了不同的阶段性及特点。新民主主义革命时期经历了战火的洗礼、艰苦的磨炼、严峻的考验的中国共产党文书档案工作,在记录、助力中国革命取得胜利的同时,也创造了自身在短短 28 年间从无到有、从草创到逐步完善的一个奇迹。对这段历史的重温,希冀能够多少清晰地描绘出那个特定时期文书档案工作发展的轨迹,并让后来者依凭这一脉络找寻到他们今日再出发的起点。

第一节 第一次国内革命战争时期中国共产党文书档案工作的创设(1921 年 7 月至 1927 年 7 月)

1919 年我国爆发五四运动,从 1920 年起,中国的先进分子在国内很多地方秘密进行了中国共产党的筹建工作,陆续建立了中国共产党早期

新民主主义革命时期中国共产党文书档案工作研究

组织,并创办了一些其他的革命组织和革命团体。在这些组织中,形成了建党思想和建党活动的新的文件材料,这些都是中国共产党成立之前革命斗争的真实记录,遗憾的是现留存下来的无几。1921年7月在十月革命的推动下,在共产国际的帮助下,中国共产党成立。从中国共产党成立到大革命失败,中国共产党的主要工作实际为两条主线:一是积极建立各级党的组织,发动工人、农民、青年运动,高举起反帝、反封建、反官僚资本主义、反军阀的大旗;二是实现了第一次国共合作,进行了东征、南征和北伐。由于蒋介石、汪精卫在上海、武汉相继发动了反革命政变,第一次国内革命战争失败。此间,随着中国共产党的建立和各项工作的开展,形成了党的文件,为了保存日益积累起来的文件,就产生了党的档案工作,从此揭开了中国档案史新的历史篇章。

一、文件的形成与文书档案工作的建立

1921年7月,中共一大在上海召开,产生了中国共产党的第一个纲领、中国共产党第一个决议(《关于当前实际工作的决议》)等重要文件,可惜这些档案原件都未能保存下来。随着各项工作的开展,文件逐渐增多,为了使文件的产生及处理都能够适应革命斗争形势的需要,中国共产党在文件书写与文书处理方面的要求与规定集中于以下三方面:

第一,在文件书写上使用白话文,且大部分文件有标点符号。出于保密和安全的考虑,文件的内容和名称包括涉及的人名,基本都有代号和暗语。《中国共产党加入第三国际决议案》(1922年7月)要求党内行文无须"空洞"和"流行的格式",只要系统反映"生活事实"即可。至于文件纸张的大小和书写材料,则视具体情况而定,以携带和保存方便为宜。

第二,在文件制作上,制定了文件的签发制度和留存底稿的规定。按1923年《中国共产党中央执行委员会组织法》的规定,一切文件"须由委员长及秘书签字"后才能发出。而从1925年起,有鉴于1921年至1924

年许多专题报告和信件很少留底稿,中央要求文件发出时要留底稿,以备存查。

第三,关于文件的传递。建党早期,文件的运转主要靠邮寄或党内同志来往时携带。1925年1月中共四大决定建立党内交通,有了党的机要交通处;同年4月30日,中共中央发出《关于建立和健全党内交通问题》的第28号通告,地下交通成为党内机密文件传递的主要途径。至1926年7月,党内交通网建立,承揽了党的全部文件传递工作。

由于建党初期并未对文件与档案二者有明确的界定,极简单的文件保管更不可能清晰地划分和区别文书工作与档案工作。从这个意义上讲,中国共产党文件的形成,也意味着中国共产党文书档案工作的开启。

二、文书档案人员设置与文书档案机构的产生

中共一大后成立了党的最高指导机关——中央执行委员会,选举了3位中央领导人组成中央局。当时中央机关并不健全,在中国共产党成立后持续一年多的时间里,文件的起草、经办和保管皆由党的负责人来承担。作为中央局宣传主任的李达,就是第一位党中央文件的保管者。上海成都路辅德里625号李达的住处,既是中央局的办公地点,中央领导人时常到此阅看文件和处理文件,又是中国共产党早期文件保管处所,商务印书馆则成为较早收转党内文件的地方。上述做法的弊端很快显现,中国共产党在文书档案人员与文书档案工作机构方面进行了及时的调整。

1923年6月,陈独秀在党的三大《政治报告》中指出:"两年来,由于中央委员会人员太少,不能搜集很多材料,又由于遭受迫害,许多材料遗失了。"[①]所以,中央机关设立秘书,正是由党的三大通过的《中国共产党中央执行委员会组织法》规定的,秘书负责党内文件的承办、管理,中央局

---

① 费云东、潘合定编著:《中共文书档案工作简史(1921—1949)》,档案出版社1987年版,第23页。

的秘书由毛泽东担任,实现了一个机关的文件集中管理,表明中国共产党正式有了自己的档案工作,党中央的文书档案工作从此也有了具体负责者。与此同时,许多地方党的组织也仿效中央设置了秘书。后依照1925年1月31日《中央组织部工作进行计划》的规定,又在党内设置了协助秘书工作的技术书记一职,技术书记的职责为"缮写函件及党员统计"。

1926年7月,党的四届三中全会通过了旨在加强中央机关工作的《中共中央执行委员会组织问题决议案》,决定在中央执委会下设秘书处与秘书长,王若飞为中共中央第一任秘书长,直接领导秘书处,故秘书处不另设处长,这种状况持续了很长时间。自中共设置秘书处和秘书长后,这一机构及职务就一直延续下来,后来在中央各部委、相对较高级别的地方党组织、政权机关和军事机关也都设立了秘书处及秘书长,秘书处成为党政军系统文书档案工作的领导机关,秘书长则成为文书档案工作的主要领导者。

秘书处成立初期设有文书科、交通科、会计科,文书处理与档案保管统归文书科。不久,中国共产党第一个档案工作机构——文件保管处设立,归属于秘书处,文书处理与档案保管第一次进行了初步分工。

三、建党早期档案工作的开展

中国共产党成立后,档案管理工作也随之开展,虽非常简单,也还是有了一些常规性的做法。

(一)文件材料的收集

文件报送。为了集中管理党组织的文件,中央规定了各地方、各机关相应组织间的逐级报送制度,要定期向上级报送材料,这些材料包括政治、宣传、群众运动、统一战线等11类。

文件收集。一是收集革命烈士材料。1926年12月13日以来,中央发出第 43 号通告,要求专门收集"二七"大罢工以来烈士的材料。二是规定收集下发的文件,以便一旦在原稿、副本未保留,或因遭受意外损失及紧急情况下被迫销毁时,文件仍能留存下来。

(二)文件的整理与保管

文件的整理无论在中央还是在地方,都由秘书部门负责。文件整理只要求粗略分类,而因与党的各项工作密切联系,文件材料产生于不同的机构,形成了自然的分类,如组织工作、宣传工作、群众运动、妇女运动等。尽管如此,因为注重文件的目录登记,还是使文件的管理秩序得以保证。

文件保管方面,以保密为第一要务,所有保管工作都是围绕这一要求进行的。

其一,文件要秘密贮藏,其地址、人员、室内陈设按规定符合秘密工作的特定要求。从 1926 年建立秘书处后,文件不再保存于机关内。其二,当时文件留存的一个基本原则就是"重要的保存,无用的销毁",这种对文件重要程度的区分,当时称之为"清检",实际上是对文件保存价值的鉴定。其三,文件通常是一式数份或数套,以便减少损失和查考利用。而在特殊情况下党组织可委托他人或其他社会关系替党保管档案的规定,显然也是更多出于危急时刻如何使党的文件能够安全保存下来的考虑。

1927 年以前,中国共产党档案工作的最主要特点之一,就是既管理档案,又管理党报、党刊、标语传单、文件汇集、各种史料及马列书籍等,范围相当广泛。如中国共产党创办的由陈独秀主编的《新青年》、中共中央机关报《向导》等均在档案保管之列。由于党报、党刊从某种程度上讲,本身就是党内文件的刊发或文件汇集,所以才由主办机构的秘书处及党的书记负责收集保管工作,重要的则由书记亲自保存。

(三)档案的利用

这一时期档案的利用,主要是中共中央和地方党的机构在日常工作中的查阅,1926年秘书处成立前,因文件集中于机关,档案利用都在机关内进行。后档案保管地与机关分离,则主要以调阅为主。而中国共产党创办的党报、党刊等,无异于是对档案文件的汇编与公布,也是档案利用的一种形式,特别是在当时的历史条件下,起到了很好的宣传、动员、组织作用。

第二节　第二次国内革命战争时期中国共产党文书档案工作的初步发展(1927年8月至1937年7月)

大革命失败后,中国共产党开始了独立领导武装革命斗争的新阶段,这一阶段通常被称为第二次国内革命战争时期,因中国共产党的中心任务是土地革命,故也称这一阶段为土地革命战争时期。1927年8月1日,中国共产党领导了南昌起义,创建了自己的武装力量。1927年召开的八七会议,确立了土地革命和武装反抗国民党统治的总任务和总方针。毛泽东在同年9月领导了秋收起义,起义队伍正确分析敌我形势,转战至井冈山,创建了自己的革命根据地,开辟了一条以农村包围城市最后武装夺取政权的正确革命道路。八七会议后,党中央发动群众开展游击战争,打土豪、分田地,建立了各级工农民主政权(即苏维埃政府)以及若干革命武装(红军),实行工农武装割据,同时坚持地下斗争。这一时期文书档案工作比较突出的特点、文书档案工作较显著的发展具体表现如下:

一是随着工农民主政权(苏维埃政府)和武装力量(红军)的建立,文书档案工作在党政军三个系统全面开展;二是因建立了革命根据地,文书档案工作在革命根据地和国统区两条战线分别开展;三是1929年秘密电台的建立和电报档案的形成,开始了对电报文件管理及方法的探索;四是1931年由瞿秋白起草、周恩来批示执行的《文件处置办法》这一有关文书档案工作的指导性与纲领性文献的出台,开中国共产党科学保管文件之先河;五是因第五次反"围剿"的失利,中国工农红军主力被迫进行战略大转移,在二万五千里长征过程中,文书档案工作为适应战时需要打破常规。

一、各级党组织在国统区的文书档案工作

国统区指国民党统治的区域,是相较于苏维埃政权区域(苏区)而言的,通常也称为白区。第二次国内革命战争时期,中国共产党虽在国统区完全处于秘密状态,但仍不断发展党的组织,开展革命群众斗争。在文书档案工作方面也做了必要的准备、调整,并规定了一些在白区工作的特定要求。

(一) 中央文书档案机构的增加

为适应地下斗争的特点和需要,中央秘书处从1927年12月起改由中央组织局领导,主管秘书处工作的就是时任中央组织局秘书长的邓小平。此后,中央秘书处文书科下又设置了收发处、密写文件处、油印处、文件阅览处等,文书档案机构有所增加,这些处(又称小科)各负责一项主要业务。这些机构加此前已设置的文书档案机构,在文书档案工作职责的划分上更加明确,其具体分工如下。

收发处:负责各类文件的收文登记并送交有关部门处理,发出的文件也要逐一进行登记后送交交通部门传递。收发处还按期编制各种文件统计表和一览表。

药水处:又称药水密写处,也称密写文件处。各省向中央报送的文件和中央下发的重要文件,一般都要求密写和密洗。因此,中央至地方的秘书处也普遍设有药水处。

油印处:又称缮写油印处,负责一般文件的缮写和印刷工作。从中央到地方的各级秘书处都设有此机构。

文件阅览处:秘密工作条件决定党的负责人审阅批办文件要有专门的场所。如中央秘书处文书科的文件阅览处就是中央主要领导阅办文件的机构,设在一个绝密的地点,工作人员有张纪恩夫妇等。经常到此处看文件的有周恩来、瞿秋白、邓小平等同志。

新民主主义革命时期中国共产党文书档案工作研究

文件保管处:中央秘书处内设的文件保管处成立于1926年7月,文件保管处作为档案机构,主要任务是集中保管文件。集中于文件保管处的文件,既有因秘书处职责而直接产生的中央材料,也有中央各部委和各地报送中央的材料,还有少部分搜集的零散的材料。此时文件保管处对文件的整理也是比较粗线条的,到1931年后,文件的整理才逐步细致和科学。

交通科:1927年8月后,中央秘书处交通科一分为二,外埠交通科(即原秘书处下设的交通处)负责与全国各省以上交通部门进行联系,内埠交通科负责与中央各部委以及本埠各机关的联系。后外埠交通科又在各地建立了几个交通线,如北方线、长江线、南方线和上海联络点。除上海外,其他各省委的交通部门都必须建立相应的联络点即通讯处,组成了全党的交通网,见图1-1。其主要任务就是"传达党的一切文件,输送党的一切宣传品"。据中央秘书处1929年统计,各省通过交通网送到中央的文件达4 687件,中央送往各地的文件达5 523件①,足见外埠交通处在文件传递上的重要作用。

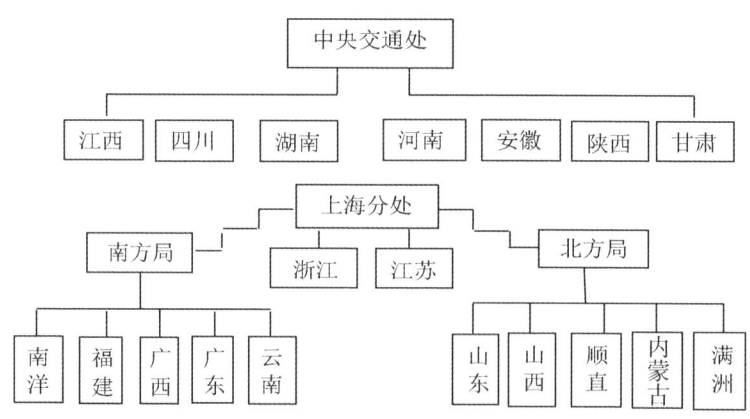

图1-1 全党交通网系统图

---

① 费云东、余贵华:《中共秘书工作简史(1921—1949)》,辽宁人民出版社1992年版,第78~79页。

(二)党中央机要电讯工作的正式形成

中共六大后由周恩来亲自主抓我党建立秘密电台、开展电讯业务的工作,中共无线电台的创始人——时任特科交通科长李强与时任上海法租界党支部书记张沈川负责具体机务与报务工作。1929年下半年到1930年上半年,以李强、张沈川等为教员,在上海举办了第一期中共无线电培训班,对各省选送的优秀青年黄尚英、王子纲、伍云甫、曾三、曾华伦、王有才、刘光慧、赵荫祥、蒲秋潮等人进行培训。1930年1月间,以中国共产党中央名义向设在香港的中共南方局拍发出党内第一份机密电报。

电讯业务的开展形成了大量电报档案,电报档案管理工作也由秘书长直接领导与主管,具体管理无线电通讯的部门为机要科。中国共产党第一个机要科就是在中共苏区中央局建立的,担任苏区中央局秘书长的邓颖超兼机要科科长。随着电讯业务的扩大,作为秘书处的职能科之一,各省和军以上单位的秘书处下一般都设立了机要科,管理机要电讯工作。

(三)中央文库

中央文库其前身是中央秘书处的文件保管处,文件保管处自成立之日起,一直担负着保管中央下发及各地上报的文件。后上海形势日加严峻,为适应地下斗争的环境,中央规定所有文件实行三套制,一式保存在文件保管处,一式送文件阅览处批办,一式送共产国际代存。中央于1930年4月19日发布《中央对秘密工作给中央各部委全体工作同志信》,规定"不需要的文件,必须随时送至保管处保存"。至1931年,文件保管处已集中了党中央所有机关的文件,成为专门保管中央和中央各部委文件材料的党的秘密档案库,党内习惯称之为"中央文库",也称"中共中央档案库"或"党中央地下档案库"。

至1933年初中央领导机关撤离上海后,中央秘书处继续留沪,并与

新民主主义革命时期中国共产党文书档案工作研究

上海中央执行局秘书处合并,中央存留下来的104包机密珍贵的历史文件和资料也依旧在上海保存。当时,中央文库的主要负责人是文书科长张唯一,为保护中央文库的档案,党中央先后调派许多同志去担任文件保管工作。从1931年至1949年,中央文库经历了7年国内战争、8年全面抗战和4年解放战争,在国民党、日寇、汪伪政权交替统治的白色恐怖环境里,中央文库档案竟能安然无恙地保存下来,这是由负责领导和保管中央文件的上海地下党一批优秀共产党员张唯一、陈为人、徐强、周天宝、缪谷稔、陈来生等前赴后继创造的奇迹。

(四)《文件处置办法》

上海是敌人统治最严密的区域,保存在上海的中央文件如稍有疏忽,就会使党的事业遭受重大损失。周恩来在1931年初到中央秘书处时发现,相当多的中央机密文件就堆积在室内,没有很好地整理与保管。洞察此情,周恩来于是委托瞿秋白提出几条整理文件的规定。瞿秋白应允,于1931年4月在上海起草了《文件处置办法》,经周恩来审阅后批示执行。

《文件处置办法》就党中央收集的文件资料的范围、主要内容以及基本的整理、销毁、保管等原则和方法,予以了周详具体的规定。《文件处置办法》的末尾处加一个"总注":如可能,当然最理想的是每种二份,一份存阅(备调阅,即归还),一份入库,备交将来(我们天下)之党史委员会。可见老一辈革命家高瞻远瞩,对革命充满必胜信念。

《文件处置办法》是中国共产党制定的有关文书档案工作的第一个纲领性文件,也是第一个较完备的文书档案规章制度。尽管《文件处置办法》制定的初衷是为了中央文库档案的有序安全保管,但其提出的原则与具体规定既科学又实用,对当时及以后的革命斗争中文书档案工作的顺利进行和进一步发展,都起了相当大的作用。

（五）地方党组织的文书档案工作

党的地方组织在"四一二"反革命政变中遭受了巨大的损失,大革命失败后,随着党组织的恢复,各省委秘书处也都有所恢复,各地的省委秘书处下面,设有保管档案的机构,其设置与中央大同小异,一般是在秘书处设文书科、交通科、会计科,文书科下设药水处、油印处和抄写收发处（阅览文件处）。

地方党组织按中央《关于书写文件技术问题的通知》的规定进行文书处理和文件保管工作,尤其是建立了一些新的工作方法,比如文件登记表、登记簿和一览表、统计表等。文件一般都分成重要与非重要两类,重要的文件登记存留,不重要的文件要登记销毁。而文件的保管一般都设在同志家中,或寄放在可靠的亲属朋友家里,这也是由当时的斗争条件所决定的。

二、农村革命根据地的文书档案工作

从八七会议到1930年,中国共产党创建了井冈山、湘赣、湘鄂赣、闽西、鄂豫皖、左右江、海南岛等15个革命根据地,在此基础上,1931年在江西瑞金成立了中华苏维埃共和国临时中央政府。随着各级苏维埃政权的建立,苏区的文书档案工作很快建立,这一时期文书档案工作的开展,主要是在相关的机构完成的。因此,从机构及职能设置上,大致能反映出苏维埃政权文书档案工作的基本状况。

各级苏维埃政府文书档案机构的设立,在名称上没有与原来党的文书档案机构保持一致,中央执委会成立后,就设立了总务厅,其下的省、区、县各级执行委员会也一律废止秘书制,设立总务厅（处）,从职能上讲,与秘书处无异。1931年的《苏维埃地方政府的暂行组织条例》第三十九条规定"总务处之下分为文书、印刷、会计、事务、收发、交通等股"。

新民主主义革命时期中国共产党文书档案工作研究

文书股。主要负责文书处理工作和档案保管工作,有工作人员2人,负责文件的起草、登记,确立书写文件的各种要求,保管文件。当时,文件的整理比较简单,不少机关把中央各种政策、法令文件进行汇编,如《法令条例汇集》,就是中央重要施政方针的汇编,既是一种特定的整理形式,又是一种提供利用形式,而代号为"国色天香"的则是中共六大秘书处汇编的六大会议文件。后省以上的总务处的文书股、印刷股因业务上的密切联系,合并成为秘书室,统一管理苏维埃政权的文书处理、文件管理和电讯业务。

印刷股。设置工作人员2人,由于苏维埃中央政府下发的文件大部分是油印的,需要刻大量的蜡版,所以该处工作非常繁重,后与文书股合并。

收发股。设工作人员1人,负责本部门全部文件、书报刊物的收发,主要是文件登记、内部文件的分配和分发书报刊物。

交通股。设工作人员4人,与红军各部队、苏维埃各地方政府和党中央的交通联络工作由其承担,从文书档案工作角度看,主要任务就是传递文件。

三、中国工农红军的文书档案工作

1927年8月1日的南昌起义,标志着由中国共产党创建并独立领导的人民军队的诞生,中国工农红军的文书档案工作也随之建立。

(一)文书档案机构的广泛设置

红军的文书档案机构设立相对比较健全,上至中央军委、红军各方面军,下至红军连队,都设有文书档案机构或设置人员负责文书处理和档案工作。按红军上下级来划分,大致分为以下几个层次:一是中共中央军委秘书处,第一任秘书长王一飞,主管文书处理、文件登记、印刷、交通工作。

二是各军团、军或师的秘书处,师以上都有相应机构,只是名称不尽相同,有秘书处、办公处和办公厅之别。三是团及以下军事机关,团设有秘书科,有的设秘书。营连级则不单设机构,只设文书,连队往往设文书员和运输员,负责保管文件和运输文件。此外,党中央的派出机构中央局和省级军委常委下设秘书科。

(二)红军电讯业务的发展

与党中央筹建秘密电台的同时,毛泽东、朱德也在红军中着手组建无线电队,先后吸收了以王子纲为首的机务和译电人员,以及曾三、伍云甫等由中央派来的机要人员,组成了中国工农红军第一支无线电队。1931年7月30日,中央军委和前线总司令部开始了军队的第一次密码通报,报务员是曾三。对部队而言,密电通讯是军事斗争的生命线,因此,红军各部队都迅速建立了无线电和有线电通讯工作。由此产生了电报文件,电报的处理和保管自然提上议事日程。

电报有固定的格式、等级,一般不书写年份,只标月日,不用代号。电报的机密等级决定其处理时限,这个时间一般标注在电报中,十万火急的电报随送随发,随收随批阅。红军电报由总部及以下的各级秘书处或机要科分别管理,一般原件都销毁,只保存抄存件。

(三)红军的文书处理工作

红军的文书处理工作,与党政机关大致相同,但由于军事斗争的需要,也具有不同的特点。一是严格执行文件批签制度。红军各部队规定文件的批签既有主签,也有副署,并且签发人也有明确分工。二是部队中下级请示上级的文件需要立即登记,并且必须批答。三是关于文件签字盖章的规定。通常上级向下级发文,首长只需签字,发布命令的文件才需要盖个人印章,而下级向上级报告,多用个人印章。

(四)红军的文件保管工作

文件的收集。对文件的收集主要有三种方式:一是通过各种渠道和方式搜集的情报资料,二是调查材料,三是因严格的逐级请示报告制度的执行而积累起的文件。较特殊的是烈士材料由中央军委抚恤委员会收集进行汇总,同时,成立专门的委员会;1931年成立的由叶剑英、左权、黄公略等13人组成的红军战史编辑委员会,负责将红军文件材料编辑成册。1937年5月成立的由邓小平、陆定一、张爱萍、萧克等11人组成的红军战史征编委员会,专门负责搜集红军各种资料,这种方式有利于文件的保护和利用。

文件的保存与管理。红军的文件按层级集中保存,如营或团的文件由技术书记集中保存,师和军以上机关的文件由秘书处机要科保存,红军总部的文件在秘书处保管。在有大规模作战或军事行动前,还要集中在师以上的机关保管,按规定各连团的文件集中于师部。文件由秘书统一管理,1931年中央军委颁布的《红军抚恤条例》中规定:秘书负责"处理一切文件档案"。办理完毕集中保存起来的文件被称为"档案",这在中共党史军史上尚属首次,只是这样的明确界定在实践中未普遍体现出来。

四、长征前后中国共产党的文书档案工作

1934年红军第五次反"围剿"失利后,革命遭受严重挫折,被迫做战略大转移,进行了举世闻名的二万五千里长征。长征时期,是我党我军历史上最艰难时期,对文书档案工作而言也是最困难的时刻。因此,这一时期文书档案工作无固定的严格的规则、章程,只是根据具体情况而定,主要注重文件档案的保存和保管。

长征开始前,许多文书档案机构或撤销,或合并,中央秘书处、中央军委秘书处和中央机关秘书处基本都被撤销,所有的工作都由中央军委机

要科承担;地方党政机关秘书机构撤销后,其工作也由各军团机要科承担。党中央、苏维埃政权、红军的文件材料一部分在根据地就地埋藏,一部分随军长征,由中央军委专门成立的物资与资料运输队负责运送,这部分文件材料最后被安全运到陕北。

长征时期,主要任务是大规模的军事行动和转移,为使文件送达及时、准确、安全,党政军机关的文件基本以电报为主。为了妥善保管和携带电报文件,制定了文电的抄存制度,即电报底稿一经翻译随时抄存,原稿烧毁,只保存电报抄本。中央军委机要科负责电报文件的抄译和保管。

长征过程中,还有一种"流动的办公室"——机要箱,这种机要箱行军作战时由红军战士专人搬运,首长秘书或勤务员全程监护。到达宿营地时,将箱子送给首长或相关领导同志,由首长或秘书人员对箱中文件进行处理,箱中保存的文件未办理的分成机密与普通,办理完毕的分成常用与待查,均保管在机要箱中,随时查用。

第三节 全面抗日战争时期中国共产党文书档案工作的进一步发展(1937年7月至1945年8月)

1931年的九一八事变,是日本帝国主义侵华战争的开端,中国共产党号召全国同胞团结起来共同抵抗日本侵略者。随着1936年西安事变的和平解决,抗日民族统一战线正式形成。1937年七七事变后,抗日战争全面爆发,中国工农红军改编为国民革命军第八路军和国民革命军陆军新编第四军。此后,我党又陆续开辟了中国抗日战争的敌后战场——抗日民主根据地,党中央于延安在政治上领导全国人民进行抗战。这一时期,各级党政军机关把文件材料的管理工作基本上称为"档案工作",因此,中国共产党的文书档案工作比前两个时期都有较明显的发展。

抗日战争时期,文书档案工作最显著的特点与发展体现在如下几方

新民主主义革命时期中国共产党文书档案工作研究

面：一是随着长征后各级文书档案机构的全面恢复，文书档案工作的组织领导步入正轨并发挥了重要作用；二是出台了一大批文书档案工作制度；三是开始了专门档案的形成与保管，如干部档案、照片档案等；四是党政军各系统在文书档案工作上的联系日益密切。

一、党组织的文书档案工作

（一）文书档案机构的变化

中共中央和中央红军抵达陕北后，党政军机关恢复、建立的同时，各级秘书处也很快得到恢复，文书档案机构又有了新的变化，并形成了新的文书档案工作系统。

1937年成立了中央秘书处材料科，是一个专门管理党的档案的职能机构，主要负责集中保管中央及相关部委的档案，还负责收集、保管抗战前中央一级的党政军群机关的历史档案。因此，材料科既是党中央的现行文件和档案的保管部门，又是党的历史档案保存机构，具有双重性质。其成立标志着党中央档案工作进入到集中统一管理的新阶段。

1941年中央办公厅建立，中央办公厅是中央秘书处的领导机关，是中国共产党文书档案工作最高的组织管理机构。中央办公厅的建立，不仅使党的文书档案机构更加健全，更是中国共产党文书档案工作领导体制初步确立的标志。

中央秘书处在中央办公厅成立后分为两个部分，即中央办公厅秘书处和中央办公厅机要处。秘书处材料科统一管理档案，电报档案则由机要处电整科统一管理，从此，整个抗日战争时期，中央文件与电报开始分存。

（二）文件处理工作

抗战时期，抗日根据地的党政军机关所处环境相对稳定，各项建设全面开展,形成了大量的文件和电报材料,文书及其处理工作也发生了一些变化。

文件形成及处理日益程式化。文字的使用:反对党八股,提倡拟写文件用简洁文字;纸张规格:中央文件多为16开,地方是32开;文件印制:由原手抄或油印,改为铅印;文件审阅:开始使用文件传阅单;等等。

(三)档案管理工作

档案收集:1941年4月,对中央机关档案的集中保管做了原则决定,中央各部门一律设置调查研究机关,对敌我友档案资料及各种资料开展广泛的收集工作,收集、集中档案工作由此取得了很好的成效。

档案整理:主要集中在分类、编目方面。文件的分类与土地革命时期相比有了改变,凡中央各机关文件要按问题分类,凡地方机关的文件按组织系统和地区分类。1941年,对中国共产党保存的电讯档案材料做了一次大的整理,成效显著。在文件的编目上,主要有两种查找工具。基本目录和辅助目录。基本目录是全部文件的目录,辅助目录是按文件内容做的索引目录。

档案保管:在档案保管上,注重机密文件的管理。机密文件指定专人保管,并要对档案进行定期检验,发现问题及时查究,同时也再次将留存和销毁的文件予以区分。

档案利用:主要是编辑文件汇集,党中央机关刊物实际上就是由文件汇编而成,《六大以前——党的历史材料》《六大以来——党内秘密文件》则是为总结历史经验、在党内开展整风运动而编辑的党的历史文件汇集。

二、抗日民主政权文书档案工作的发展

从抗战开始,中国共产党在敌后广泛开展了游击战,建立了若干敌后抗日根据地,并在各根据地建立了抗日民主政权,文书档案工作就在这些

政权中开展起来。

文书档案机构:恢复了秘书制以取代总务制。各级抗日民主政权都设置了秘书处,秘书处内设材料室或档案室"专司档案工作",承办文书处理和文件保管工作。

文书及文书处理工作:抗日民主政权在公文程式上,如公文用纸、公文用语、书写、公文格式、内容等方面都进行了改革;文书分类立卷方式多种多样,按机构、地区、重要程度等,没有统一的规定;建立起了归档制度,一般文书处理部门在初步分类立卷后再送档案室点收。

档案保管工作:收到归档文件后进行点验,划分重要、次要、普通三种,重要的重新整理,普通文件登记后经批准可以销毁。在提供使用文件时,使用了调卷单,档案室凭调卷单交会案卷,档案的借阅工作得到了改善。

三、八路军、新四军的文书档案工作

八路军和新四军的文书档案工作,一方面继承了红军时期的一些做法;另一方面,为了在抗日战争中适应游击战和运动战,也创立了一套战时文书档案工作的制度和方法。

(一)文书档案工作系统的初步形成

抗战时期,无论是军队指挥部门、司政机关还是作战部队,从中央军委、八路军总部、新四军司令部,至各师、旅都设置了秘书处(有时偶尔也称总务处),团、营、连设有机要秘书、技术书记或文书。各级秘书处负责文件的承办和管理工作,并对所属单位人员的业务工作负有指导责任。

部队中机要科的设置也非常普遍,有少数设在秘书处或总务处内,通常设在参谋部,直接由参谋长领导。八路军、新四军师、旅以上单位,都设有机要科,统一电讯管理。在管理分工方面,设在参谋部的机要科,实行

文件与电报分开管理,而设在秘书处的机要部门、机要文件和电报基本是统一管理的。

抗日战争时期,各部队有相对固定的作战区域,因此按地区设立了若干大军区、军区和军分区,各军区都有秘书处、秘书科或机要科,各军分区及各师、旅设置的机要科,一般承担电讯业务和机密文件的管理工作。

(二)文书处理与文件材料的管理

这一时期在公文书写方面按收发文机关及办文目的不同有一套严密的格式和要求。文件内容不同,其承办主体也有区别:综合性的材料如作战计划等,由部队负责同志起草,或秘书处、参谋部门协助拟制;专题性的文件材料,如战斗、侦察、内务等,则分属各职能部门负责起草和承办。秘书处从总体上主抓承办文件的起草和文书处理工作。

至于文件材料和档案的保管,一般都由专人负责集中保管,一部分存放在根据地,新形成和急需的文件材料则要随时整理。在文件管理方面遵循的原则就是文件材料必须适应战时需要,因此,无论是在文件分类整理上,还是在文件保管上,都围绕案卷便于随军携带和使用来进行。

四、抗战时期国统区的文书档案工作

为了充分发挥抗日民族统一战线的作用,抗战期间,中国共产党在国民党统治区的南京、上海、重庆、广州、西安、乌鲁木齐等地先后建立了八路军和新四军办事处。中共中央派出的以周恩来为首的中共代表团也驻在南京。后中共代表团和八路军办事处转移至重庆,根据中央指示,在重庆重新建立了以周恩来为领导的南方局。那么,这一时期在国统区和部分沦陷区,就分别建立起了各中央局、八路军和新四军办事处、南方各省市党组织的秘书处,来负责各自的文书档案工作。作为南方局和各地八路军、新四军办事处,在中国共产党与国民党既合作又斗争的形势下,党的组织处于半公开、半秘密的状态中,其文书档案工作自然同中国共产党的其他工作一样,具有公开与秘密相结合的特点。

这一时期,如果八路军和新四军办事处驻地还有中央派出的党的机构的,往往是合署办公,如南方局与重庆八路军办事处就只设一个秘书处,长江局与八路军驻上海办事处亦是如此。各地办事处内的文书处理、电讯业务、档案工作这三项业务统为机要工作,没有太细的分工,你中有我,我中有你。

抗战时期,文书及文书工作上最大的变化,就是随着抗日民族统一战线的形成,大大增加了与友党友军及其他爱国组织及人士间的公文往来。这样的公文主要是公函文件和例行公文,其中较特殊的是抗议性的公文,对国民党积极反共消极抗日的政策进行抵制和批评。这类公文也要进行必要的分类与保管,一般与党政军的文件分开保管。

五、干部档案和干部档案工作的建立

第一、第二次国内革命战争时期,由于共产党员人数比较少,各级党组织相应都比较幼小,持续的反革命军事围剿和极端的白色恐怖条件又使人员变动极其频繁,致使人事管理制度很不完备,只有简单的党员登记表。抗日战争时期,人事工作逐步开始走向正轨,抗日民族统一战线的形成和革命根据地的发展,使中国共产党进入了一个较稳定时期,从而为各方面建设提供了良好的条件。

党中央于1940年7月发出了《中央关于审查干部问题的指示》,要求对干部进行全面的审查。审查内容主要包括:家庭背景、个人经历、社会关系和政治历史。

通过整风和审干运动,在各级组织、人事部门的布置下,干部档案内容更加丰富,这一时期干部填写的项目包括自传、履历表、鉴定表、思想小结等,从而为干部档案的建立奠定了良好的基础。与此同时,规定在各项

运动中形成的干部材料,如证明材料、鉴定表、审查结论、鉴定结论等,以及干部在考核、任免、奖惩等方面形成的材料,都补充到干部档案中并集中保存起来。从此,以根据地为主的广大干部都初步建立起能够比较真实反映个人历史和现实面貌的基本材料——干部档案,并开始了干部档案的保管工作。

第四节 解放战争时期中国共产党文书档案工作的日益加强(1945年8月至1949年10月)

1945年8月抗战胜利后,为争取和平、避免内战,中国共产党与国民党政府进行了为期43天的艰苦谈判,最终以失败告终,蒋介石悍然发动内战。内战全面爆发后,蒋介石先后对我根据地进行了全面进攻和重点进攻。这一时期中国共产党文书档案工作的主要特点就是依据战争形势的变化不断调整与转换工作重心。因此,解放战争时期中国共产党的文书档案工作也呈现出了一定的阶段性。解放战争初期档案的清理与保藏、战略防御阶段档案的疏散转移和战略反攻阶段对旧政权档案的接管,构成了这一时期文书档案中心工作的不同内容。与此同时,文书档案工作得到进一步发展,尤其是文书档案管理的集中化程度不断加强。

一、解放战争初期档案的清理与保藏

从抗战胜利到1946年6月间,由于国共谈判签订了《双十协定》,全国处于一个相对和平的时期,尽管局部战争不断,但中国共产党早就清醒地认识到和平是暂时的,国共的最后较量不可避免。因此,为了做好迎接国民党军队军事进攻的准备,大规模开展了对档案文件的清理工作。

中央发出指示,要求各地:必须保存者应妥善保管,为免于散落遗失,各种不需保存的秘密文件均应加以焚毁。各地党政领导机关为使清理工

作有秩序进行,纷纷发出指导、指示,制定了具体办法和要求,同时命令各所属区域与单位一定要抓紧时间进行清理。太行区党委规定在两个月内完成清理工作,之后又连续发文予以督促,并要求将清理完毕的文件依所发时间排列,分丢失、保存、交回、焚毁四种情况登记清楚逐级上报。① 冀中区要求党内机密性文件要与党内一般性文件予以严格区分,规定文件保存份数和所存机关,取决于其发文机关等级与文件性质。经过清理,中国共产党完成了档案工作方面的应变准备,使党的重要文件及机密在战争爆发时能够得到有效保护。

1946年7月,国民政府撕毁停战协议,内战爆发。国民党军队对我解放区发起了大举进攻,将档案文件秘密地保藏起来成为文书档案工作最紧迫的任务。为保护好文件,各根据地依据地区的不同情况,采取了不同的办法,安全秘密地将档案坚壁起来。

二、战略防御阶段档案的疏散转移

蒋介石全面进攻被我军粉碎后,从1947年3月起进行重点进攻,主要方向是陕甘宁边区和山东解放区,党中央在决定暂时撤离延安后即对中央档案文件采取了紧急措施,进行妥善的处理。其中最主要的是中央档案的三次大转移。

第一次转移,于1947年3月开始,由曾三率领合并后的几个中央档案部门将档案从延安转移至晋绥革命根据地的兴县刘家曲。在刘家曲又根据战时需要,按重要性与事务性、机密性与公开性区分的要求,对档案进行了全面的清理工作。

第二次转移,于1948年3月开始,从刘家曲携带档案材料转移到河北省平山县,因驻扎在平山县不同的地方,原合并了的档案部门解散后回

---

① 中国人民大学档案系档案史教研室编:《中国档案史教学参考资料(新民主主义革命和社会主义革命与建设时期)》,中国人民大学档案系1982年版,第37页。

到了各自的机关,中央档案存放于西柏坡。

第三次转移,于1949年3月23日开始,从西柏坡向北平搬迁。为此,在制度、组织与人员安排上做了周密的准备,由周恩来、杨尚昆统一指导,叶剑英、李克农负责到达北平后的接待,这批档案被安全地运抵北平。

与档案转移的同时,文书档案工作的组织领导机构——中央办公厅也进行了新的调整。从1947年3月起,根据党中央的战略部署,中央办公厅的所有工作人员被一分为三,组成三支队伍。第一支队伍留在陕北,负责党中央的文书处理和档案保管工作等;第二支队伍转移到西柏坡,承担中央工委的文书处理与档案管理等工作;第三支队伍在叶剑英、杨尚昆带领下随中央后方委员会转移到山西省临县三交镇。因原办公厅的大部分工作人员在这支队伍中,所以承担起党中央文书处理、电报办理工作的中转任务。到1948年4月间,中央办公厅三支队伍全部转移到西柏坡并恢复了原建制,又重新组合起了以杨尚昆担任办公厅主任的新的中共中央办公厅。随即建立了新的秘书处,曾三任处长,材料科、文印科、交通科、速记室、发行科、总收发科等为其下设机构。

三、战略反攻阶段对旧政权档案的接管

从1947年7月开始,人民解放军由战略防御转向战略反攻,1948年开始取得了辽沈、淮海、平津战役的胜利,国民党反动统治迅速走向瓦解。敌人在覆灭前,必然要大肆破坏和劫运档案文件。阻止和减少敌人的破坏,及时地接管国民政府及其他旧政权的档案,就成为这一时期档案工作的突出任务、档案工作的中心。

为此,1948年11月11日,由朱德、彭德怀署名发布了《惩处战犯命令》,警告国民党军官及党部政府各级官吏:保护档案有功,烧毁档案依战犯论罪。1949年4月,就在南京解放后的两天,发布了由毛泽东亲自起草的《中国人民解放军布告》,有两章涉及接管档案的问题,告诫国民党

各级政府和官僚资本企业的人员,保护档案有功者奖,破坏档案则予以惩办。在党的政策的威慑与感召下,民国及之前的旧政权档案极少被人为破坏,得到了很好的保护。

四、党政军文书档案工作的全面发展

(一)党组织文书档案工作的发展

解放战争时期,党中央在撤出延安后,中央各机关先分别疏散后集中于西柏坡,中央及各部委的文书档案工作除基本沿袭原有的模式外,各方面都有程度不同的进步,突出表现在文书处理与档案管理制度的日益系统化,文书档案工作各个环节规定得愈加细密。

这一时期,随着军事上的节节胜利,城市的不断解放,为了便利党对各区域的有效领导,在大战略区中央派出机构中央局的文书档案工作有了长足的发展,并且产生了一定的影响。中央局的文书档案工作,归口中央局办公厅秘书处,与抗战时期相比,有新的变化。一是实行了文件电报的统一管理;二是健全了文书处理手续;三是对抗战时期的文件材料进行了清理;四是强化了文电处理的保密工作。尤其是各中央局在各大区代表党中央实行党政军统一领导,各中央局的秘书长作为中央局机关工作的主持者和领导者,负有指导党政军机关一切档案工作之责。因此,解放战争时期的文书档案工作从管理体制上看,较抗日战争时期集中化的程度更高。

(二)解放区人民政府文书档案工作的发展

这一时期各级人民政府的文书档案工作由各级秘书处或办公室负责,该时期,最能代表和体现政府系统文书档案工作发展水平的是文件制作和处理工作的规范化和程序化。

在文件制作上,所有的规定都更细致、要求更严格。以公文格式为例,对公文用纸大小、公文书写形式、公文标点的使用等要求非常明确和详尽。特别是公文制作过程中涉及的每项业务内容都有注意事项说明和式样,以便在公文制作中仿效,也尽可能避免出现更多的错误。

在文书处理方面,不仅以文字的形式规定了文书处理的主要环节及相互之间的衔接,一些地方政府的秘书部门甚至以图表的形式将文书处理的各个环节呈现出来。如1948年11月冀鲁豫行政公署秘书处就制作了《处理公文制度图示表》,形象地反映出文书处理工作的全过程[①],一目了然,相当实用。

(三) 中国人民解放军的文书档案工作

军事战争的特殊环境及要求,使中国人民解放军的文书档案工作具有一定的特点。一是形成了大量的电报档案。战时电报档案的大部分在机要工作部门进行保管,从中央军委到各野战军均设有机要处,兵团和军一级部队一般设有机要科。至解放战争后期,民用电讯工作和军用电讯工作逐渐分开,民用电讯与部队机要处脱离,由电讯局承担,这对保证我党政军的机密都起了极大的作用。二是文书处理质量要求大大提高。该时期战争的频仍使军队作战时的文件一切要以迅速、准确、机密为准,战争的紧迫性曾一度使一些简单的问题以口头的形式向下传达。为此,中央军委特发出指示予以纠正,后来以文件形式发出的指令大大增加。三是中央军委连续公布与发出《机要规则》和《机要制度》,这是参谋机要人员处理文电的守则,以各种细致的要求确保机要文电档案管理方面的保密性原则和保密制度的严格遵守。

总之,从中国共产党成立至新中国成立前,中国共产党文书档案工作

[①] 费云东、余贵华:《中共秘书工作简史(1921—1949)》,辽宁人民出版社1992年版,第373页。

经历了由初创到渐进式发展的过程。尽管客观原因主要导致从整体上看文书处理与档案管理还是相对粗浅的,但文书档案工作却能够紧紧围绕各个时期中国共产党的中心工作来进行,不仅为新民主主义革命的胜利做出了应有的贡献,其自身也在这一过程中不断调整、加强和日益健全。从而说明文书档案工作的发展既遵循其特有的规律性,也会在丰富的社会实践中获取新的突破。

第二章 新民主主义革命时期中国共产党文书档案机构设置及其职能

文书档案机构是对文书和档案、文书工作与档案工作进行管理的组织设施。新民主主义革命时期,中国共产党在文书档案工作组织建设上,尚未形成统一的管理体制,文书档案工作往往是在党的机关、党直接创建并领导下的根据地政权和人民军队三个系统中分别开展。文书档案机构基本可划分为两种形式:一是文书档案工作的组织领导机构——各级秘书处。当时,文书档案工作未被视作独立的工作领域,所以归属于秘书部门。二是文书档案保管机构。各级秘书处下设的文书科、文件保管处、总务科、材料科等名称各异的机构承担文书处理与档案管理工作。因文书工作与档案工作衔接有序的关系,也出于便于利用的整体考虑,早期文书处理与档案管理往往在一个机构内进行。当然,文书工作与档案工作具有特定的专业要求,故而在抗日战争时期后,文书档案保管机构的独立性伴随着各自业务的不断扩大而逐渐朗显。

第一节 文书档案机构设置基本状况

尽管中国共产党自诞生之日起便产生了第一批纲领性文件,但并不是从党建立伊始就有了文书档案机构。最初,由党的领导人——中央局宣传主任李达保管党的文件,上海成都路辅德里625号成为中国共产党

新民主主义革命时期中国共产党文书档案工作研究

第一个文件保管处所。由领导人直接保管文件的工作持续了一年多,很快显露出其弊端;1923年6月,始设置党内秘书,毛泽东成为党的第一任秘书,指定秘书专门负责党的文件保管工作。直至1926年7月后中央秘书处及秘书处内设之文件保管处创设,才标志中国共产党文书档案组织管理机构和业务机构的正式建立。

一、第一次国内革命战争时期文书档案机构的初设

文书档案机构的设置在大革命时期不具有普遍性,因为党的第一个文书档案机构设置时间不久,大革命失败,一些已经建立起的文书档案机构很快遭到破坏,在第二次国内革命战争时期得以重建。这一时期,中国共产党未建立自己的政权和军队,所以只有党的系统设置了文书档案机构。

1926年7月,中央正式设立中央秘书处,负责人为秘书长,秘书长直接领导中共中央的文书档案工作,王若飞为首任秘书长。此后,蔡和森、邓中夏、李维汉、李立三、柯庆施等先后担任过此职。秘书处成立后,曾于1927年"四一二"反革命政变后迁到武汉,后又回到上海,由邓小平出任秘书长,大革命失败后,迁往苏区。与此同时,中央各部委、各中央局都设置了秘书处及秘书长,如中共中央宣传部、中共中央白区工作部、中共中央妇女工作部等都有秘书长或秘书之设。中华全国总工会、共青团中央等机关也建立了负责本系统的文书处理与档案管理工作秘书处。

在地方党组织中,从1926年至1927年上半年,各中共区执行委员会(从党的五大后基本改称省,也有部分地区较早称省)如中共北方区执委会、江浙区执委会、广东区执委会、湖南区执委会、上海区执委会、中共四川临时省委等均设立了秘书处。秘书处由秘书长领导,下设文书干事、交通干事和庶务(会计)干事。大约在1927年初,各地秘书处下设文书股、交通股和会计股等,具体承担文书档案工作。

二、第二次国内革命战争时期文书档案机构的普遍建立

第二次国内革命战争时期,中国共产党的文书档案工作因人民军队和工农民主政权的建立,开始分为党组织、苏维埃政权和红军三条脉络,文书档案机构在组织领导和业务开展方面都有了长足的进步。

(一)党组织的文书档案机构

该时期中央秘书处作为中国共产党文书档案工作的总枢纽,其发展主要是职能的拓宽,集中表现为秘书长职能与任务的变化。此前秘书长主要管理本机关内部的文书档案工作,1927年后,中共中央的秘书长一方面参加中央的领导工作,另一方面对中央各部委、各省委秘书处有业务指导关系。1929年10月《中共中央秘书处过去的缺点和最近工作计划》中指出:中共中央秘书处是中央工作尤其是常委工作的执行机关,为了执行党的政治任务,推动群众斗争走向新的革命高潮,巩固党的正确路线,要求中央加强对全党的政治指导,同时亦加重了中央秘书处处理日常工作的任务。

秘书处是文书档案工作的组织领导机构,而文书处理与档案管理具体工作的开展主要由其下设置的机构完成。中央秘书处下设立了各科:文书科、交通科、翻译科、调查研究室等。文书科主导文书档案工作,科下设处:收发处、文件保管处、密写处、文件阅览处、油印处等;其中成立于1927年9月的文件保管处,是中国共产党第一个档案工作机构,文件的收办、保管、查阅、缮写油印都由上述机构分别负责。各中央局和省委的秘书处下设机构在名称上大致相同,多为文书科、会计科、交通科等,文书科下设文件密写保管处、文件抄写处、收发处等。

(二)苏维埃政权的文书档案机构

1931年11月,在井冈山革命根据地及地方苏维埃政权建立的基础

上,成立了中华苏维埃共和国临时中央政府。随着中国共产党政权机关的建立,中央及地方苏维埃政权的文书档案机构相继建立并发展起来。

苏区时期,废止秘书制,实行总务制,但总务厅(处)在结构和职责上相当于秘书处。中华苏维埃共和国临时中央政府成立后,在中央执委会内设立了总务厅,设主任1人、技术书记1人,处下设股。依照《苏维埃地方政府的暂行组织条例》的规定,地方苏维埃政权,即省、县、区执行委员会中都设立了总务处,总务处设主任1人,其下分为文书、印刷、收发、交通等股。各机构都在秘书长领导下具体分担苏维埃各级执委会的日常工作,并承担文书起草、文书处理和管理工作。后来省以上总务处的文书股、印刷股合并成为秘书室,统一管理政府系统的文书处理、文件管理和电讯业务。

(三)军事系统文书档案机构的广泛建立

1927年8月1日由周恩来、贺龙、叶挺、朱德、刘伯承、谭平山领导的南昌起义,揭开了中国共产党独立地领导武装斗争的序幕,也标志着中国共产党领导的人民军队——中国工农红军的诞生。中国共产党不仅从此拥有了自己的武装力量,也由此产生了军队系统的文书档案工作,并设立了相应的组织与管理机构。

红军文书档案机构体系较为完备,从中央军委直至连队,形成了文书档案机构系统。1930年8月,中共中央发出了《关于党的军事机关组织与系统问题》的第154号通知,规定了各级军事部门秘书处设置的要求:通常在党委之下设秘书处,按级别划分。1932年6月,中国工农红军总政治部颁发了《各级政治机关编制系统表与组织及其工作纲要》,对红军团以上政治机关的秘书机构、人员配备及工作纲要做了详尽的统一规定。至此,奠定了红军文书档案机构设置的基本轮廓,并开始实行统一编制。这一时期军队文书档案机构设置大致分为五个层次。

(1)中共中央军委秘书处。从1926年1月周恩来任中央军委书记后,中央军委下面就建立了秘书工作。至1927年,中共中央军委常委会下设秘书处,首任秘书长王一飞。中央局和省委军委常委下设秘书科,欧阳钦和邓颖超都曾担任过中央局的秘书长。

(2)中央革命军事委员会秘书处。1931年11月成立了中华苏维埃共和国中央革命军事委员会秘书处,第一任秘书长是徐梦秋(1931年11月至1933年5月)。1934年党的六届五中全会后,秘书长为萧向荣。中央革命军事委员会总政治部也设立了秘书处,由周桓任秘书长,邓小平在1933年夏秋间至1934年10月也曾担任过此职。该委员会下设的师以上的个别单位只设秘书或技术书记,不另设机构,比如,1931年中央革命军事委员会抚恤委员会规定"主任之下设秘书1人,处理一切文件档案"。

(3)井冈山前敌委员会秘书处。朱德、毛泽东井冈山会师后,成立了中国工农红军第四军,并于1928年11月6日建立了井冈山前敌委员会(简称前委)。前委设秘书处,随红四军行动,承担着红四军军委的文书档案工作任务。

(4)红军各方面军、军团、军或师,都有秘书机构之设,但名称不完全相同,大体上有秘书处、办公处、办公厅和机要处几种。秘书处辖文书、印刷、收发事务等科。

(5)团以下军事机关的文书档案机构。在红军团级机关,有的设机构,如秘书科、总务科;有的只设秘书,红军团政治机关设秘书、干事各1名。红军营连级单位一般不设机构,只有文书之设,按1933年6月15日颁布的《中国工农红军暂行编制表》规定:"步兵连设文书1人、运输员1人,他们负责文书处理、文件保管和文件运输任务。"

(四)党中央秘密档案库

中国共产党成立伊始,便在其革命活动中形成了大量的文件,为保护

新民主主义革命时期中国共产党文书档案工作研究

党的文件安全,1931年2月特在上海建立了两个秘密档案库,将中央秘书处已积存的5万余份文电分成两套:一套交中央秘书处张唯一,建立起"中央文库";一套交中央特科第三科科长顾顺章,建立起"中央特科文库",两个文库统由周恩来领导。这两个秘密档案库也是中国共产党成立以来为数不多的集中保管档案的专门机构。

由中央特科领导人顾顺章负责的中央特科秘密档案库,在1931年4月顾顺章叛变后,虽经周恩来、陈赓多次寻找,仍没有下落。后顾顺章在1931年10月间秘密潜回上海,指派一名曾经参与过档案库工作的亲信,将埋藏于档案库中的文件全部取出,用一个整夜将近2万份党的秘密文件全部烧毁。

中央文库也称党中央地下档案库,是专门保管中央和中央各部委档案材料的秘密机构。其前身就是1927年9月成立的中央秘书处文件保管处,文件保管处设在当时上海戈登路1141号(今江宁路),主要负责中共中央及中央领导人工作中积累的所有需要留存的文件资料的集中管理,同时也负责中共中央下发之文件和各地上报之文件的接收。按中央发布的《中央对秘密工作给中央各部委全体工作同志信》有关规定,"不需要的文件,必须随时送至保管处保存"。故而在1930年9月中共六届三中全会之后,文件保管处保管的文件数量激增,当时有20余箱党中央所有机关的文件资料被集中保管。中央文库名称大约始于1930年10月以后,原因为中共中央秘书处在文书处理中开始出现了"存文组宣毛"的代号,其中,列在首位的"文",即党内习惯称呼的"中央文库"(党中央地下档案库)。中央文库的正式建立是在1931年,中央秘书处文书科科长张唯一是第一任负责人,原因为张唯一素以老成持重著称,在党内有"老太爷"的雅号。为了保证党中央文件在白色恐怖最严重的上海安全保管与有效利用,中央文库建立的同年,受周恩来委托,瞿秋白亲自起草了《文件处置办法》,对党的文件保存和销毁范围、分类方法和分类方案、编目和编号方法做了详尽的规定。而中央文库的档案也因在以陈为人为代表的一批档案工作者们前赴后继的保护下,被安全保存下来,从而在日伪、敌特势力最猖獗的上海,创造了中央文库档案近20年间安全保管的奇迹。

(五)长征中的文书档案机构

从1930年12月上旬至1933年9月,国民党军队先后五次发动对我中央根据地的大规模围攻,前四次均被粉碎。第五次反"围剿"失利,中国工农红军被迫进行战略转移,红一方面军主力部队于1934年10月撤出根据地,开始长征。党政军机关的文书档案工作不得不根据客观形势重新安排,文书档案机构也有了较大的变化。长征前夕,党中央和中央军委精简了一大批机关,中央秘书处及各部委的秘书处、中华苏维埃临时中央政府及苏区中央局机关的秘书处统一被撤销,由中央军委机要科统一承担起相关工作,毛庭芳时任机要科科长。与中央机构变动相适应,各地方党政机关秘书处撤销后的文书档案工作也由地方各军团机要科承担起来。党政军的文书档案工作全部由军事机关的机要科承担,是新民主主义革命时期文书档案机构设置中的一个特例。

三、抗日战争时期文书档案机构的全面恢复与发展

1931年日本发动了九一八事变,中华民族进行了长达14年艰苦卓绝的抗日斗争。1936年红军长征到达陕北后,中国共产党正确洞察国内形势,制定了一系列抗日救亡的方针政策,实现了第二次国共合作,形成了抗日民族统一战线,并迅速扩大和建立起以陕甘宁边区为中心的10余个抗日民主根据地。在抗战时期,中国共产党各级组织,抗日民主政权各级机关,八路军、新四军的各部队的文书档案机构得以全面恢复,并在新的时期、新的任务和新的基础上有了进一步的健全与发展。

新民主主义革命时期中国共产党文书档案工作研究

（一）党组织的文书档案机构

长征后转移至陕北的党中央在1935年12月召开的瓦窑堡会议上，决定重新恢复在长征中撤销的中央秘书处等机构，中央秘书长仍直接领导秘书处，但一个新的变化就是秘书处第一次配备了处长和副处长，首任处长由王首道担任。

随着革命形势的好转和各项事业的快速发展，党中央机关日常文电的处理、会务工作等各项工作也日益增多，中央秘书处在组织与职能上都难以适应工作发展的需要。中央遂于1941年9月28日设立了中央书记处办公厅（简称中央办公厅），中央办公厅的正式建立，使中国共产党文书档案工作的政治性、科学性、技术性、服务性结合得更加紧密，内部结构更加健全，组织系统层级设置更加合理，这是中国共产党文书档案工作史上的一个重要里程碑。中央办公厅第一任主任由中共中央副秘书长李富春兼任，负责领导秘书处。中央秘书处的内部组织也随之很快进行了调整，即分为中央办公厅秘书处和中央办公厅机要处。中央各部委的秘书工作也随之都得到了加强。比如，中共中央组织部、宣传部，中央职工运动委员会、妇女运动委员会及其他一些机关都恢复并健全了秘书处。在党的系统中，还有中央局一级的秘书处、省委和区党委一级的秘书处、地委和县委一级的秘书处。

中央秘书处后来又增设了材料科、速记室、电讯科和收发室，其中最重要的就是1935年成立的材料科。材料科是中共中央秘书处一个专门管理中央档案的机构，材料科实际具有双重职能，一方面集中统一管理中央文件材料，一方面还负责收集保管抗战前中央一级党政军群机关的历史档案。材料科于1937年1月随党中央进驻延安，后出于安全考虑转移到杨家岭。起初材料科保管的档案存放于1个窑洞中，后随档案的不断积累，共设有4个窑洞。与此同时，自1941年起，中央秘书处材料科负责统一管理文件材料,中央办公厅机要处的电整科统一管理电报档案。其他机要部门也设置了电整股,从此文件与电报开始分存。这一时期,各部委的秘书处内部一般也都设有文书科、收发科、材料科、机要室等,因此,中央一级的文书档案机构又有了新的发展。

至于地方党组织即各省委、区党委的文书档案机构,由于是在国统区,因此基本处于地下状态。尽管秘书处的设置比较普遍,但具体的文书档案工作往往是保管机构与库房合而为一,通常设在同志家中,还要经常性地转移。而公开的机构,如八路军驻武汉办事处、八路军驻重庆办事处,对外作为人民军队驻在国统区的办事机构,但实际上是中国共产党在国统区领导和联络的中枢,因此,其文书处理、档案管理、电讯业务等均在一个机构内完成。

(二)抗日民主政权的文书档案机构

抗战爆发后,在中国共产党先后开辟的十几个抗日根据地中陆续成立了抗日民主政权,其中陕甘宁边区政府、晋察冀边区行政委员会和晋冀鲁豫边区政权,因成立早,存在时间长,行政组织机构建设相对健全,文书档案机构也比较正规。

抗战时期的各民主政权中,边区政府、边区政务会议(边区政府执行政务的领导机关)都设有秘书处,边区政府秘书长往往直接领导边区政府与边区政务会议的秘书处,因为政务会议秘书长一般由边区政府秘书长兼任;边区政府所属的各厅、部处,各行署、专员公署、专区和县,也都有秘书处之设,由主任秘书负责。

边区各级政府中的参议会,是党领导下的统一战线组织,其职能是:团结各阶层、各党派、各民族共同抗日救国,研究有关法令;宣传、解释、推动人民群众执行政府法令;深入群众,听取意见,改进政府工作。参议会主席团设秘书处,由主席团选任正副秘书长各1人,秘书若干人。秘书处下设四个科：文书科、议事科、总务科、警卫科。文书科主要承担文书档案工作。

（三）八路军和新四军的文书档案机构

抗日战争全面爆发后，随着国共第二次合作的达成，在陕北等地的红军改编为国民革命军第八路军，在南方坚持游击战争的红军各部改编为国民革命军陆军新编第四军，开赴抗日前线。抗战全面爆发后，军队系统中秘书处的建立及秘书长的设置在中央军委、八路军司令部、新四军总指挥部及其下辖的江南总指挥部和江北总指挥部、总政治部等机构中已经相当普遍。抗战初期，因各部队在敌后的作战区域相对固定，故先后设立了若干大军区、军区和军分区，如山东军区、晋冀鲁豫军区等，电讯业务和机密文件的管理工作由各大军区、军区和军分区的秘书处、秘书科或机要科等承担。部队师与旅一级的单位也设置了秘书处（有的称总务处），如1939年前后，八路军一一五师、一二〇师、二二九师司令部和政治部都设有总务处。团、营、连队往往没有秘书处和机要处之设，只是设有机要秘书、技术书记或文书。为夺取抗战的胜利，八路军、新四军通过纵横交错的电讯与上呈下达的文件，与党中央、中央军委、各部队保持着畅通的联系，以获取军事上的正确指挥和主动权。而且大军区、军区和军分区的建立，为特定区域内军政民统一行动提供了可能，军队和各方面的联系也因文书档案工作而加强。应当讲，文书档案工作早已成为部队战斗力的有机组成部分。

在党政系统，通常秘书处下都设有文书科、机要科，尤其是机要科，是一个常设机构。但在军队系统，只有个别部队将机要科设置在秘书处或总务处内，大多数单位将机要科设置在参谋部，直接由参谋长领导。在八路军、新四军中，师、旅以上单位都设有机要科，统一电讯管理。凡是机要科与秘书处在一起时,机要文件和电报基本是统一管理的;凡是机要科直接由参谋长领导的,一般文件与电报皆分开管理。实际上,自电讯业务开展以来,文件电报都是统一管理的,随着文件电报数量的增加,抗战后才逐渐形成材料科保管文件、机要科的电整股保管电报的基本格局,而且这种方式在党中央、八路军、新四军及各中央局、各省委普遍都予以采用,文电分别处理、分别管理成为抗日战争以来档案保管工作的一项新举措。

四、解放战争时期文书档案机构的转移与逐步健全

抗战胜利后,国民政府撕毁了国共两党通过谈判达成的和平协定,悍然发动了内战,派重兵向我根据地发起疯狂的进攻。从1946年7月起,开始了中国人民解放战争。战争期间,党政军各系统的文书档案机构一直处在战争和大转移中,文书档案机构在不同形势下向不同方向的转移,构成了这一时期文书档案机构的常态,也使文书档案工作在转移中得到发展。

(一)党组织的文书档案机构

中央办公厅作为党中央各项工作的服务机关,也作为中国共产党文书档案工作的领导机关,在解放战争初期,发挥了重要的作用。1947年3月,中央办公厅的全体工作人员根据形势变化与党中央部署一分为三:一支仍留在陕北,在文书档案工作方面按秘书处原设置组建了机要科、文书科等机构,负责党中央的文书处理、电讯业务等工作;一支撤出延安转移到西柏坡,成立了主要负责中央工委文书档案工作的秘书科、机要科、行政科等机构;包括了原中央办公厅大部分人员的一支转移到了山西省临县三交镇,承担起党中央文书处理、电报办理工作的中转任务。1948年4月间,三支队伍在西柏坡会合,恢复原建制,中共中央军委秘书长杨尚昆

担任办公厅主任。

与中央办公厅恢复的同时,中央秘书处也进行了新的组建,由曾三任秘书处处长,下设材料科、文印科、发行科、交通科、速记科五科,其中具体人员为:材料科科长裴桐,文印科科长王仲珊,交通科科长王凯,发行科科长徐思顺、副科长杜思如,速记室主任周昆玉、副主任卫文秀,文书档案机构进一步健全。

中央办公厅机要处也进行了新的组建。在抗战之前,以"机要"命名的机构主要在军队中,确切讲只有中央军委有机要科的建置;长征前中央级的党政军各系统秘书处统归于中央军委机要科,红军到达陕北后,中央军委机要科一分为三:中央秘书处机要科、中央军委机要科、中央社会部机要科。为了统一全党全军机要工作,原本党中央于1942年4月4日决定在中央办公厅下设立机要局,由康生兼任局长,李质忠为副局长,然而这个局的成立,又恰与当时精兵简政的要求不相适应,结果又于4月18日撤销了只成立了14天的中央机要局,将中央军委机要科、中央社会部机要科合并于中央秘书处机要科,直属于中央办公厅,由李质忠任科长,曾三为政治协理员。至抗战胜利前夕,又一度建立了中央办公厅机要处,1947年3月中央机关撤离延安时,人员分别执行任务,直至1948年4月会合于西柏坡,原中央办公厅机要处重新恢复,处长为李质忠。处内下设1室6科,与文书档案业务关系密切的有1室4科,分别担负各自的业务工作,其中电整科专门负责电报档案的归档整理和管理,该处还负有指导中央党政机关和各地方机要业务工作之责。

除机要处外,还有机要室(有的称办公室)之设。1947年3月组建了中央办公厅机要室,由叶子龙担任机要室主任,下设机要、秘书和文电3科,中央书记处的文书处理、电报档案管理由其全权负责,而中央领导同志机要秘书的管理和中央书记处交办的有关工作也由机要室负责。至此,由中央办公厅领衔的党中央的文书档案机构进一步健全,见表2-1。

表2-1 解放战争时期党中央文书档案机构一览表

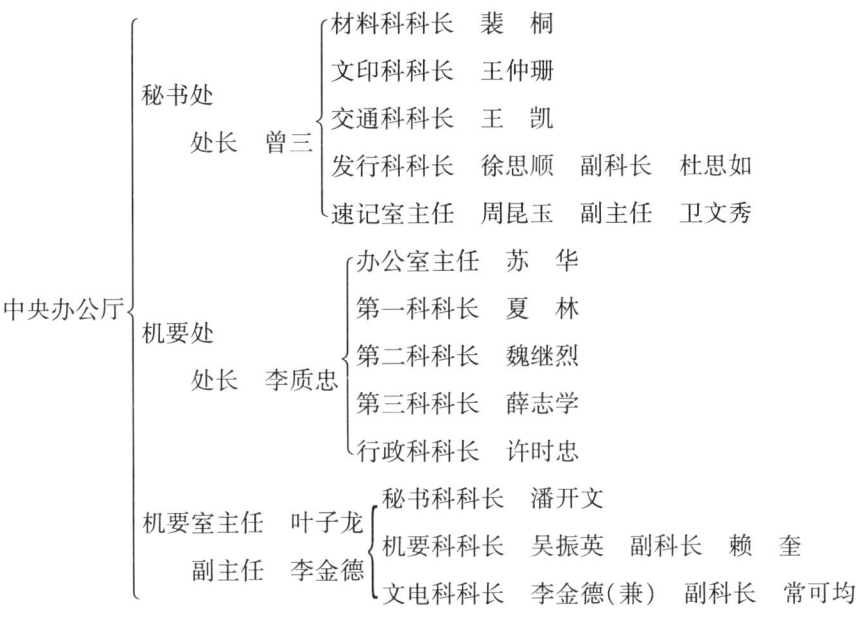

作为中共中央的派出机构——各中央局、长江局、南方局和北方局从1927年相继建立,至解放战争时期,又以大战略区为单位先后设立了晋察冀中央局、晋冀鲁豫中央局,以及稍后的东北局、华北局、华中局、中南局、西南局、西北局等。各中央局设有秘书处,由秘书长负责本地区党政军机关秘书处的业务指导。后各中央局原来的秘书处一般都改称为办公厅,大致在抗日战争后期和解放战争初期,办公室、秘书处、机要处、行政处、人事处等机构一般为其常设机构。

上述机构中,中央秘书处主要负责当时档案材料的保管利用工作,其中的材料科在职能上相当于"中央档案馆",负责中共中央、中央各部委所有文件材料的管理工作。档案学家裴桐从1940年起就任职于材料科,后来担任该科科长,按工作内容在科内分设文件收发组、文件整理组、文件保管组、内部书报刊物组等,由全科十余名工作人员分别负责文件的整理、内部书报刊物的收发、档案的管理、全部文件资料的登记编目与出借工作。

(二) 解放区的文书档案机构

抗日战争胜利后,各级抗日民主政府改为人民政府,解放区各级人民政府的文书档案工作在组织上还是有了一些变化。

从1946年起,各大区的人民政府、省一级的人民政府先后设立了秘书厅,设有秘书处或办公室的为行署一级的人民政府,专员公署和县人民政府设有秘书处或秘书科。人民政府系统的一些部、委、厅、局等也设有秘书处或办公室,内部设科或股,比如秘书科、总务科、文印科等,最基层的单位一般则设有秘书、技术书记或文书。

各级秘书厅下设秘书处、行政处、人事处等,由秘书长直接领导。各级秘书处内设有秘书科、收发科、议事科、文印科,分别负责秘书厅(处)所承担的文书处理、文电管理、文件传递、缮印、收发分配和会务工作等。

(三) 中国人民解放军的文书档案机构

解放战争初期,为了加强对中央军委机关的领导,党中央决定中央军委秘书长作为中央军委领导成员之一。各总部及各大军区的秘书长在军队各机关也被视为领导成员中的一员。至解放战争后期,军队的文书档案工作组织系统已经比较健全了。

中国人民解放军的文书档案工作在中央军委秘书长杨尚昆领导下开展,其机构设置从上至下为:中央军委办公厅;军委各级机关、中国人民解放军总部,以及各野战军、大军区、兵团以上司令部和政治部的办公厅、办公室、秘书处;军以下机关设秘书科、机要科、保密室等;未设办公或秘书机构的军队一级组织,也设有秘书、技术书记和文书。

从中央军委至大军区级都设有机要处,军及以上级别的单位设有机要科。该时期,由于党政军各系统之间的联系日益紧密,为了便于联合行动与协调一致,各野战军和大军区的机要处通常都与中央局的机要处联合办公,或者是一套人马两个牌子。部队的机要部门主要负责电讯业务及电报的收发登记和电报档案的管理。

在军事领导机关下面还设置了具体的部门负责文书档案工作,如中央军委一局作战室,负责文件的登记、保存和"建立档案"的工作,下面分设2科和2室,分工处理军委文件、电报和档案保管等各项工作。

第二节　文书档案机构的主要职能

新民主主义革命时期,文书档案机构是各级党委、政府和军队的重要工作部门,是中国共产党实现全面指挥与领导革命斗争的具体执行机构之一,不仅是承上启下的咽喉,也是联系党政军各部门的枢纽,因之它既具有高度的政治原则性、机要性和技术性,也有着丰富的业务内容。

一、文书档案工作组织领导机构——各级秘书处的职能

至解放战争后,党政军各系统的文书档案机构在组成上形成了比较固定的模式。党和军队的文书档案工作由中央办公厅、中央军委办公厅主管,各斗争阶段根据地政权(苏区—抗日根据地—解放区)的文书档案工作分别由总务厅、秘书厅或秘书处(办公室)主管,而文书档案工作具体的组织与领导,主要归各级秘书处(秘书科、秘书室)负责。党政军系统秘书处的工作任务,就是文书档案机构职能的具体体现。

(一)各级秘书处的主要职能

秘书处是综理机关事务的部门,其职责具有广泛性,而且层级越高,其职责范围越宽泛。中央秘书处成立时,是"总揽中央各种技术工作"的

新民主主义革命时期中国共产党文书档案工作研究

机构,"指导机关经常工作的执行者""党内机要工作的总汇"和"上下级党部关系上的枢纽",这是《中央秘书处的组织及其工作任务》给秘书处的明确定位。即使单纯从文书档案工作方面考察,秘书处的职责也是非常广泛的。一般情况下,党政军各系统设置的各级秘书处,在职能上大同小异,实际上主要是技术性工作和事务性工作两大类,其中技术性工作与文书档案工作关系最为密切。秘书处的技术性工作涵盖了文书与档案工作的全部业务内容。

一是文书工作。包括部分文件的起草、抄写、印刷、收发和分配,而秘书处也负责确定各机关文件的名称和格式。

二是档案保管。包括文件材料的搜集、整理、保管、登记、编目统计和利用。

三是交通、通讯工作。包括文件的传递、运送、转移、异地(或两地之间)调阅,电讯业务的开展,人员的培训等。

四是负责机关日常事务报道,如中央秘书处、中央各部委秘书处、许多省委秘书处都办有机关日常工作的《秘书处通讯》,编辑《秘书处通讯》也属秘书处职责。

秘书处的事务性工作更为庞杂,其中会务工作占有相当比重。中国共产党自成立至新中国成立,各级党政军组织为适应形势的变化不断调整斗争策略而召开的重要会议非常多,其中仅党的代表大会就先后召开了7届。各级各类会议的筹备、组织,会议精神的传达等工作虽由大会秘书处负责,但人员主要来自各级秘书处。而拟发大会通告及会务文件,会议记录、文件翻译,文件的整理统计、收缴装箱,文件的移交,会议文件汇编等工作,都与文书和档案工作有着紧密的联系。

作为中国共产党文书档案工作的领导中枢,中央秘书处从成立到长征开始前被撤销,其职责范围在不断扩大,特别是瓦窑堡会议后中央秘书处得以重新恢复,其工作范围及具体业务比之前都有进一步的拓宽。具体为：负责机关工作制度的制定，负责电讯工作业务的全面指导，按指令转发文件材料，掌管文件电报分开处理和管理等。中央办公厅成立后，文书档案工作的组织与领导体制更加成熟，尤其是曾三任秘书处处长后，中央秘书处对文书档案工作的指导职能愈加突出。

（二）秘书处的工作机制

为保障秘书部门参谋助手作用、上下联系的枢纽作用和机要工作总汇作用的充分发挥，中国共产党对秘书处工作做出了一些原则性的规定，并提出了具体的要求。

首先，各级秘书处均实行集体领导制，集体办公。全处要事，主要以召开联席会议形式决定，一般是每月召开一次会议，会议由秘书长主持，各科的科长（主任）参加，听取各科的汇报，集体讨论和决定本处的各项工作。每次会议都要有会议记录并写出会议纪要，作为会议的决定，供全体工作人员执行。如1930年6月8日《中共中央秘书处科长联席会议记录》中，就涉及具体的到会人员、集体讨论的主要事项及今后工作如何开展等内容。

其次，建立请示报告工作制度。这是我党我军历来坚持的一项制度，定期报告工作是秘书处制度的一项重要内容，抗日战争以来，这项制度更加具体化。如1939年3月6日，八路军总政治部发出《关于建立报告制度的通知》，规定各级军事组织报告的事项类别及时间。秘书处的报告工作主要在于务求恰当地估评成绩、实事求是地查找工作中的缺点，工作报告往往内容广泛且繁细。如《中共河北省委秘书处八月份工作报告》（1934年9月20日）中就说道："八月份印刷科的工作，在一般的说来还算有一些小的成绩，如字迹比以前看的清楚，速度的增加，丢字的减少和在月底的密印试验成功……仍然是有许多的缺点：如装订的不齐整和散乱，文件的字数没有统计……"报告制度不仅能保持上下级之间的联系，

新民主主义革命时期中国共产党文书档案工作研究

使上级及时了解各地区情况,有利于战斗部署和工作安排,而且也因此积累了大量的档案。

再次,各级秘书处在业务上应与所属秘书处有密切的联系。按相关规定,党政军各系统中,上级秘书处对下级秘书部门的文书档案工作负有指导责任,如中央秘书处在第二次国内革命战争时期就负有指导全党和各省委文书档案工作及电讯业务之责。同时,上级组织秘书处的工作人员也负有指导下级相应部门文书档案业务开展之责。

最后,秘书处在工作作风建设上有具体的要求。一是按纪律办事,养成工作有秩序、有规律的良好习惯;二是工作要细致,在文书处理、文件传递上不能"大致",需要更精细;三是内部建立起互相批评制度,当时批评与自我批评在各级秘书处蔚然成风,如1929年任中共中央秘书处秘书长的余泽鸿在秘书处工作会议上首先进行自我批评,表示自己工作中有缺点,没有像邓小平在时技术与政治结合得好,同时批评了文书科科长"和事老态度要极力纠正"[①]。

二、文书处理与档案保管机构的职能

在中国共产党文书档案工作组织领导机构——各级秘书处下,通常由文书科(股)、文件保管处、材料科、总务科、秘书室、机要科、办公室等名称各异的机构具体负责文书档案及其他工作,此外,还有一些机构如交通科等,其职能也与文书档案工作有密切关联。整个新民主主义革命时期,中央及中央一级机关的文书和档案工作机构设置都较普遍,如中央军委秘书处的文书科、中央组织部的材料统计科、中央宣传部的图书材料科、团中央秘书处的文件保管科等。大多数机构在第二次国内革命战争前后文书档案工作是合一的,后陆续有比较明确的分工。本书虽主要以

---

① 费云东、余贵华:《中共秘书工作简史(1921—1949)》,辽宁人民出版社1992年版,第88页。

中央秘书处下设机构为例加以阐述,但由于文书档案工作机构在职能上大致趋同,因而,机构具体职能的内容实际上是对各系统、各级文书档案工作机构职能的综合概括。

文书科(股),其主要工作职责包括:会议安排,会议记录,一般文件的起草、抄写、印刷,文件的接收、分发,文件材料的搜集、保管、整理和统计,负责保密工作,负责保管印信与监印,负责刊物的发行工作等。文书科下设收发处、密写文件处、文件阅览处和文件保管处。

收发处:负责发文及收文的登记,编制各种文件统计表和一览表。如《中央秘书处文书科二、三、四月份工作报告》中对收发工作的统计有如下记载:收到文件、发出文件、抄分情形、发交情形都要进行登记与统计。收发处还负责中央执委会各部、处全部文件、书报刊物的收发工作。

密写文件处:又称药水处,这一时期机密文件和情报需要用药水密写,按1928年12月6日中央发出的《关于书写文件技术问题的通知》的规定,各省向中央报送的文件和中央下发的重要文件,一般都使用药水密写和密洗。配制药水和冲洗技术是绝对保密的,需要由专门工作人员单独进行密写和技术处理,因此,从中央到地方的秘书处普遍设有密写文件处。

文件阅览处:中国共产党的负责人审阅批办文件的专门机构。当时为保护中央负责人安全和党的机密的安全,规定中央领导人只能到阅览处阅看文件,阅览处也负责文件保管工作。中央机关在上海时,文件阅览处皆为秘密地址,以家庭方式为掩护,张纪恩等就曾在文件阅览处工作。常去看文件的有周恩来、瞿秋白、邓小平等。

文件保管处:集中保管党中央文件的专门机构。主要工作:一是收集文件材料,除了平时积累的文件材料外,还有各地向中央报送的文件材料,接收各部委移交的文件材料,搜集零散的文件材料。二是对文件材料进行简单的整理,保存文件材料。1933年初中央领导机关撤离上海以

新民主主义革命时期中国共产党文书档案工作研究

后,文件保管处也称为"中央文库",保管着中央 20 余箱档案资料,直到上海解放。

缮写油印处(各省委一般统称油印处):负责一般文件的缮写和印刷工作。

交通科:其设置从中央到地方,从党组织到各根据地和军队,相当普遍,各级交通部门的责任主要是传递党的一切文件,输送党的一切宣传品。负责文件的调阅,护送来往根据地的人员的接头工作,采购和运送特需物资等。

八七会议后,中央秘书处交通科一分为二:外埠交通科(曾被称为中央交通处或中央交通局)和内埠交通科。内埠交通科建立于 1927 年 10 月,内交科主任为张宝泉,张宝泉牺牲后,由张人亚、顾建业、高文华相继负责。内埠交通科负责与中央各部委及本埠各机关的联系,主要任务:各机关送中共中央的文件材料,一般由内交科的联络点先接收后再通知有关单位派人去取。中央给各机关的文件由内交科送出,向中央文库报送文件也由内交科来负责。外埠交通科负责对外给共产国际送文件,对内将地方机关文件集中于中央。其间,中央曾发过建立交通网的文件,交通网实际建成于 1928 年,这个互相交织的交通网受中央秘书处外埠交通科长和一名干事直接联系指挥。1935 年 12 月中共中央秘书处恢复后,处下仍设有交通科,交通科与各中央局、各省委、各辖区特委、中华苏维埃中央政府和红军总部的交通部门有密切的业务联系和指导关系,其联系的单位既有党的组织,也有苏维埃政府机关与军队。

从第二次国内革命战争时期至解放战争时期,在中国共产党建立的各级政权组织秘书处下,都设有交通科(股),主要承担与各部队、各地方政府和党中央的交通联络工作,主要是文件的传递,并形成了相互联系的纵横交错的交通网络,如苏维埃地区就形成了以闽粤线、粤赣线、闽西线等几条交通线为主的交通网。来往传递党内秘密文件和各种信息情报的任务全部由秘密交通线担负。廖梦醒就曾负责在香港交通站中转上海中央与苏区来往的文件。据她回忆:"上海和苏区来的文件都是通过交通送来的","我的任务就是把苏区来的草纸写的文件,用很小的字抄在薄纸上,便于交通员携带。把上海来的文件抄在草纸上,带往苏区。"①

材料科:材料科的名称有部分机关使用,而以中央秘书处的材料科最具典型性和代表性。主要职责:收集党政军的历史档案材料;负责文件材料的发借工作;文件材料的摘由;分类整理编目工作。边区政府秘书处下设各科(材料科)负责保存机密文件。

电讯科:主要任务是摘抄、整理重要的电报材料,把重要的军事电报编辑成《军事电讯》,把各地方党组织送来的电报编辑成《政治党务电讯》,把各地送来的情报编辑成《情报电讯》,发给中央领导人和各机关、各部队有关高级负责人使用。此外,还要负有临时保存机密材料的任务。

机要科:1927年以前,中国共产党曾使用过明码电报,但必须用代号和暗语,而在敌人大肆搜捕的形势下,明码电报容易出现很多问题。党的六大后,党中央着手建立秘密电台。在周恩来亲自领导下,1929年秋,党的秘密电台在上海建立。1930年1月,使用密码进行了第一次通电。此后,电讯业务逐步广泛开展起来,电报材料大增,党政军系统遂设立了机要科。机要科主要负责电报的收发及处理,由于电报大多用于紧急事务,为了严格掌握电报处理,往往由秘书长兼任机要科科长,如1932年后,苏区中央局秘书长邓颖超曾兼任机要科科长。

从1931年10月至1937年7月,电报管理工作较分散,凡党政军高级领导人批办或办理的电报,一般由身边的秘书保存起来。红军各部机要科既保管收发报,也保存电报底稿,由于来往电报统一保存,逐渐形成

---

① 李元健:《苏维埃血脉:中共中央至中央苏区秘密交通线纪实》,金城出版社2017年版,第44~45页。

了电报档案,早期主要保存电报抄本。1934年以前,中央秘书处也存有电报,后来中央文库保存的1934年以前的文件材料中,就有少部分电报。1935年至1937年,党中央的绝大多数发电和收电都存在中央秘书处材料科。根据1940年11月1日中共中央书记处发出的《对秘密环境下的机要工作指示》,规定机要部门的主要业务为:统管机要工作,统管电台、密码、收发报和译电工作,包括干部培训、政治审查、电报的储藏。

而在抗战时期,精兵简政中采取的一项措施就是整顿秘书机构。特别是军分区和地委以下大部分机构合并了,主要是文书科与机要科进行合并。1942年中共中央西北局制定《地委秘书处业务与分工》,规定地委文书机要科的基本业务包括文书处理、电讯业务和档案保管这三大任务,作为较基层的军事和地方组织,在文件与电报分存的大背景下,却实行了文件与电报的统一管理,也从一个侧面表明抗战时期文书档案机构设置与职能的变动不居。

第三节　文书档案机构设置特点

通过上述内容可以看出,新民主主义革命时期在党政军各系统中,文书档案机构的设置及职能大同小异,形成了较为稳定的模式:从文书档案工作的组织管理方面考察,这一时期中国共产党文书档案工作的组织与领导,归属不同层级的秘书部门,按级别划分,依次称为秘书处、秘书科(室)等,通常秘书处和秘书科(室)设秘书长和秘书科长(主任)1人,综理该处事务。从文书档案工作具体业务开展方面考察,党政军各系统均在秘书处或秘书科下设有文书科、文件保管处、材料科、文书股等机构及秘书或文书人员,负责文书处理及档案保管工作。该时期的文书档案机构设置在特定的历史条件下,在长期而艰苦的军事战争环境中,呈现出了极鲜明的时代特征。

第二章 新民主主义革命时期中国共产党文书档案机构设置及其职能

一、机构设置的科层性与自我调适性相始终

新民主主义革命时期,党政军三大系统内的文书档案部门都形成了与本系统机构设置相适应的管理层级,依照系统内的管理职责及权限归属,三大系统的文书档案工作分别交由本系统内部的秘书机构全权负责,秘书长负责整体统协,而具体的文书处理及常规化的档案管理工作则交由秘书处下属的文书科、文件保管处、材料科、机要室、秘书室、档案室等具体职能机构负责。当时,三大系统初步形成了较为清晰的行政治理结构,因而,从一定程度来看,中国共产党已经建立起了初具整体形态的文书档案科层管理系统,其文书档案工作行政管理序列的职位大体固定、权责归属明确、层级划分严格。各系统内部构成了一个相互衔接的等级化管理序列,承担着各级党的机关、政权组织和武装力量的文书处理、电讯业务和档案管理工作。

尽管新民主主义革命时期的文书档案工作整体管理体系呈现一种序列化、稳固化趋势,但面对战时艰苦卓绝、险象丛生的复杂革命斗争时局,文书档案机构还是要不断根据政治时局和斗争形势对整体工作做出具体的适应性调整。因而,这一时期的文书档案机构常常遭受突发性的紧急调整、变动,表现为频繁性的机构裁撤与增加,它既是中国共产党出于战时环境做出的妥协性、主动性选择,也是文书档案机构随环境变迁自求适应的过程,更是文书档案机构在斗争中积累经验、把握规律继而加以自我调适的结果。

文书档案机构的变动主要表现在:一是机构隶属关系的改变。中央秘书处成立时,归口中央政治局常务委员会;从1927年12月起,改由中央组织局领导;中共六大后,秘书处又重新直属中央政治局常务委员会。二是机构的撤销与重建。在长征前,中共中央、中央军委、苏维埃政府的有关秘书机构被紧急裁撤,直至瓦窑堡会议后才被重新恢复。有些文书

新民主主义革命时期中国共产党文书档案工作研究

档案机构则是在遭到严重破坏损失殆尽后重建,大革命失败后的中央各机关和各省委机关均如此。三是机构的分化与归并。如1947年3月中央办公厅人员分成三支队伍分赴各地就是机构被分化的典型。再如,1942年精兵简政后,一些地方秘书处的档案部门通常与党务研究室或调查研究局的材料室合为一个档案室,共同管理各种文件材料。四是机构的流动转移。中央秘书处自1926年建立到1933年的7年间,其机构地址在上海、武汉、苏区等地辗转变迁。因其工作性质及其保管的档案材料具有保密性,受制于白区战时的险恶环境,各级秘书部门也不断转移搬迁。不仅中央和地方的秘书机构如此经常地变动,军队系统中的秘书机构、职能人员的流动迁转也更加频繁。

二、组织体系的分散性与局部的统一管理相结合

组织体系的分散性,主要是因新民主主义革命时期的文书档案机构分别隶属于党政军三大系统,各系统间文书档案工作相互独立、互不干涉,因而此时中国共产党的文书档案管理工作并未在各系统之间形成一个相互联结、互相支撑的组织与管理体系。直至抗日战争后期至解放战争初期时,中国共产党的文书档案管理工作还依旧划归中央、军事机构、边区党政机关三大体系管理。新民主主义革命时期,中国共产党的文书档案工作始终未形成一种制度化的关系模式,党政军三个系统各自为政,各负其责。如中央秘书处、中央军委、中央社会部三个部门的机要科,形成了三足鼎立的局面,出现了机要工作技术不统一、各自为政、密码重复、工作缺乏联系和失密、泄密的现象。由于旧有的文书档案管理体制呈现党政军三足鼎立的分散形态,致使全国的文书档案机要工作呈现制度效力与执行结果不统一的现象。中国共产党也意识到了存在的这一问题,因此后来成立了中央机要局。按照固有认知,文书处理与档案管理工作都涉及党内机要,因而统称机要工作,机要部门工作的失察与混乱,不可

能不牵涉到文书档案机构,其后续影响一直延续到新中国成立初期的文书档案工作中。同时,为了利用上的便利,打破机构设置的牵绊,档案具体保管上也呈现出一定的分散性。党内机密文件的保管本身属于档案机构职责范围,但由于当时机构设置的不合理与制度的不健全,以至于中央秘书长、党内领导人及其秘书,包括有关机要部门都可对机密文件进行保管,同时抗日战争时期还将文书档案与机要电报长期分开保管。

党政军三大系统的文书档案工作虽有不同的权责及分工,但中国共产党的革命目标及革命任务在新民主主义革命时期始终保持高度的一致性。所以从总体上看,各系统既自成一体,又彼此之间有着千丝万缕的联系,组织与管理目标高度一致,必然使三者互联共通、密切合作。具体表现如下:

第一,中国共产党的文书档案机构虽分别归至党政军三大系统下,但其科层结构、机构职权、人员编制及职责等方面大体趋同。中国共产党作为革命信仰及目标高度一致的政治领导集体,在领导新民主主义革命过程中,拥有领导权和绝对的权威,因而不同机构系统要服从并服务于党的治理体系及目标,党组织文书档案机构设置自然在三大系统中具有导向作用,从而为机构设置上的统一性提供了统率与示范。

第二,同一系统内部的不同层级机构之间,中国共产党以制度规定明确了上级秘书处对下级机关在业务上的监督指导职责。1927年以后,中央秘书处秘书长便负有对下属各级秘书部门的文书档案工作进行指导之责,同时负有对各省属或地方部队的文书档案机构进行业务指导及督查之责。这样,不仅确保了各系统内部文书档案内容上的一致性,更使得具体管理规范及工作方法在各系统内部得到有效执行和落实,也确保了文书档案工作上的一致性。

第三,不同系统间的文书档案工作实现了区域性的统一领导。当时,各大区所辖各省委、市委或区党委的工作,不仅直接由各中央局领导,同时,中央局也代表党中央在政治上对本大区的武装力量和人民政权实行一元化的统一领导。这种特定历史条件下特定的领导体制,直接赋予了中央局在本大区具有的战略性决策地位,地方政府及军队必须服从中央局的领导与管理。中央局的秘书长,也同样承担起指导本大区党政军三大系统文书档案工作的职责。正因如此,中央局秘书长一职在选任上有着较高的标准,而且必须由中共中央批准任命。如《中共晋察冀中央局通知》(1946年8月19日)中提及:"中央局秘书长姚依林同志另有工作分配,中央局秘书长改由雷经天同志担任。以上均经中央8月15日批准。"抗战时期的边区政府和解放战争时期的大区政府,都是当时中国共产党局部执政的有益尝试,党政军都属于这个治理体系的有机组成部分,加之各部队都有相对固定的作战区域,在该区域内党政军民统一行动,从而为区域内文书档案工作的统一管理创造了条件与可能。

第四,同一系统内的档案实体基本上能做到集中统一保管,尽管程度不尽相同。新民主主义革命时期,各地方、各机关所产生的区域性、阶段性档案材料,按规定必须统一逐级上报至中央各个对应部门,以确保档案材料的完整齐全。对军队而言,从红军时期开始,为了保证作战部队产生的各类文件的安全,依照规定,临战前必须将本单位形成的文件移交至所在部队师以上级的秘书或机要部门集中保存。而中央秘书处材料科也不单纯是党中央、中央各部委现行文件和历史档案的保管机构,同时也集中了一批地方党政军群的重要文件,并对这些文件进行了妥善的保管,以备中央查用、研究及编修党史之用。

可见,新民主主义革命时期,中国共产党文书档案管理体制虽未成体系,但却在党政军系统内部及各地方区域内呈现出了初步的统一管理趋势,为新中国成立后档案事业集中统一管理体制的确立奠定了基础。

三、机构职能的多样性与交互性相适应

由于中国共产党成立时政治统治根基尚不稳固,组织架构体系尚不完备,因而新民主主义革命时期的文书档案机构只能大多追求实用效力,组织分工灵活多变,不拘囿于固有机构的限制。

党政军三大系统的秘书部门作为各系统内部的综合事务性机构,决定了其职能范畴的多样与广泛。1930年的《中央秘书处的组织及其工作任务》明确对中央秘书处职责做出定位:秘书处是指导机关经常工作的执行者,是党内机要工作的总汇,是上下级党部关系上的枢纽。中央秘书处具体工作之责如下:会务组织、文书撰写、文件传递、档案保管、党内文件保密工作、会计核算、主编秘书处的通讯及领导交办的其他秘书工作。显然,秘书处的职责是相当宽泛的,负责文书档案工作的职责也是明晰的,其基本任务之一就是承办与管理一切重要的文件和电报。而秘书长除负责中央机关一切日常事务,还主管文书档案工作、保管机要档案。基层文书档案部门也是如此,陕甘宁边区县政府的秘书室,就掌握拟缮文件、印信、档案、会计、庶务、收发及部署各科事项。《陕甘宁边区禁烟督察处组织规程》规定,"秘书室承处长之命,执掌下列事项:关于文件之撰拟、缮校、收发、保管;关于经费之收支、物品之购置、分发与其他应办之庶务;关于人事之进退登记与勤惰之考核"。

至于具体的档案保管机构,其职能也是多样而庞杂的。根据《中共华东局秘书处资料室出借文件、图书规则》(1948年)的规定,1948年中共华东局秘书处资料室内的文件与图书材料还尚未分开管理。各边区政府的秘书机构还设有材料科或者档案科,负责图书整理保管工作。在国统区内,如抗日战争时期的八路军办事处,其下设的文书档案部门分管文件办理、电报通讯、档案管理等机要任务,彼此间并无明确管理界限的区分。此外,中国共产党的文书档案机构在建党初期,将党内印发的报纸、革命组织所出版的期刊,以及与共产国际有关的文件、宣传资料都作为归档保存的材料加以收集。同时,一些文书档案机构还要负责地方性刊物的发

新民主主义革命时期中国共产党文书档案工作研究

行工作,比如地方苏维埃政府的文书科、总务股等,就负责文件的摘编、出版。① 直至解放战争时期,档案机构的保管职能逐渐凸显,但电讯文件的校对与印制依旧划归档案部门的职权范畴内,即使是中央秘书处材料科,也要负责全党党内读物的刊印、发行工作。

该时期的文书档案机构之所以有较为广泛的职能分工,与文书档案工作统被视为机要工作的认识相一致,更是中国共产党出于对所处的现实政治环境、革命局势、政权经济建设、文化教育等实际情况所做出的综合考量与部署,导致文书档案部门与机要、交通等部门在职责归属上无法做出明确区分,权责交织在所难免。机要交通部门的主要职责就是负责文件的转递、传达、借阅,尤其是党内机密文件必须由机要交通部门负责全程监督传送,比如党的中央交通处不仅负责党内文件上下级之间的流转,同时还承担向共产国际传送文件的任务。凡党政军需要调阅的文件,也都通过秘密交通线来完成,②故而经常会有"千里调卷"之任务,档案的利用就形成了到固定场所文件阅览处查阅和远途传递调阅等多条途径。因而,各级机要交通部门是档案管理机构正常运转的基础与纽带,对于档案传递、收集、保管利用工作的开展至关重要。再如,抗日战争时期,中央秘书处下的电讯科,其主要职责是电讯业务,同时也负有临时保存机密材料的任务,要将收集、摘抄的各种电讯材料和秘密材料"实行科学的档案管理法,以备中央随时调阅与考查"。在军队中,机要室的设置是相当普遍的,其职责与秘书处常有交集。1939 年,晋冀鲁豫军区司令部内就设有机要室,兼有秘书处和参谋处两种工作职能。

---

① 徐寿芝:《第二次国内革命战争时期书刊报的出版和利用》,《图书情报工作》2009 年第 5 期。
② 熊素芹:《太行和冀鲁豫根据地地下交通线研究》,硕士学位论文,辽宁大学,2011 年,第 31 页。

四、机构的精简化与工作的高效性相一致

新民主主义革命时期中国共产党所面临的政治斗争环境异常艰难，为此党内政治领导集体在组织机构架构上达成了共识，机构设置必须遵循精简化原则，杜绝一切资源浪费与闲置。

在特定时期，机构精简化可以说是大有裨益。其一，机构精简化设置便于应对战时复杂、多变、危险的局势，因文书档案机构常常被临时裁撤、组合与转移，机构的精简又恰恰利于文书档案机构在险境过后的重组与恢复。文书档案机构之所以能够审时度势、随机应变，直接取决于它的精干与简化。其二，为便于商讨工作，避免拖沓与矛盾现象，中国共产党提出各机构间应进行联合办公。比如在苏维埃政府内部设置的较小的部委，其内部人员往往只有部长和干事，并没有文书档案办理机构，因而为提高行政效率、节约资源，诸如此类的小部委共同办公，其产生的文书档案材料统一交由秘书处集中管理，反而更有利于档案的快速集中。在精兵简政时，陕甘宁边区的秘书处、民政厅、财政厅、建设厅、教育厅合署办公，为一个单位，目的是政务与事务更协调、多研究问题、提高办事效率。其三，为缩减政府开支，节约战时可利用资源，缩减机关人员编制也作为精简机构的有效手段。1931年《苏维埃地方政府的暂行组织条例》对各级总务处领取政府津贴人员配置做出以下规定：区级执行委员会设一人文书兼收发，县执行委员会文书人员只允许设一名，省执行委员会可配备技术书记一人、文书人员两名。其四，精简的组织机构更有利于党内机密文件的安全保密。《中央秘书处过去的缺点和最近工作计划》指出，秘书处在极端秘密的条件下，党内各级领导机关必须谨遵机关精简安全的原则，在确保工作人员能力强干的基础上要正常缩减。

配合文书档案机构精简化设置的要求，必须严格限定文书档案机构的人员数额，同时要保证相应工作人员的办事效率也应达到高标准。《中

新民主主义革命时期中国共产党文书档案工作研究

央秘书处工作报告大纲》(1929年)明确要求:文书档案机构的人员配备必须做到简而精,切勿滥用、多用。抗日根据地各边区政府的各部局及下属部门基本就设秘书或文书一人。《陕甘宁边区各级税务局、所组织规程》规定:机关文书档案工作普遍交由一人负责,诸如边区税务总局其机构内部的文书撰写、档案收集管理工作交由秘书、文书、收发三人共同管理;税务分局设文书一人,办理文件与档案事宜;县级税务部门设立两名助理员,负责文件的处理,税务账单的核算、核准事宜。可见,由一人担负起一机关内的文书档案工作是相当普遍的现象。如在中央机要科负责文书机要工作的女同志戚元德,在其跟随丈夫来到湘赣省委任秘书后,省委的各项文书处理工作及印章保管都交由其一人负责,殷繁的公务使其终日埋头工作,在敌人偷袭之时,其因精力专注竟未意识到省委机关及其他人员都已转移,后紧急烧毁机密文件,带上省委大印侥幸脱险。[①] 那么,机构小,人员少,任务确定,势必要身兼数职,从而大大提升工作的效率。其时,档案管理的高效率还表现在工作任务的扩展上,如1940年后,中央秘书处材料科工作人员曾达到6人,人员虽略有增加,但工作任务相当繁重,由裴桐、王伯华、杜思如、黄英夫等负责全党及中央各级部委各类材料的保管,地方组织和部队报送上来的各类文件、文件汇编资料及部分电报抄本,也由他们一并管理。

---

① 中国青年出版社编:《地下交通线》,中国青年出版社1986年版,第179页。

第三章　新民主主义革命时期中国共产党文书档案人员设置及选任

文书档案人员是文书档案工作的承担者,新民主主义革命时期,文书档案人员的设置相当普遍,当时,文书档案工作人员主要由秘书和文书组成。然而文件的传递和发送基本由交通部门人员来完成;文件的收发登记等由收发科(室)人员承担;电讯业务的日益频繁和电报档案的大量产生,使电讯人员也要参与电报材料的保管工作。况且文书科、交通科、收发科、机要科、文件保管处等部门又均统辖于秘书处,所以,他们的工作都与文书处理、档案保管、电讯业务及电报档案保管工作有着极其密切的联系,也是文书档案工作的承担者之一。其时,文书档案人员与从事其他专业工作的同志通常被划归于革命队伍中的技术性干部,统称为"技术人员",又因所有文书档案机构从工作性质上讲归于机要工作,他们也被统称为"机要工作人员",属于根据地社会的知识分子阶层。

第一节　文书档案人员配置概况

由中国共产党的建立及其活动而最早形成的文件,开始时并未有专门人员来经办和保管,而是由当时中央局的宣传主任李达代管,文件就保存于上海成都路辅德里625号李达寓所中,这既是中央局第一个办公场所,也是中国共产党第一个秘密文件保管处所。由党的领导人保管和处

新民主主义革命时期中国共产党文书档案工作研究

理文件,虽在利用上较为便利,但也存在着明显的弊端:一是文件的移交点收会随着文件的不断增加和领导人的变更越来越困难,一旦领导人被捕或发生其他意外,有些文件则必然会丢失或被迫销毁,甚至面临落入敌手的危险;二是各类文件随着各级机构的建立将不断被积累起来,文书处理和文件保管工作就会愈加繁重,单纯依靠领导人来兼做这个工作显然远远满足不了基本的要求,迫切需要设置有关人员专门承担起此项工作。

一、秘书、文书之设

(一)秘书在各系统各级组织中的普遍设置

早在中国共产党成立之时,毛泽东和周佛海就被任命为秘书,但只是临时性的。中共中央于1923年6月召开的中国共产党第三次全国代表大会上,决定正式设置专职秘书负责公文的草拟、管理和签发,毛泽东被选入中央局担任秘书。秘书的职能在会议通过的《中国共产党中央执行委员会组织法规定》中明确为:"负责党内外文书、通信及开会记录的责任,并管理本党文件;本党一切函件须由委员长(即总书记)和秘书共同签署才能生效;中央执行委员会的一切会议,须由委员长和秘书共同主持召集。"这一文件在确认了党中央秘书在党内具有十分重要的地位和作用的同时,也对党中央秘书的具体职责加以规定:

一是党中央机关的文件起草、签发、登记、分配等文书处理全过程的所有事务都由秘书负责,必要时还要负责具体缮写工作。

二是负责各类会议的筹备事宜及会议期间的记录工作。当时中央执行委员会、中央局要定期召开有关会议,并且可能临时召开特别会议,会议筹备和记录都由秘书承担。中国共产党于1922年做出党内会议应记录的规定,直到1923年会议记录才逐渐多起来。

三是负有保管党的文件之责。

四是负责与委员长一起签发文件。

五是负责党内外的通讯工作。在中国共产党还没有设置编辑出版机关之前,由秘书负责中央机关内部刊物的分配、发行事务。

中国共产党的地方组织也有秘书之设,最早是在一些群众团体设立的,如1922年安源路矿工人俱乐部的秘书就是蒋先云。党的地方机关设立秘书职务也比较早,如1923年5月王仲一曾担任中共上海区执行委员会的秘书,1925年入党的曾三,也担任过湘区农委、区委秘书。

1923年6月后,因秘书从中央到地方的普遍设置,文件材料管理有了新的制度规定,如改变了文件发出后其底稿就烧掉的错误做法。在毛泽东担任中央执行委员会秘书期间(1923年6月至1924年9月),一年多时间由他经手和积累的文件达数百件,这在当时的形势下非常不容易。

当时,由于中国共产党机构组织的不健全,机构人员较少,所以秘书的职责具有多样性。秘书一方面是机关的领导人之一,有时还兼任其他的领导职务,如中央执委会秘书毛泽东就曾兼任中共中央组织部部长。毛泽东赴湘离任后,由罗章龙担任,罗章龙也一度兼任中央宣传部部长,林育南也是团中央执委会的秘书兼组织部部长。地方上的秘书兼任特派员的居多。另一方面,秘书又是机关工作的组织者和日常工作的执行者,在此方面职责非常广泛。

从第二次国内革命战争后,秘书的设置更为广泛,除了中国共产党的各级组织,政权与军队系统的各级组织中也都有秘书之设。政权系统的设置非常普遍,而且层次较多,比如抗战时期各个边区政府下的县区一级组织也基本都有秘书,而最基层组织乡,一般也有上面派来的秘书,通常是学生,但有时也有行政人员来协助工作。对于那些文件水平和工作效率较低的县、区政府,上级也会派秘书去协助。由于区长、乡长等乡村干部往往是在土地革命时期就投身革命的农民,多是文盲或半文盲,这些外

新民主主义革命时期中国共产党文书档案工作研究

来干部将新思想带到农村,特别是整风运动中所提倡的那些新思想。况且,这些新干部既献身于党的革命事业,又不受当地人事关系的拖累①,因而,秘书们在与上级联络和训练干部等方面发挥着重要的作用。军队系统中,通常团以上的各级军事组织都设置有秘书,而团以下的往往由文书来负责文件管理工作。

(二)党的领导人个人秘书的配备

从建党初期起,党中央开始为高级领导人配备专职秘书,如为陈独秀配备了政治秘书。领导人个人普遍配备秘书大致起始于第二次国内革命战争时期。建立农村根据地之后,在苏维埃政权较高层次政府机关中为领导人配备了秘书,后来军队系统的高级领导干部和指挥员也都配备了秘书,一般称工作秘书或机要秘书。如毛泽东在苏区时和到达延安前期,主要的生活秘书和工作秘书就是贺子珍,1948年后田家英接任;再如最高人民检察院原检察长刘复之曾任八路军总司令朱德的秘书(1938年10月至1941年1月),后为八路军一二九师政委邓小平的秘书。

领导人个人秘书的工作职责是相当庞杂的。作为毛泽东的夫人与秘书,贺子珍在回忆录《贺子珍的路》一书中,系统描述了首长秘书的基本工作,较具有代表性。

一是负责为首长搜集各种文件材料。秘书们总是千方百计通过报告制度、随时征集等方式,收集各类文件材料、历史资料、报纸、马列主义著作和其他有关书籍。贺子珍回忆:从1928年至1934年,仅她一人就收存了两箱子文件,供毛泽东等领导使用。

二是负责管理机要文件。首长秘书一个很重要的职责就是文件管理工作。井冈山时期,贺子珍先是管理前委、湘赣边界特委机要文件,到了

---

① [美]马克·赛尔登:《革命中的中国:延安道路》,魏晓明、冯崇义译,社会科学文献出版社2002年版,第207页。

中央苏区,又管理苏维埃中央政府的文件。其时不可能设立专门档案库,因此要求建立文件箱制,文件箱在行军作战时就是可移动的"档案库",平时工作时又是临时的办公桌,需要时打开文件箱随时取用文件,既安全又方便。

三是誊抄文件。党的领导人起草文件和写文章,都需要在正式文件发出前和文章发表前进行誊抄,如湘赣边界党代表大会决议等许多由毛泽东起草的文件都是由贺子珍誊抄的,每有修改,就得再誊抄一遍。

四是为首长准备使用的文件材料。领导们在任何地方办公开会,或起草文件,都需要机要秘书给提供相应材料。他们必须随时熟练地在文件箱中查找文件供领导人使用。一般情况下,秘书住在比较可靠的老乡家中,既要保密,又不能丢失任何文件,以至于他们都养成了每次出发前仔细检查文件有无丢失的工作习惯。

1941年中央办公厅成立后,为了加强保密工作,决定给中央领导同志配备一名机要秘书,中央各部委、中央局、省委机关及部队首长也设机要秘书一人,专门处理机要文件。据《西北中央局秘书处各科室工作业务》(1942年)规定:机要秘书"负收授、登记、整理、摘记、送还一切机要文电之责"。

(三)文书之设

新民主主义革命时期,文书虽与秘书一道承担起各机关的文书档案工作,但与秘书相比,其设置还是有较明显区别的。首先,秘书在党政军各级机关中尤其是中高级机关设置普遍,而文书虽在高级机关有设置,但其设置往往集中于一些较小的和级别较低的机构。比如,一般情况下,中共中央及中央各部委的机关少有文书之设,而一些省委秘书处、苏维埃各级地方政权秘书处、各边区政府所属厅局的秘书室及县区乡政府基本都设有文书一职;再如,红军中营连一级设有文书,团以上才设置有秘书。

其次,与秘书职责比较,文书职责范围较小,高级机关的文书,一般就是机关的抄写员,在既设有秘书又设有文书的机构,文书更多担负文书工作之责,承办文件的收发、登记、抄写、催办等事宜。如按陕甘宁安塞县府编制,县仅设1名文书并兼收发。可见,文书在整个秘书工作系统中属于最基本、最基础的职务。

抗战时期,与机要秘书设置的同时,又有了机要文书之设,这是一种新的职务,1941年中央秘书处制定的《机要材料之整理抄存及阅览限制办法》中有《机要文书的守则》,将机要文书的职责限定于"抄写机要材料"。

二、技术书记之设

1925年1月31日制订的《中央组织部工作进行计划》中规定:根据工作需要,"须设一技术书记"。1925年11月18日《中国共产主义青年团中央通告第一〇八号——关于加强文书技术工作》中指出:"组织较大之地方或区委会,应有技术书记。"后许多机关和地方都设置技术书记之职务,首先是在党的机关及群众团体,后来军队营以上单位和县以上人民政权机关都设置了这一职务。特别在军事部门,营级单位的技术书记还负有指导各连队文书工作的责任。

技术书记其工作内容主要集中于两方面:一是机关技术性事务,如缮写、印刷、刻蜡版、管理文件材料等;二是机关的事务,包括会议记录、抄写等。当时人们也把机关团体中担任抄写、录事的人称为书记。技术书记的基本任务如下:

一是协助秘书进行工作。没有设秘书的单位,技术书记承担秘书工作。

二是负责统计工作,包括发出文件、收进文件、刊物分配、文件材料的统计等。

三是负责会议记录并整理文件,以便送交机关负责人审核,而后按正式文件进行处理。

四是文书处理工作。主要是文件的缮写、收发、分配、催办等项工作。

五是负责文件材料的保管工作。

可见技术书记的主要工作任务是文书及处理工作,更确切讲是文书工作人员,相较于职责范围更广泛的秘书而言,技术书记应算作党内最早的实际上的专职秘书了。

三、各级秘书长之设

秘书长的设置,与各级秘书处的建立直接相联系。1926年6月,中共中央第四届第三次扩大执行委员会通过了《中共中央执行委员会组织问题决议案》,中央正式决定设立中央秘书处,秘书处的直接领导为秘书长,通常由党中央的主要领导成员兼任,王若飞为首任秘书长。此后,邓中夏、周恩来、李维汉、蔡和森、李富春、任弼时等先后担任过此职。当时还有副秘书长之设,协助秘书长工作,文书档案工作的领导职责主要由秘书长承担。中国共产党在白区的各省委都设有秘书长一职,如早在1926年6月韩步先曾任中共江浙区执委会秘书长。中央的派出机构各中央局基本都有秘书长之设,如第二次国内革命战争时期朱瑞将军就曾任长江局秘书长,抗战时国统区最重要的党的组织之一南方局的秘书长由童小鹏担任,解放战争时期华北局秘书长为张友渔,副秘书长为平杰山和周荣鑫。

政权机关也都设立了秘书长,谢然之曾担任苏维埃中央政府秘书长,潘自力、曹力如和伍修权都曾担任过陕甘宁边区政府秘书长。

高级军事机关也设立了秘书长之职。第二次国内革命战争时期,中国工农红军总政治部秘书长为萧向荣,郭化若任红一方面军"总前委"秘书长;抗战时期,先后担任过军委秘书长的有杨尚昆、陶铸和伍云甫,后这

新民主主义革命时期中国共产党文书档案工作研究

一职务一直由杨尚昆担任,新中国成立后杨尚昆仍兼任中央军委秘书长,这一时期八路军总指挥部的秘书长先后为舒同、朱光,新四军秘书长为黄诚。

中国共产党领导下的群众团体中,秘书长的设置也较为普遍。第一次国内革命战争时期,中华全国总工会执行委员会干事局(驻广州)的秘书长是林育南,中华全国总工会执行委员会(驻广州)的秘书长为刘少奇,中华全国农民协会临时执行委员会秘书长为彭湃,湖南省农协秘书长为柳直荀;抗战时期,蒋南翔担任中国解放区青年联合会筹备委员会的秘书长,中国解放区妇女联合会筹备委员会的秘书长为区梦觉。

设置了秘书长后,秘书的领导职能基本消失了,成为秘书长领导之下的工作人员。秘书长的定位为党政军领导者的助手和参谋,所以秘书长的职责带有综合性特征。1927年以后,中共中央的秘书长与中央各部委、各省委秘书处有业务指导关系,这种指导关系后来也体现在其他系统。其具体职责被规定为:

一是批阅重要的来文来电。重要的来文来电,一般都要先送秘书长审阅,由其批示后再送领导审阅或送主管部门办理;各部委需要报送中央审批的文件,也先经秘书长,由秘书长提交常委审批。有些事务性文件属于秘书长审批权限者,可以直接签发。

二是负责会议组织工作,提出会议议程,组织会务工作。

三是参与决策。一些方针政策性文件的讨论和制定,秘书长参加组织、讨论、修订等项工作。

四是领导文书档案工作,必要时管理机要档案,并指导文件材料的秘密收藏。秘书长对文件材料管理工作和收藏技术进行具体的业务指导,甚至文件材料管理人员的选择、收藏文件地点的选择,都由秘书长直接过问。抗战后,明文规定秘书长主管文书处理、电讯业务和档案管理工作。

五是管理会计工作、机关行政事务、总务工作,后中央秘书处设置了副秘书长,这项工作归副秘书长领导。

四、其他与文书档案工作相关的人员设置

文书档案工作业务的广泛性,以及当时各项工作开展的特殊环境,决定了文书档案工作人员设置的多样性与复杂性。除上述文书档案人员外,交通员、收发员、报务员等人员的工作内容,也都与文书档案工作联系紧密,也成为文书档案人员的有机组成部分之一。

交通人员。建党初期,党的各级组织之间一般性的来往文书和其他文件多用秘密邮寄的办法进行,机密和绝密文件则采用专人传递。1925年4月,中央执行委员会发出《中央关于建立和健全党内交通问题通告》,决定党内建立内部交通,设立交通员和交通干事,交通员负责传递文件资料,交通干事负责上下级之间的通讯联系工作。1926年,中央秘书处和各中共区执委会秘书处成立后,都设置了交通科,使上下行文的传递工作有秩序地开展起来。至1927年末,中国共产党基本形成了初级的交通网,一切秘密文件、内部书报刊物都由交通网点传送。后交通科又分为外埠交通科和内埠交通科,外交科负责与全国各省以上交通部门和共产国际进行联系,内交科负责与中央各部委及本埠各机关的联系,内交科并负有向中央文库转递中央机关移交的文件材料之责。

收发人员。收发科(处、室)一般设在秘书处下,收发人员的主要职责:负责对本机关收到及发出的文件、电报、信件和书报刊物等进行登记,收文登记后送交有关科处理,发文登记后送交通科传递。

电讯人员。直至1930年,中国共产党才建立起了无线电通讯联络工作,电报材料随之产生并逐步增加,电报档案管理工作应运而生。其时,电报档案形成初期管理比较分散,后来文件管理也随形势发展分合无定,但在主要开展电讯业务的机要科、电讯科等机构,一部分电讯人员专门负责电报的摘抄、整理,收发电文和电报底稿的保存。

第二节 文书档案人员的选任

中国共产党领导中国革命的一条重要历史经验,就是视人才为第一资源。正如毛泽东所言,没有革命的知识分子,革命就不能取得胜利。文书档案人员是中国共产党的机密的掌握者与捍卫者,更是文书档案工作中最积极、最能动的因素,对文书档案工作的发展起着关键作用。所以,这一时期出台了一系列的政策、法规与制度,初步建立起了文书档案人员的选任机制和组织保障措施。

一、中国共产党相关的政策规定

新民主主义革命时期,中国共产党在极为艰苦的环境下高度重视人才工作,善于发现、培养和充分发挥各类知识分子的作用,由此,出台了一系列相关政策。这些政策既表明中国共产党对文书档案工作人员的重视与关怀,也对文书档案工作人员提出了许多基本的要求与规定。

(一)政治方面

文书档案人员要有坚定的信仰与明确的政治立场。坚持将政治标准放在首位,一切从政治斗争需要出发,使技术工作政治化,是中央秘书处提出的文书档案工作及人员选择的基本原则之一。所以,文书档案人员必须有矢志不渝的信仰,有鲜明的政治观念和态度,忠实于无产阶级事业,忠实于党。同时,号召全党从政治上注意帮助各种技术性干部。《曾三关于中央秘书处材料科工作总结》(1947年6月)明确提出对"老的材料工作者应给以政治的帮助与鼓励。各个研究部门或使用材料的负责同志对材料科的工作必须关心,并亲自参加或指导材料工作,使之逐步提高,走向政治化的大道上去"。

坚持集体主义原则。集体主义的本意在于确立一种合理协调人群关系的普遍利益准则。而新民主主义革命时期，集体主义是中国的无产阶级为完成自身解放和解放全人类的历史使命在道德上的一种必然要求。因此，该时期规定文书档案人员要有集体主义精神，当时中央秘书处各项工作开展均要由集体决定，"必须有经常的工作会议，工作报告和讨论，经常的接头，用组织的力量来推动工作"。

密切联系群众。在文书档案工作中必须坚持走群众路线，因为群众路线是党的生命线，绝不能脱离群众。多少文书档案人员在文件传递和保管过程中，因为有了群众的帮助和掩护才摆脱险境，从而保障了档案文件的安全。文书档案工作实践证明，群众是我们最可靠的可依赖的力量。

遵守各项纪律。遵守党的纪律、保守党的机密，是对从事机要工作的文书档案人员首要的纪律要求。这一时期颁行的文书档案法规制度中，相当一部分内容与遵守纪律、保守机密有关。

归纳而言，文书档案人员要有坚强的党性。对此，1941年9月刚刚担任中共中央秘书长的任弼时于1941年10月在其所作的《关于增强党性问题的报告大纲》中曾精辟指出：工作人员的党性具体表现在用马列主义的立场和观点去观察一切问题、坚持党的民主集中制、深入实际走群众路线、严格遵守保密纪律、坚定不移地"为无产阶级利益和党的利益服务"。可见，文书档案人员要在敌我之间的殊死搏斗中站稳立场，顾全大局，当好领导人的助手、指挥员的参谋、领导机关的服务员，必须以坚强的党性做保证。

(二)业务方面

中国共产党对文书档案工作业务开展在宏观上提出一切工作科学化的总体要求，"应该有计划有系统有方法的工作"，"避免重复与迟缓，以求工作之敏速和紧张"。即工作应当有规划，避免盲目；工作应当有系统性,避免零散;工作要有方法,避免混乱;寻求不断总结规律,达到工作的高效率。

为了督促并鼓励文书档案人员的工作热情和在业务上精益求精,中国共产党也曾为技术人员设置业务等级。中办机要处处长李质忠给七大主席团的书面意见中提出给机要人员定级的问题。毛泽东和中央批示:"级"的问题,可以考虑。建议由中央组织部牵头拟定一个适用于各种技术性部门人员的等级标准,并明确这个标准制定的主要目的就是给那些党务、政治、军事干部外的技术干部以必要的政治待遇和物质待遇。后技术人员曾实行过甲、乙、丙三等级制。

(三)生活方面

要有艰苦奋斗的精神,反对腐化,是这一时期对所有公务人员的要求,自然也包括文书档案人员。但同时,也在生活上给予文书档案人员适当的照顾。

在生活上给予通讯文秘工作人员以特别的优待,成为中央革命根据地党政军的一个传统,尤其是朱德、周恩来等人非常关心机要工作人员的生活。1935年2月1日,朱德、周恩来、王稼祥、李富春联合签发了《关于优待技术人员的指示》,规定对于技术特别好的人员,"可给予用苏维埃纸票兑换现洋的便利,同时打土豪来的食物用具应多多的分配给他们,使他们不感缺乏"。在后勤供应异常紧张的情况下,又明确要求技术人员的马匹、行李担子的运输等要给予特殊照顾。他们对技术人员生活上的关心和照顾,对保证文书电报通讯的迅速准确和文件材料的安全起了一定的作用。川陕省苏维埃政府在《优待专门人才暂行条例》中给专门人才许多特殊的待遇:如"在苏区服务之薪金,不受苏维埃薪资条例之限制";如忠实工作三年以上"得享有公民权或减免其本身犯罪之刑罚","忠实工作五年以上,因年老或病患请求解职者,苏维埃政府每年予以退职金"。① 1942年4月陕甘宁边区发布了《技术人员待遇标准》,把技术人员依据其专业技术水平和服务年限分为4级,享受特殊津贴的照顾,其标准分别是:一级,91~100元边币;二级,71~90元边币;三级,51~70元边币;四级,35~50元边币。同时在住房、伙食、服装等方面也给予照顾,其供给的标准略高于中央领导人。②

二、选择文书档案人员的基本条件

新民主主义革命时期,对于怎样充分发挥知识分子的作用,中国共产党提出了"三放手"原则,即放手地吸收、放手地任用、放手地提拔,进而具体化为"工作上量才使用、政治上充分信任、物质上适当优待"的政策。政策执行中的具体措施又主要集中于中央和各边区政府制定的有关优待技术干部的一系列法规中,如《陕甘宁边区各级政府干部管理暂行通则草案》等,都对文书档案人员的选择和任用有了具体而严格的规范。

文书档案工作者,承担着党的全部文件的处理与保管工作,掌握着党组织、政权组织和武装部队的大量机密,在那样的斗争环境中,文书档案工作成为党联系上下的纽带,不仅具有极强的政治性,还有较强的专业性。由此,对文书档案人员的选择就有特定的要求。

(一)政治立场和表现

文书档案人员是领导的参谋和助手,他们有机会和条件能够接触到大量的中国共产党机密,这些都关系着党的安危和事业的成败,在地下斗争环境下的秘书部门人员尤为如此。所以,选用秘书人员一定将政治上

---

① 川陕革命根据地历史文献选编编委会编:《川陕革命根据地历史文献选编》(上),四川人民出版社1979年版,第210~211页。
② 陕西省档案馆、陕西省社会科学院编:《陕甘宁边区政府文件选编》(第六辑),陕西人民教育出版社2015年版,第56页。

新民主主义革命时期中国共产党文书档案工作研究

的绝对忠诚放在首位。1929年10月,在给顺直省委的指示信中,中共中央就各省委秘书处的人员选用提出要求:"找同志到机关中来工作主要的条件是某一个同志的观念正确与否来决定,技术是次要的条件,观念正确的同志技术上的进步必然快;观念不正确的同志技术上虽有长处,则危险性仍然很大,而且技术上在艰苦的生活和秘密的环境中必不能持久,或时表示疲乏。"这表明文书档案人员的政治立场、态度比技术更重要。而中央秘书处在选择和调配秘书时,明确要选用"共产主义思想坚定""党籍要深、出自群众斗争、积极细心、社会关系不复杂"的人员,而且规定选人用人宁缺毋滥,要非常小心谨慎,对所选之人应有足够的了解,哪怕文化水平方面不尽如人意,也必须坚持政治上的高标准。对机要秘书的选用则条件更严格,1948年7月中央制定的《机要秘书选择条件》规定,担任机要秘书必须具有如下经历:其一,"认为政治上纯洁与来历清楚者",来历清楚的确认是要经过整风、三查运动,或经过一定的政治机关及保卫部门审查;其二,"证明忠实于党的事业,且思想意识正确者",经过五年以上实际工作考验则是这一条件确证的基础;其三,具有五年以上正式党龄。可见,解放战争时期,对文书档案人员特别是机要秘书选用必须坚持政治上高标准的条件逐步提高。

(二)文化水平

从事文书处理和档案管理工作,对从业者的文化水平、文化素养是有一定要求的,但不同等级机构的要求还是有差异的。《陕甘宁边区政府为合水县县区乡三级干部之重新分配的批答》[①](1942年3月27日)中指出:"关于县区乡三级干部之配备情形,当无不合,准予备查,惟区上秘书应选有能识字者担任,以便帮助区长工作为要。"同年6月30日,边区政府第二十六次政务会议通过的《陕甘宁边区政府系统第二次精兵简政方

---

① 批字第137号。

案》要求:"重新配备干部……逐渐做到每个县政府有2个(区政府有1个)文化程度较高、能力较强的秘书,帮助县长(区长)理解上级的指示,总结工作的经验。"显然,文化程度较高与识字者相比,其标准还是有所提高的。而在党政军各系统相对比较高级的组织中,不是简单地识字就能应付得了的。因此,从各类相关文献中不难看出,这些机构中的文书档案人员尤其是机要秘书,要求一般具有"初中以上文化程度",或有相仿于初中文化水准者,这个要求在当时的教育状况下还是比较高的。

至于业务能力方面,少部分人在从事文书档案工作前进行过相应的培训,这种培训始于大革命时期,第二次国内革命战争时期、抗日战争时期培训人员更多,范围更广。中国共产党举办过针对电讯人员、机要秘书、交通员等人员的各类培训班,既持续性地向秘书部门输送人才,又有效提高了相关人员的业务素质。大部分人员在经严格审查任职后,都要通过各种途径提高自己的业务水平。

(三)综合要求

文书档案人员的任职条件,除了政治因素和文化素养外,还包括其他方面的考虑。1930年1月28日《中央秘书处的组织及其工作任务》中有关文秘档案工作者任职条件的规定,全面反映了当时对文书档案人员的起码要求。包括:"党籍较深;出自群众斗争;积极细心;社会关系不复杂;不适宜经常调换。"[①]按上述文件精神并结合当时的有关具体规定,该时期文书档案工作人员的入职与职业要求主要为:应入党3~5年,有对敌斗争经验,思想敏锐、作风坚定、来历清楚;初中或以上文化程度,有一门特殊技能;视保密如生命,与文件共存亡;不怕牺牲,永不叛党。因此说,文书档案人员的选择条件,主要就其政治观念和态度、政治面貌、工作经

---

① 费云东:《地下斗争中的秘密档案库:新民主主义革命时期党的档案工作形成与发展之二》,《机电兵船档案》2019年第3期,第74页。

验、文化水平、专业技能、社会关系等加以综合考察。

与此同时,中国共产党也妥善处理关于旧人员的改造和使用问题。对边区和其他解放区国民政府的留用人员,本着争取和改造大批旧人员为人民工作的原则,根据《中国人民解放军布告》规定的精神,《解放日报》发表了题为《贯彻整编节约方案到行动中去》的社论,明确要求对旧人员情况分别采取不同的处理形式。对可留用的接管机关的进步旧员工,尤其是具备一定专门知识与业务能力的技术人员,应给予他们充分的尊重,在生活上和政治上关心他们,要本着爱护和帮助的原则去团结和改造他们。对编余的旧人员,以祖国的长远建设和为人民服务作为出发点,尽可能团结和改造全国旧人员,对他们可分别按不同情况妥为安置,使之能够有工作、生活和学习的出路。可见,对旧文书档案人员的选留,以团结与改造为主,并且将他们能否为国家建设服务作为起码的条件。这既彰显了中国共产党对知识分子政策中任人唯贤的路线与原则的尊奉,也体现了中国共产党宽厚的胸襟与气度,同时也表明中国共产党对旧知识分子改造的决心与自信。

三、文书档案人员任用的要求

本书所指的任用要求特指对已经入职的文书档案人员的要求,其中既有对文书档案人员的一般性、常规性要求,也有在工作中出现问题后提出的一系列要求。

(一)文书档案人员要具有献身精神

这里的献身精神是有着较丰富的内涵的。一是任劳任怨、埋头苦干、不为名利、无私奉献。二是严守机密、不惜献身。这一时期中国共产党制定的有关法规制度和纪律中,保守党的秘密一直是规范的核心内容之一。做好与文件共存亡的思想准备历来是党组织对秘书人员,尤其是负责文件传递的交通员的基本要求,宁可牺牲自己,也要保守党的机密。这些要求到解放战争时期被列入秘书机构制定的《交通员守则》中。三是保护首长、宁可牺牲。秘书负有保护首长安全的职责,为保护首长而献身的秘书人员不在少数。如八路军驻重庆办事处秘书李少石,长期在周恩来身边工作。一次,周恩来应邀参加重庆方面举行的酒会,为掩护随时面临敌人暗杀的周恩来,李少石遂乘坐周恩来的车先行,途中遭枪击而牺牲。

(二)文书档案人员要加强政治学习

首先,加强政治学习,培养优良作风。一是提出对政策了解不深的人员需要学习,就是为了对"党中较深问题特别是策略问题要了解得够"。在《中共中央关于调查研究的决定》(1941年8月)中要求:对于那些既了解情况又注意政策的同志要加以鼓励,而对既不了解情况又不注意政策的同志要进行批评,应将学习马列主义理论的风气与这种了解情况、注意政策的风气密切联系起来。二是通过学习强化公职人员思想意识、优良作风的培养。陕甘宁边区政府制定了《边区政务人员公约》(1943年5月),其中包括:严守政府纪律,服从整体利益;工作积极负责,发扬创造精神;公正廉洁,奉公守法;互规互助,正人正己等条文。三是有错误观念的同志要加强学习,如旧中国社会的"升官"观念在革命队伍中的个别人身上有所反映,感到政治、党务、军事工作"发展快"、有"地位",做技术工作发展慢。因此,中国共产党从干部求知与政治利益出发,一再强调要在全党提倡革命的"事业精神",保证技术性干部有更多的在职学习机会,使他们的思想意识通过加强学习而不断提高,用技术工作科学化、政治化让一些同志彻底脱离简单的技术观点。

其次,通过学习提高精神境界,促进工作开展。其目的是培养秘书队伍谦虚谨慎、踏踏实实、尊重他人的工作作风。这一时期,对文书档案人员因思想认识上的偏差而反映在工作上的问题,中央及相关部门都进行

新民主主义革命时期中国共产党文书档案工作研究

过归纳总结。如中央秘书处曾就本部门各科一些工作人员中存在的"尚有工作界线上严格划分的观念""部分同志缺乏自动的精神"等问题,要求加强学习、提高认识,在工作中要顾全大局,互相帮助,有积极性、主动性。

(三)文书档案人员要日益提升专业技能

"精通事业为务"是这一时期中国共产党中央对技术人员具体工作提出的总要求,并要求技术人员通过各种途径加强业务学习。一是通过培训与学习,提升业务能力。在《中央秘书处九月份工作报告》(1929年)中,就将"在高级及流动两种训练班课程中加上了秘书处工作的科目"作为中央秘书处指导各省委秘书处工作中取得的成绩之一,说明地方文书档案人员培训与学习比较早地提上议事日程了。至解放战争时期,各类培训基本做到经常化、制度化了,据记载,当时全国各地、各部队众多的秘书、机要干部和速记员,都曾参加过中央办公厅举办的各项培训。[①] 二是注重经验积累,文书档案工作业务上的精进,也是工作中不断适应、熟悉和总结经验的过程。注意在平时工作中时时总结经验,是这一时期文书档案工作的特点之一,特别要对经常工作抱着学习的精神,求得工作上的不断进步。一方面因有经常化的请示报告制度,各机关的文书档案工作能够及时得到上级领导机关的指示和指导;另一方面因机关内部定期的工作总结,能够及时发现问题并有效解决问题。此外,由于在革命队伍中形成了批评与自我批评的良好工作作风,文书档案工作中的劣短都能在这种自我纠错机制下得到很好的处理。

(四)文书档案人员应密切联系群众

新民主主义革命取得胜利的三大法宝之一就是群众路线,也是中国

---

① 杨剑宇:《建国前党对秘书队伍的建设》,《秘书》2000年第02期。

共产党的思想路线与组织路线。中央秘书处处长曾三以《关于最近收文及档案人员业务学习和参加土改工作情况的报告》为题给任弼时的致电中指出："我们这班人,自我起都是学生(或中学程度或高小程度)出身,毫无群众工作经验,接触一下群运,是有必要的。"这封电报发出日期是1947年8月18日,说明文书档案人员在工作中长期普遍存在脱离群众的状况。实事求是讲,文书档案工作的性质和内容决定了文书档案人员与普通群众接触有限,但文书档案工作的开展是离不开人民群众的支持的,尤其在地下工作和战争环境下,正是有了群众的掩护、群众的帮助、群众的配合甚至群众的牺牲,才使文件得以平安送达、转移并得到保护。即使是在根据地,敌特活动、敌军侵扰也时有发生,文书档案人员本身及文件的安全,也借助于人民群众的及时通报与保护。事实证明,工农群众是文书档案工作重要的社会基础和保障,相信群众和依靠群众这一基本的思想路线和工作方法,对于文书档案工作开展是大有裨益的。

总之,中国共产党在不断的探索中确立了以政治觉悟、奉献精神、思想情操、工作作风、优秀品质与组织纪律为主的选人用人标准与制度,与此相适应,经中国共产党长期的教育引导和文书档案人员的努力与学习,在文书档案工作队伍中也逐渐形成许多优良品德与作风,从而有效地促进了文书档案工作的开展。

(五)制定了相应的奖惩制度

新民主主义革命时期中国共产党在干部管理方面制定了奖罚分明的奖惩制度,并且在实际工作中得到严格的执行。

文书档案人员在文电处理和档案保管方面,无论从哪个角度考核,凡取得显著成绩者,都予相应的表扬和奖励。如为充分调动文书档案工作人员的积极性,1944年1月11日,中央秘书处机要科在工作总结报告中提出了模范工作者的具体条件:

(1)对党的机要工作有正确认识,重视和安心于机要工作,并有互助精神;

(2)对工作负责,有创造精神,能自动克服工作中的困难;

(3)提高工作效能,在工作质量上、数量上具有优等成绩;

(4)保护机密,自动遵守机要制度和纪律,服从组织分配;

(5)学习积极,能把学习成果运用于工作;

(6)努力生产节约。

上述6个条件,实际是对文书档案人员工作的全方位考量,曾受到毛泽东赞扬。他亲自做出批示,"奖励模范,不使先进分子沉浸于一般群众之中",并亲笔修改了这个文件。此后,中央办公厅和中央军委把这些条件抄发全党全军,在全党全军机要系统中展开了竞赛活动。

对文书档案人员的奖励方式主要是口头表扬、颁发荣誉证书。如中革军委和红军方面军多次颁布和修改《纪律条令》和《奖惩条例》,当时奖励分为个别口述奖励、队前口述奖励、通令笔记奖励等6项。还有领导人对文书档案工作的批示,如毛泽东在对《中央机要科1943年工作总结及1944年工作计划》(1944年)所做的批示中,对中央机要科工作给予了高度评价:"由草创到科学,由盲目性到自觉性,由不正常作风到布尔塞维克作风。"并提出了进一步的期望:"继续努力,必大有成绩。"给予文书档案工作以充分的肯定和褒奖。

对文书档案人员在工作中违反有关规定或因工作失误造成一定影响的,如泄露机密、遗失密件、不遵守纪律、违抗命令等均予以处分。陕甘宁边区政府在1943年就颁行了有关边区各级政府干部奖惩制度,其中个别条款涉及文书档案工作,"遗失关防印记及政府机要文件者"就要受到相应的惩戒,主要包括撤职查办、撤职留任、记过、警告或申斥等惩戒形式。对背叛组织的人员则要依事实分别严肃处理。同时规定:对秘密投靠敌人的、刺探我方情报的那些党性不坚定人员,经批准逮捕后将处以极刑;

对混入我党、我军的日特人员,或被国民党秘密逮捕并接受内线工作的分子,如因被国民党特务人员欺骗而充当敌人内线,但能够自动全部向党组织坦白的,可交地方党务委员会处理,给予其自新出路。①

第三节 文书档案人员英雄事迹择要

新民主主义革命时期,中国共产党的文书档案人员在血雨腥风中,为中华民族的崛起和人民的解放肩负起历史与时代所赋予的重任,他们不畏艰难、无惧牺牲、孜孜探索、默默奉献,共同叙写了可歌可泣的英雄事迹。

一、以生命保护党的文件安全的楷模——张宝泉烈士

张宝泉是陕西省三原县人,生于1901年,1924年初他在天津南开中学读书时参加了共产主义青年团,后加入了中国共产党。他曾到莫斯科东方大学学习,半年后回国。1926年7月中央秘书处成立后,负责文件传递、分发和与外来人员接头的交通工作。他不仅经手分发传递文件,有时还承担向文件保管处同志送交文件的任务。张宝泉自接受了这项重要任务以后,就向党组织保证说:"如果我被捕,我是无论如何受非刑拷打,宁死不肯泄漏党的秘密的。"

1928年4月16日,张宝泉身带文件去一个秘密联络点找中央组织局负责人罗亦农,不料这个联络点在3小时以前被巡捕房侦破,巡捕房设下埋伏,张宝泉随即被捕。因身上的重要文件被认定是一个"奇货",张宝泉被巡捕房使用一种名叫"九尾猫"的刑具拷打,但他始终坚贞不屈。国民党反动派得知这一消息,通过交涉将张宝泉引渡到上海龙华监狱,但无论敌人用什么样的手段,早把生死置之度外的张宝泉始终不吐露任何信

---

① 杨永华主编:《中国共产党廉政法制史研究》,人民出版社2005年版,第200页。

息。在最后一次被拷问时,张宝泉被打 200 军棍,身中 7 弹,被刺 3 刀。张宝泉壮烈牺牲,他以自己的生命保卫了党的机关,保护了中央领导人和战友,保护了中央珍贵文件材料的安全。

1928 年 6 月 30 日,在中央出版的《布尔塞维克》第 22 期上醒目地刊载了一篇题为《革命党人的一个好楷模——张宝泉同志》的文章,称赞张宝泉是"壮烈的忠实的共产党人的代表",要把他保护党的秘密和文件的事迹收入到革命志士材料的单行本中,以此作为对烈士的永久纪念。

二、"一号机密"保管者——一组英烈群像

文件保管处在 1930 年 9 月中共六届三中全会之后,集中了自建党以来党中央所有机关的文件材料 20 余箱,党内习惯称之为"一号机密",这批档案保管于上海戈登路 1141 号,这里也成为中国共产党第一座秘密档案库——中央文库的建立之处。出于安全考虑,中共中央在撤离上海时决定档案暂不搬迁,依然保存于上海。中央文库成立后,其主要职能是整理与保管党的历史文件。中央文库档案在日伪敌特各种势力最为猖獗的上海,由张唯一、陈为人、徐强、周天宝、吴成方、刘钊、李念慈、缪谷稔、陈来生等一批共产党人在 19 年间前赴后继,忠诚守护,创造了中国共产党历史上最为珍贵文献安全保管的一个奇迹。

中央文库的第一任负责人为中央秘书处文书科科长张唯一(1892—1955),在党内有"张老太爷"的雅称,这不仅是因与秘书处的"老太爷"代号相联系,也与他素来老成持重、机智练达有关。由于中央特科负责人顾顺章、中共中央总书记向忠发于 1931 年 4 月和 6 月相继被捕叛变,上海地下组织遭受了前所未有的重创,张唯一将中央文库文件紧急转移。张唯一约在 1931 年底奉调为中共上海执行局秘书处负责人,此时中央机关及周恩来也先后前往中央苏区工作,经周恩来举荐和中央秘书处批准,"一号机密"由陈为人保管,仍由张唯一领导并单线联系。1935 年 2 月因

叛徒出卖,张唯一不幸被捕,在狱中受尽了各种折磨,但他巧妙地与敌周旋,严守党的机密,中央文库一直未遭敌破坏。

陈为人(1899—1937),湖南人,中国共产党档案事业的奠基人之一,曾任中共满洲省委第一任书记,1929年调回上海工作。陈为人前后两次被捕入狱,遭受了敌人的严刑拷打,身体状况极差,组织上决定要他安心休养。1932年12月的某日,周恩来代表党中央看望陈为人,并将保管中央文库档案的艰巨任务交给了陈为人。接受周恩来的委托后,按照中央以"家庭化"的形式保管"中央文库"的要求,出生于湖南的陈为人为了更合理地为"中央文库"保管地址打掩护,特开设了一家湘绣店,其妻子韩慧芝(中国共产党交通员,负责与中央文库负责人张唯一单线联系)则在附近一所小学当教员。每天夜晚,陈为人通宵达旦地埋头整理文件。为了给后续工作做好铺垫,他花费了一年多的时间,先将作者和时间都无标明的文库文件全部进行了判定,后又对文件中使用的代号和暗语逐一进行了注释。大约从1934年6月后,陈为人开始为2万多份文件资料进行分类,全部文件按年代、内容和成文机关(作者)分别整理划分出了总类、部类和细目。通过总类、部类和细目的划分,2万多份文件就变得线索清楚,也更加便于管理和利用。此后,陈为人又开始编制文件的目录,他设计的目录具有文件名称、分类索引、数字统计等多种功能。鉴于在敌人眼皮底下保存重要文件非常危险,陈为人把大字改成小字,将纸张厚的文件抄写在薄纸上,再剪掉文件的空白边;将小说、报纸杂志上的密写的文件、信函抄录下来,书报刊物中的重要文章裁剪下来,余下的部分烧掉。经过这样烦琐而细致的工作,原来20余箱文件就被缩减至6只皮箱。陈为人还整理出一份《开箱必读》,实际就是检索工具,也是中央文库的文件清单。可见,陈为人的工作既有利于提升文件日后的参考价值,也方便查阅,还有利于安全保管和转移。

由于夜以继日地工作,加之1935年2月韩慧芝前去与刚刚被捕的张

新民主主义革命时期中国共产党文书档案工作研究

唯一接头时也被捕,和组织失去联系后陈为人生活穷困,严重营养不良,还有3个年龄幼小的孩子需要照管,面前的压力使他的健康彻底被摧毁,原本两次受刑留下的肺病进一步加重。1936年1月,韩慧芝被释放回来,夫妇二人几经周折,终于联系上了中央特科情报组的徐强。受组织委托也正在寻找他们的徐强见陈为人的身体状况,果断决定立即将文件秘密转移,同时中央文库也移交给特科管理。拒绝了组织上为救治自己支付昂贵的医疗费用,极度虚弱的陈为人从医院回到家中,年仅38岁的陈为人于1937年3月12日晚上病逝。1945年中共七大追认陈为人为革命烈士,遗憾的是原存于湖南会馆的烈士棺木却早在1937年"八一三"事变中流散,不知所踪。

徐强接替了陈为人的工作,就意味着中央文库从1937年起由上海地下党情报系统接管。由于代号为"瘦子"的徐强和李云夫妇是中央特科在上海的主要负责人,不能直接保管文库,周天宝接受了该项任务。周天宝将文库文件保存在他姨妈独住的顺昌里7号,之所以选择这里,主要是因为其姨夫是招商局官吏,住所周边有杜月笙、张啸林的公馆和巡捕房。本以为这样的环境会相当安全,哪料院内其他房子不慎失火,周天宝只得将奋力抢救出的文件搬至自己的住处。周天宝的住处原本就是地下党秘密集会的联络点,特别容易引人注意,中央文库被迫再次转移,暂存他处。在徐强夫妇于1939年相继奉调延安后,八路军驻沪办事处接管了中央文库,领导文库的是负责情报工作的吴成方,受委派,刘钊临时管理中央文库。

老地下工作者缪谷稔(1905—1944),从1940年秋后接管了中央文库。他将2万多件库藏暂存于在英租界临时租下的一亭子间,后因吴成方和刘钊经常来此,房东产生疑虑,找借口不再出租房屋,催促他们赶紧搬走。缪谷稔立即与妻子一同将档案分散包装运到上海郊区自己的家中。文库管理工作繁重,缪谷稔动员妻子辞去了工作,专门协助他管理文件。"箱子里装的全是比金子还珍贵的国宝,千万要保管好,不能让外人随便进我们的家门。"这是缪谷稔反复叮嘱妻子的话。1942年春,吴成方与缪谷稔的交通员郑文道被日本宪兵队抓去,文库又被临时转移至新闸路944弄过街楼亭子间。郑文道被捕后跳楼自尽,用付出生命的代价,严守党的秘密。长期巨大的压力、繁重而危险的工作、生活的穷困影响了缪谷稔的身体健康,不久,他患上了严重的肺病,虽体力不支,仍每隔一段时间将文件搬出秘密翻晒。缪谷稔的身体状况已经不适合再做这项工作,经组织决定另外安排人保管中央档案。但缪谷稔还是于1944年9月病逝,时年未满40岁。

1942年7月起,吴成方派年仅23岁的陈来生接管地下文库,以便于让缪谷稔安心养病。陈来生被选中,是党组织看重他对党忠诚,机警灵活,年轻且精力旺盛,能吃苦耐劳,而且又可以获得家人的帮助。接管文库后陈来生把文库搬迁到新闸路944弄一个小阁楼上。不久,上级组织注意到这个启用仅2个月的新库址弄堂口闲杂人员太多,不够安全,文库必须另迁他处。陈来生又带领全家将档案安全搬运到为文库做掩护的"向荣面坊"阁楼上,档案被放在夹壁墙中。其间,中央急调文件,并指示部分文件运交中央使用,陈来生都圆满完成了任务。1949年5月上海解放,陈来生将文件如数交给了上海市委。华东局办公厅于1949年9月17日给中央办公厅去电,请示如何处理这批档案文献。中央办公厅次日即复电,除了指示全部档案妥送中央秘书处保管外,也要求华东局先行对保管文件有功人员予以奖励。实际上该复电是毛泽东、刘少奇、朱德亲自审阅,由周恩来亲笔批发的加急电报,足见党中央对文库档案的高度重视。根据中央指示,1949年10月4日,中共上海市委发布了嘉奖令——《保全党的历史文件——陈来生同志光荣受奖》,表彰中央文库工作人员和他们的家属。《解放日报》于1949年10月13日刊登了嘉奖令的内容。后陈来生父亲和弟弟因协助陈来生守护中央文库有功也受到了表彰。

新民主主义革命时期中国共产党文书档案工作研究

事实上，因当时档案、报刊等记载而能够被后人代代传颂其英雄事迹的文书档案前辈们只是沧海一粟，更多无名英雄们的壮举已湮没在历史长河中。但我们依然能从保存至今的大量红色档案中，体味出他们在如此艰难困苦环境里的使命与担当。他们以对党的无限忠诚、过人的勇气、足够的智慧，让真实记录中国人民伟大革命的档案文献永久保存下来。而对英烈事迹的回望，就是要让他们的精神薪火相传，成为激发新时代文书档案人员为国守史、为民服务、实现中华民族伟大复兴的强大力量。

第四章 新民主主义革命时期中国共产党文书档案工作法规制度建构

从某种程度上讲,制度的弃取,取决于存在的需求,而又对社会发展具有决定性作用。伴随着中国共产党文书档案工作的产生,为改变在文书处理与档案管理工作中的随意性,中国共产党相继出台了一批文书档案管理的法规制度与规定。这一时期,中国共产党文书档案工作在法规制度建设上体现出明显的创新性。这种制度上的创新,表现为制度创立过程和制度探索活动,以及在制度中体现出的全新理念。

值得注意的是,该时期受各种因素制约,文书档案工作其整体发展水平还比较有限,与此相适应的法规制度建设的水平也比较低。所以,从严格意义上讲,本书中所称的文书档案法规制度,绝大部分是一些制度规定,少部分属于法规的范畴,其中一部分规定属于政策性文件,诚如列宁指出:"法律是一种政治措施,是一种政策。……我们党的决议是不完全的法律。"[1]此外,各级秘书处之间请示报告制度的存在,实际也是各级秘书处对所属工作领域及下级秘书处文书档案工作的指导意见,与法规制度具有同等效力。

---

[1] 中共中央马克思恩格斯列宁斯大林著作编译局编译:《列宁全集》(第二十八卷),人民出版社1990年版,第140页。

第一节 文书档案法规制度建设概览

文书档案工作业务开展具有特定的专业性及技术性要求,所以必须建立起起码的标准、制度与法规。新民主主义革命时期,为保证文书档案工作的顺利开展并有效服务于各项斗争与建设,中国共产党出台了大量的相关制度和部分法规,针对文书档案工作的原则、主要环节予以规范。

一、第一次国内革命战争时期中国共产党文书档案工作制度的起源

中国共产党刚成立不久,文书档案工作还处于起步与摸索阶段。在秘密环境下,文书档案工作的开展是比较艰难的,遇到了很多现实问题,为此,党内出台了个别文件规定。第一次国内革命战争时期,专门化的制度性规定相对较少,相关内容大多分散于中国共产党的文件和法规中,保留下来的甚少,内容还都比较简单。

《中国共产党中央执行委员会组织法》。1923年6月党中央在中共三大会议上制定了该文件,决定在中央局设立秘书,以解决因中央局领导亲自保管文件材料存在的弊端。这个党内文件目前看是中国共产党高层有关文书档案工作的最早规定,尽管其主旨与内容主要不针对文书档案工作。

《中共中央职工委员会通告第一号——急需搜集职工运动材料》。中国共产党成立后的几年间,鉴于因形势无法及时了解各地工人运动的情况,中共中央也因此无法对各地职工运动加以必要的指导,所以于1925年12月27日出台此文件,要求各地集中上报职工运动材料。

《中共四届三次中央扩大执行委员会组织问题议决案》。该议决案出台于1926年7月,其核心问题是完善党的组织,增设中央秘书处的决

定就由该议决案做出。秘书处成立后,规定自中央至地方的各级机关都须定期报告,从而迅速建立起下级机关对上级机关的请示报告制度。从此,党的各级组织机构之间,尤其是各级秘书处之间因请示报告制度而建立起密切的联系。

《中共中央关于发文要盖章编号的通知》(1926年8月14日)。按文件规定,地方上报中央的一切通告文件均须盖章发出。这是中央秘书处首任秘书长王若飞履职后发出的有关文书工作业务指导的第一份文件,从中也反映出其时文书工作是相当简单且粗陋的。

《中共四川临时省委秘书处组织及办事细则》(1927年)。该文件对四川省委秘书处如何设置、具体任务、文书档案工作组织与管理方式提出了明确要求。从内容看,这个文件更多地涉及了文书档案工作本身,在第一次国内革命战争时期已属于较翔实的制度规定了。

二、第二次国内革命战争时期文书档案法规制度的建立

大革命失败后,党中央召开了八七会议,确定了土地革命和武装斗争的总方针,文书档案工作因秘书处和秘书长的设立也有了一定的起色,文书档案法规制度建设也随之有了新的发展。据不完全统计,从中央到地方,至1937年抗日战争全面爆发前,大致颁行了近50个与文书档案工作相关的法规及制度,而且规范的内容比较集中。同第一次国内革命战争时期相比,第二次国内革命战争时期出台相关制度的数量明显增加,内容也更丰富,主要在保密工作、各项技术环节和机构组织任务方面进行了更细致的规范。

(一)中共有关文书档案工作的纲领性文献——《文件处置办法》

《文件处置办法》(1931年)是中国共产党第一个具有政策性和指导

性的专业规定,是关于全面处理机关办理完毕文件的第一个具体而系统的工作制度,也是党政军各机关在档案管理工作方面共同遵循的第一个重要准则。《文件处置办法》约1 500字,共有7个条款,较详细规定了档案分类整理、编目的原则与方法,文件留存、销毁办法,最后一条为总注。《文件处置办法》文字简洁、通俗易懂,立意高远却又简单实用。在宏观上侧重于对文件处置进行理论分析,在微观上则以典型的例证对每一项规定予以说明。由于《文件处置办法》内容的科学性与实用性,从而对该时期中国共产党文书档案工作开展具有重大而深远的影响。

一是改变了中国共产党以往盲目管理文件档案的习惯。

二是揉进了新的科学管理内容,开中国共产党科学管理文件档案之先河。

三是对党的重要文件的完整做了政策上和实践上的保证。

四是规定了行之有效的业务指导思想,把保管与使用统一起来。

(二) 中央机关及其相关部门制定的文书档案工作法规制度

中央领导机构制定的制度规定与指示主要包括:《中央通告第三号——建立党内交通网》(1927年8月21日)、《中央关于党的组织工作第十七号通告》(1927年12月1日)、《中共中央关于文书工作的技术问题给各省委的通知》(1928年12月)、《关于秘密技术工作问题的通知》(1929年3月28日)、《中央革命军事委员会主席团工作条例》(1931年)、《中华苏维埃中央执行委员会通令第三号——关于建立报告制度问题》(1931年12月10日)、中央革命军事委员会公布的《无线电通讯简则》(1932年7月2日)、《军委关于征集红军历史材料的通知》(1937年5月10日)、《中共中央组织部保守党内秘密条例》(1937年5月20日)、《中央对秘密工作给中央各部委全体工作同志信》(1930年4月19日)等。

中央就各地文书档案工作开展发了许多指示信,主要包括:《中共中央给江苏省委的指示信——关于省委秘书处的工作》(1929年10月1日)、《中共中央给顺直省委的指示信——关于省委秘书处的工作》(1929年10月6日)、《中共中央给各省委指示信——注意秘密工作和文件保管》(1930年5月28日)、《中共中央为建立交通关系及报告制度给各苏区及红军的信》(1931年3月)等。

中央秘书处作为中国共产党文书档案工作的总枢纽,连续出台了系列规定:《中央秘书处工作报告大纲》(1929年10月)、《中央秘书处的组织及其工作任务》(1930年1月)、《中央秘书处关于文件编目的规定》(1931年)、《中央秘书处文书科二、三、四月份工作报告》(1930年5月27日)等。主要就文书档案工作在不同年代和时期的计划组织、基本任务、安全保密做了规定,也随时对秘书处工作的缺点加以总结。

(三)各省委秘书处出台的有关规定

各地省委秘书处根据中央的相关指示精神,也相继制定了有关文书档案工作制度,如《中共皖西北特委秘书处工作报告》(1931年)、《中共河北省委秘书处八月份工作报告》(1934年)等,其中尤以江苏省委的制度建设较全面。江苏省委在1928年、1929年和1932年先后出台了《中共江苏省委秘书处组织条例》《中共江苏省委秘书处工作条例》与《中共江苏省委秘书处通知(省字第一号)——关于各县建立秘书工作的问题》,使江苏各级党组织秘书部门的工作都有制度可循。

(四)根据地(各级苏维埃)制定的法规制度

各级苏维埃有关文书档案工作的规定,最重要的为1931年11月通过的《苏维埃地方政府的暂行组织条例》和《中华苏维埃共和国临时中央政府财政人民委员部训令第十二号》(1933年12月16日)。前者对各级苏维埃政府文书档案机构、人员设置加以具体的规定,后者对财政机关一切账簿的保存年限、移交、接收制定了详细的要求。

(五)军事组织制定的法规制度

中国工农红军组建后,也形成了军队的文书档案工作,并就相关工作出台了一系列的规定。主要包括:《井冈山前委对中央的报告》(1928年11月25日)、《红军第一方面军红字第十一号命令》(1930年12月28日)、《中央革命军事委员会主席团工作条例》(1931年)、《红军第一方面军红字第一号训令》(1931年3月17日)、《关于目前瓦解敌军工作指示》(1934年11月20日)、《成立红军战史编辑委员会的决定》(1931年4月17日)、《关于转移中的文书档案和保密工作》(1934年10月10日)等。分别就军队各级组织文书档案机构设置,对红军和敌人文件材料的收集,以及红军档案战时集中、转移、保密问题做出了规定。

三、抗日战争时期文书档案法规制度建设的加强

随着抗日战争时期中国共产党文书档案管理工作水平的稳步提升,文书档案工作法规制度建设也有了快速的发展,一大批文书档案法规制度颁布施行。粗略统计,包含文书档案工作相关内容的法规制度达上百个。

(一)中央各部门及中央秘书处制定的文书档案工作法规制度

中央机关发布的有关法规制度数量最多,其中一方面是针对文书档案工作中若干重要问题进行的相关规定,如《中共六届六中全会关于各级党委组织机构的决定》(1938年)、《中共中央关于审查干部问题的指示》(1940年7月15日)、《中共中央关于调查研究的决定》(1941年)等。这

些规定带有总体性、指导性特征,确立了文书档案工作的基本原则。另一方面,针对文书档案工作的各具体环节也做出了相应的规定,如《中央书记处办公厅关于汇编〈中共电讯〉和精减电文的决定》(1942年1月)、《中央书记处办公厅关于收集文件材料的通知》(1942年2月)、《关于阅读与保管秘密文件规则》(1943年1月6日)、《中央书记处关于秘密文件的检查与管理办法》(1943年3月30日)、《中央总学委、中央书记处办公厅关于保管与检查秘密文件的通知》(1943年11月)等。

中央秘书处在抗战时期领导文书档案工作的职能更加凸显,特别是下设了保管中央机关档案的专门机构材料科,文书档案工作更专业化、规范化。因此,中央秘书处在这一时期出台的许多相关规定,大多以中央秘书处或材料科的名义发出。如《中央秘书处材料科党务材料管理法(草)》(1941年)、《中央秘书处材料科借出条例》(1945年)等。这些规定涉及文书档案工作的许多重要环节,对文书档案工作的开展起了决定性作用。

(二)各抗日根据地制定的文书档案工作法规制度

各抗日根据地出台的文书档案法规制度主要包括:《晋察冀边区改革公文程式的理论与实际》(1938年4月)、《晋察冀边区行政委员会关于反扫荡斗争前处理文卷书册的命令》(政秘字第一三八号)(1939年9月)、《陕甘宁边区政府秘书处工作检查报告》(1939年)、《陕甘宁边区政府关于划一公文用纸的训令》(1940年9月18日)、《晋察冀边区行政委员会》第二十六次委员会议记录(1941年3月)、《陕甘宁边区新公文程式》(1942年1月)、《晋察冀边区行政委员会组织条例》(1943年2月)、《晋冀鲁豫边区政府干部工作指示》(1945年5月)等。各具体机构也制定了本部门的文书档案工作制度。

(三)八路军、新四军制定的文书档案法规制度

在抗战时期,虽然八路军和新四军以法规制度形式出台的规定数量上不是很多,但却在军队内部创造了一套适应战时文书档案工作的制度和方法。主要包括:《关于国民党派人来八路军任联络参谋时应注意事项的指示》(1938年2月6日)、《致各兵团首长训令》(1938年8月)、总政治部《关于建立报告制度的通知》(1939年3月6日)、《八路军各级司令部(军、师、旅、团)暂行工作条例草案》(1940年3月25日)、《军委对报告种类、内容及时间的规定》(1941年6月)等。

四、解放战争时期文书档案法规制度建设的新发展

与中国共产党文书档案工作的日渐健全相适应,解放战争时期的文书档案法规制度建设有了全新的发展。

一是文书档案法规制度数量不断增加。在解放战争前出台的相关法规制度继续使用的前提下,据不完全统计,解放战争时期从中央到地方新颁行的与文书处理及档案管理关联度较高的法规制度近70个。

二是各解放区人民政府的文书档案法规制度建设发展迅速。几乎各大区、边区及其所属机关都制定了有关的文书档案工作规定,如《苏皖边区各行政区专员公署暂行组织条例》(1945年12月)、《东北行政委员会关于保存公文的规定》(1948年)、《北平市人民政府办公室关于书写文件的通知》(1949年)、《陕甘宁边区盐务总局公文处理暂行办法》(1949年9月)等。

三是文书档案管理重要部门档案法规制度日益完善。以中央秘书处材料科为例,1947年制定的《中央秘书处材料科工作条例》在短时期内持续修正为《中央秘书处材料科工作细则》(1948年、1949年),此外尚有《中央秘书处材料科发借党内文件条例》(对外用)(1948年),3年内不断

对材料科的整体工作规范予以修订,使材料科的档案管理更加科学化、系统化。

四是根据斗争形势发展,出台了新的文书档案法规制度。1948年5月党中央在西柏坡恢复了中共中央办公厅的建制,此时,战争态势已经明朗,建立新的既符合战时要求又适应和平环境的文书档案工作制度迫在眉睫。于是,以时任中央办公厅主任的杨尚昆亲自领导,由秘书处长曾三具体负责,对档案管理工作在以下三个方面加以进一步规范。

其一,建立健全档案归档制度。中央办公厅和中央秘书处从1948年6月后,相继发布了《关于中央各部委处理机密文件的制度》《中央办公厅关于承办和收发电报(文件)及归档程序》及《机要工作暂行条例》等,使文件、电报的归档制度逐步建立、健全。这些制度的核心内容都是关于文件集中归档移交的,要求中央所有机关在文件办理完毕后移交给本部门的文书档案机构,即各部门的秘书处,各部委则分别向中央秘书处和中央机要处移交处理完毕的文件与电报,强调发挥文件电报的作用。

其二,健全档案发借制度。1948年8月,发布了《中共中央秘书处发借文件办法》,这个文件强调各级秘书部门应进一步强化档案利用工作,要把"死"档案变成"活"材料。又举例说明了利用形式可以多样化,如按文件阅看权限的相关规定,在一定时期内向有关单位或个人发借档案阅读使用;再如只要有利用者需求,按规定可以无条件地提供利用者使用等,档案的利用率由此大大提高。

其三,制定档案销毁审批制度。中央办公厅于1948年7月制定了《关于中央各部委处理机密文件的制度》,要求任何档案的销毁事前都要先履行登记造册和领导审批手续,即使那些无须保存的或多余的普通事务性文件电报也应如此;档案销毁时,必须实行"监烧"制度,只有在"双人监烧"的情况下才准予销毁。不事先填写登记目录和没有相应领导的审批"不得滥烧文件"。显然,这与"无用文件尽可销毁"的建党早期规定相比,无疑有了巨大的进步。

其四,制定了指导档案接管接收的法规制度。其中最具影响力的是朱德、彭德怀联名发布的《惩处战犯命令》(1948 年 11 月)和毛泽东亲自起草的《中国人民解放军布告》(1949 年 4 月 25 日),这两个文件对新中国成立前旧政权档案的有效保护和顺利接管发挥了巨大的作用。

第二节 文书档案法规制度的主要内容

新民主主义革命时期中国共产党的文书档案法规制度,其内容既有原则性的要求,又有具体的规范,大致可概括为以下三方面。

一、有关文书档案工作的一般性规定

该时期有关文书处理与档案管理的一般性规定,有一些是党在各个不同历史时期建立的相关法规制度和有关方针政策与要求,还有一些是各根据地政权、各省区按照自身文书档案工作开展具体实践而建立起来的相应的文书档案法规制度。

其一,对有关文书档案工作加以综合规范的法规制度。如《文件处置办法》,其内容涉及文件整理分类、销毁、保存诸多环节,对于党的文件的安全保管与有效利用做了组织上与制度上的保障。

其二,有关文书档案机构设置、职能的一般性规定。党政军群各级组织都从本机构的实际出发,对本部门的机构组织及职能做出了相应的规定,其中包括文书档案机构,由此形成了一系列的制度规定。如《中共江苏省委秘书处组织条例》《中国共产主义青年团中央秘书处的组织及目前的工作》等。

其三,有关文书档案人员的相关规定。具体的文书处理与档案保管工作,原则上由秘书、技术书记、文书来担任。这一时期,对文书档案工作

者从选择条件、职能范围、工作任务、培养要求、基本待遇、奖惩措施等方面都有规定,如在《苏皖边区各行政区专员公署暂行组织条例》中,规定了秘书掌理的主要事项为撰拟、缮印、保存及收发文件、典守印信,编制统计及报告等。文书档案工作人员的工作性质决定他们能够掌握各方面的秘密,所以,对文书档案工作人员有严格的管理审查制度,特别是地下工作人员,如《敌占区情报工作条例》就对需要接触绝密的人员做出了许多细致的非常规性要求。

其四,对与文书档案相关的违法违规行为的惩处规定。中华苏维埃共和国中央执行委员会签发的《中华苏维埃共和国惩治反革命条例》(1934年4月8日)第十条规定:"凡以反革命为目的进行各种间谍行为,或传达盗窃收集各类重大秘密者,处死刑;因玩忽职务而无意识的泄漏各类重要秘密者,处1年至5年的监禁。"第十五条规定:叛变投敌并向敌方报告各种秘密者处死刑。第二十七条规定:"私刻公私印章文件以进行反革命活动者,处死刑。其情形较轻者,处6个月以上监禁。"

二、有关文件及文件处理的相关规定

这一时期,中国共产党在文件及其处理工作方面出台了一系列规定,以保障在革命斗争中党中央决策部署的上传下达及政令的顺畅推行。

一是颁行了许多新的文种和新的公文程式。这一时期,封建时代具有明显特权等级的公文被彻底废除,新公文和新的公文程式陆续颁行,最典型且改革最为深入的是陕甘宁边区。《陕甘宁边区新公文程式》中将新公文基本分为两大类:主要公文和辅助公文。同时确立了新的公文程式。对公文结构与布局、文字组织及字体、公文用纸、公文封套等都有较详细的规定。

二是规定了文书处理的基本程序与方法。这一时期,从文件起草至移交归档的所有文书拟写和处理的各个程序,都有相关的规定,其中对收文之处理和发文之处理都提出要求的《华北人民政府公文处理暂行办法（草案）》，在具体规定上更为细密。说明到解放战争时期，公文的处理规定已经相当详尽与规范了，而且从中不难看出，与今天的文件处理程序和方法相比，当时的规定已比较完善。

三、有关档案及档案管理的相关规定

这一时期有关档案管理的法规制度规定，几乎涉及档案管理的所有方面，按档案管理流程概括而言，包括以下内容：

一是关于档案接收与收集的规定。逐级上报是建党早期文件收集的最早的制度规定，也是最主要的形式，后来即使增加了新的要求，下级机关严格按规定报送文件仍是文件收集的重要手段。同时，强调上级机关下发的文件也要及时收集，并且主动征集的方式也较具常规化，如对红军各类档案加以征集就来自《中央军委关于征集红军历史材料的通知》等的相关规定。

二是关于文件整理分类的规定。对文件的整理分类在建党初期没有特定且严格的规定。抗战后中央秘书处材料科《中央秘书处材料科党务材料管理法（草）》出台后，对从中央到地方、从党内文件到政权和军队文件的整理分类做了细致的规定。而在分类上，还对不同载体的档案如照片档案，不同类别的档案如电报档案、干部档案和会计档案等的整理分类进行了分别的规定。

三是关于档案保管的规定。建党初期，档案保管没有固定的场所，只有专设的人员，一般保存在同志家中。中国共产党建立了自己的政权后，国统区和敌占区档案的保管大多也还是这种状况。而在根据地，由于有武装力量作为后盾，一部分利用较多的档案保存在相应的机构中，一部分出于安全考虑档案库房则不与机关设在一起，但均设专人保管。只是因条件尚不具备，相关设备、技术、手段极其简单，当然更谈不上达标的

问题。

四是关于档案利用的规定。该时期的档案利用主要集中于政务、军事两大方面,对档案的阅览、出借等规定,在《中央秘书处材料科借出条例》中有较充分的体现。此外,档案利用很重要的方面就是文件汇编,一方面是各类文件汇编成册,如《党的路线问题选集》《六大以来》等大批的文件汇编;一方面是机关刊物对各类文件的登载,如《中央通讯》就是中央秘书处专门汇编文件的党中央机关刊物。在特定时期中国共产党对此都有相关要求,文件汇编成为宣传革命的重要手段和工具,也成为重要的参考,在革命斗争过程中发挥着独特的作用。

五是关于文件、档案保密的规定。如何有效保护党的机密是中国共产党在当时的历史条件下头等重要的大事,因而相当一部分法规制度与保密有关。如《中共中央组织部保守党内秘密条例》《中央书记处关于秘密文件的检查与管理办法》等,就秘密工作和文件保管做了非常详尽的规定,其中主要是关于保密纪律、具体要求、应急措施等方面的规定。

六是关于档案鉴定的规定。该时期的档案鉴定工作被称为"清检",主要从档案文件的内容对其进行价值判断,文件重要程度和有用性是决定文件留存、销毁的基本原则,重要者保存,无用者销毁。相较于根据地,国统区往往不具备保留过多文件的条件,所以地下工作环境下一般要随时对文件进行鉴定。

第三节 文书档案法规制度的特点及成因

新民主主义革命时期,中国共产党文书档案工作在特定的历史条件下形成并逐渐发展,也给有关文书档案工作的相关法规与制度打上了深刻的时代烙印。

新民主主义革命时期中国共产党文书档案工作研究

一、文书档案法规制度的时代特点

（一）开创性与粗浅性的并存

中国共产党文书档案工作的建立，成为我国档案事业发展新的里程碑，这一时期，在文书档案工作方面制定并施行的一系列法规制度与举措，呈现出鲜明的时代特点。

第一，代表无产阶级的利益与愿望。新民主主义革命时期的文书档案法规制度，与历史上奴隶主阶级、地主阶级、农民阶级、资产阶级各种类型的只体现少数阶级的文书档案工作规范有着本质的区别，集中地反映了无产阶级反帝反封建的革命意志，反映了劳动大众的共同利益与愿望。

第二，以马克思列宁主义、毛泽东思想为法制建设根本的指导思想和原则。中国共产党人将马克思列宁主义的理论与方法同中国革命的具体实践相结合，并使之成为一切制度建设必须遵循的思想和原则。同时，作为法规制度的灵魂，党的纲领、路线、方针政策也成为制度建设的重要依据，从而在文书档案法规制度的制定与实施上，开辟了一个新的途径。

第三，融入了新的时代精神。这一时期，无论在形式还是内容上，中国共产党文书档案工作法规制度都充分体现了一切革命法律的特质和精髓——民主性与平等性，且民主、平等的观念始终贯穿于文书档案法规制度中。如在文件起草上，杜绝旧政权的所有繁文缛节，对于收受文件的机关与人员，在名称上不得体现出明显的尊卑有别等。

第四，探索自主的发展道路。由于中国共产党在文书档案法规制度创设上没有前人的成果可资借鉴，而新民主主义革命的目标又与以往任何历史时期的改革与革命不同，且源于西方的制度又难以为我所用，因而，文书档案法规制度建设走了一条独特的发展道路。

这一时期，中国共产党文书档案法规制度经历了从无到有的过程，中国共产党的文书档案工作及其相应的制度尚处于幼年期,加上长期处于战乱中,因而,无论从层次、结构、形式还是内容上,都体现出了一定的浅显性。

其一,文书档案立法与建制的层次不高。文书档案法规制度多表现为一些行政管理性质的法规、规章和政策,很多法规其实就是政策与行政本身,带有明显的政策性和行政性,如对机要人员政治地位和生活待遇方面的规定,实际上就是这一时期党的知识分子政策的具体体现。同时,相当一批制度也是行政或业务行为的结果与经验总结,而非制度建设,如各种工作总结报告等。

其二,没有形成文书档案法规制度体系。各种文书档案法规制度,基本都针对特定部门文书档案工作具体原则、要求、做法加以规定,相关内容除了大量散见于其他法规制度之外,即使较独立的规定也是零散的,文书档案法规制度之间没有形成相互联系的有机整体。

其三,结构形式上具有不完备性。无论从立法建制原则、具体条款、说明等组成的基本结构上,还是法规制度条文式的基本表现形式上考察,都不尽规范;如许多法规制度是以文件形式呈现的,甚至在行文表述上也存在缺陷。

其四,法规制度内容上的过于具体与单一。文书档案法规制度基本是就文书及文书处理、档案及档案保管中某一特定的环节提出要求,这一点从很多制度名称中就可见一斑,同时,法规制度大多没有考虑文书处理与档案保管各链条间的互动,缺少必要的统一性。

(二)原则性与灵活性的结合

新民主主义革命时期是决定中华民族生死存亡的关键时刻,因而,这一时期的文书档案工作肩负重任,其在宣传党的方针政策、动员广大群众投身革命实践、组织及领导革命工作中的作用难以比拟。为保证中国共

新民主主义革命时期中国共产党文书档案工作研究

产党革命斗争工作的有效开展并取得最终胜利,文书档案法规就势必要做出一些原则性的规定,并使其在文书档案工作中得到严格的遵循。

一是政治化原则。文书档案工作作为"党内机要工作总汇"的性质,决定了该时期文书档案立法与文书档案业务活动服务于党的中心工作和任务,要始终把政治放在首位,那么,"一切工作政治化"注定要成为文书档案立法的准绳。《中共中央给顺直省委的指示信——关于省委秘书处的工作》明确指示:"技术工作要政治化,要与党的整个任务联系起来。"进而说明"观念不正确的同志技术上虽有长处,则危险性仍然很大",强调档案人员的政治立场、态度比技术水平更重要,要求档案工作人员"要有政治生活的修养"。

二是集体化原则。新民主主义革命时期,上至中央、下至各级省委都将"工作集体化"这一思想作为工作路线落实在实际中,档案工作要"依靠大家提意见,大家想办法,必须深入工作,深入下层,必须建立集体领导"。中央秘书处在总结和制订工作计划时,把以往工作缺点之一概括为"不能在集体的组织之下分工,失去组织力量的推动",并进一步说明"应在集体的组织力量推动之下求得工作上的有计划的配合,经常的召集工作会议,求得工作上互相了解、帮助和批评,纠正彼此的缺点",集体化原则成为推动档案工作发展的重要动力。

三是科学化原则。文书档案工作作为一项业务性、实操性工作,必然有着自身特定的工作方法与标准,因此,在进行文书处理与档案管理过程中必须依实际情况有针对性地提出相应工作标准,简言之就是一切工作从实际出发,坚持"科学化"原则。当时,反复强调"改变零碎的应付的工作方式,应该有计划有系统有方法的工作,……使经常的工作都在有规律的进步当中"。曾三更在秘书处工作总结中阐明"仅保管是不行的,必须分类整理,专门研究"的观点,并要求对档案工作性质和任务进行学术探讨;中央办公厅秘书处的工作报告指示"加强工作人员的文化学习,提倡分科研究业务,从而提高工作效率"。可以说,这一时期中国共产党文书档案工作制度和方法尽管还比较简单,但对档案工作科学化的追求,却一直被视为档案立法的一项准则。

新民主主义革命时期,文书档案工作法规制度的建立除了遵循中国共产党有关原则性规定外,还因斗争环境与形势的转换表现出了极强的灵活性。具体表现为:

一是制定了一些非常规的要求。中共中央在早期文件撰写工作中,将重要机构以频繁更替的代码、暗号来指代,在1925年到1927年期间,中国共产党常常将中央代称为"张万和""李承宣""吴世荣";同时在一些比较重要的文件或信件当中,也使用代号和暗语,如决议案为"总校年鉴",政治报告称为"经学试卷",党员统计表称为"每月决算表"等。

二是不同情况分别对待。面对新民主主义革命时期艰难的斗争环境,深处国统区的革命同志,为了确保党内文件能够及时得到转移和利用,档案机构基本设置在地下工作者的家中,若面临千钧一发的紧急时刻,可将党的文书档案材料转交给可信赖的亲属或群众保管;在革命根据地,党的有关档案资料都交由秘书部门负责管理,并严令禁止非本机构人员在未经允许的情况下随意出入。

三是对文书档案法规内容进行适时的变化与调整。对于文件材料标准化的制定因实际情况而不断调整:在国共合作之时,中国共产党发文用纸尺寸统一为16开本,但在"四一二"反革命政变之后,因斗争环境的艰苦,文书用纸尺寸也相应变小,小条子也与文件具有同等的执行效力;抗日战争时期因日军和国民党的双重封锁,党内文书尺寸虽仍以16开本为规定,但其时公文往往多采用小条子、信件或者当面接头方式传送;直至1942年《华北人民政府公文处理暂行办法(草案)》中明确规定"反对我们往日的'小条条'办法"后,才在公文格式规范化方面进行了改革与统一,并做出细致化的相应规定。

四是对旧的制度不采取一律排斥的态度。若原有旧法律条文与革命整体方略无原则上的冲突,则不对相关内容做硬性规定,那么一些旧规定便可被保留下来。抗战后期,《陕甘宁边区新公文程式》颁行,边区政府在予新公文程式使用进行解释时,指出"就看具体情形,灵活运用",明确规定"对边区以外往来的公文,仍然应该采用旧公文程式",显然,这是国共合作联合抗日在文书工作中的具体体现。

(三)局部性与整体性的统一

新民主主义革命时期,革命性质和任务的同一性,使文书档案法规制度呈现出必要的整体性。

首先,制定文书档案工作法规制度的宗旨高度一致。中国共产党之所以开展新民主主义革命,就是要建立自由、平等、民主、富强的人民民主专政共和国,要实现这一革命目标,文书档案工作在新民主主义革命过程中必然要与中国共产党的奋斗目标保持高度的一致性,平等、自由、人权等理念,也就必然成为文书档案法规制定的首要出发点与归宿。这也是中国共产党文书档案工作不同于旧政权文书档案工作最显著的特点,也决定了文书档案法规制度相同的内在规定性。

其次,文书档案工作法规制度的实践基础具有一致性。秘书工作在《中共华东局秘书处工作综合报告》中被视为"不仅是承上启下的咽喉,联系各党委、各部门的枢纽,而且应该和军队的参谋处一样,是帮助党委进行政治斗争的助手,是党委实现领导的具体执行机构之一,因之它有机要性,有高度的政治原则性,也有丰富的业务内容"。显然,相同的文书档案工作定位和文书档案业务的具体情况,成为文书档案立法的客观依据。

再次,对于文书档案具体工作内容的规定大致相同。例如针对文书档案工作人员其工作职能的界定,上至中央下至地方,都依照《中央秘书处工作报告大纲》所规定。秘书职责范围内的主要工作:阅看文件、记录、整理及保管文件、收发登记等相关事宜。另外,在《陕甘宁边区政府组织条例》《晋察冀边区行政委员会组织条例》《苏皖边区各行政区专员公署暂行组织条例》中,几乎都统一将秘书工作职责划归为文件撰写、文件管理、印章保管及缮印、文件收发与登记、典守印信等。

整个新民主主义革命时期,无论中国共产党领导的中央级革命政权存在与否,都没有也不可能实现文书处理与档案保管的集中统一管理,文书档案工作制度和法令缺乏普适性,即不同区域、系统和部门文书档案工作的开展,适用不同的文书档案法规制度,这些法规制度从内容至施行都不具有广泛的、普遍的指导意义。

首先,这一时期中国共产党的文书档案工作,面对国统区和根据地两种截然不同的政治局势、分割交错的各种势力,必定要依实际情况分别开展工作,在两种不同的环境下,工作对象、任务及其方法、要求各有不同,因此,文书档案工作法规制度也在国统区和根据地之间有所区别。国统区的文书档案工作更侧重于安全保管问题,对当时文书档案工作影响巨大的《办法》,就是为应对国统区白色恐怖威胁下的文书保管问题而制定的。1940年中央发出了《关于应烧毁一切秘密文件给各办事处的指示》,在紧急情况下允许销毁一切机密文电,以避免因情报被敌所获而带来的损失;根据地有自己的武装力量作为后盾,有政权作为基础,则强调文书档案工作开展要围绕中心工作,充分发挥联系上下的枢纽作用和各项党政业务的助手作用。

其次,从地域划分来看,各革命根据地之间并无上下层级间的隶属划分,各根据地因其本身建立时长不一、管辖属地范围各异,因而相互独立。各根据地依照本区域现实情况及特点制定相应的文书档案管理条例及规范。如在档案机构设置上,从1926年四届三中全会中央决定成立秘书处开始,中央、各根据地、省委、县委各级党组织相继设立了秘书处主管文书档案工作,并就秘书处工作开展分别出台了一系列规定,《中央秘书处的

新民主主义革命时期中国共产党文书档案工作研究

组织及其工作任务》《中华全国总工会秘书处的工作任务》《中共江苏省委秘书处工作条例》等均属于此。

再次,就组织机构而言,也不可能制定从上至下统一适用的文书档案法规制度,许多文书档案法规大都出自某一具体部门,即使中央机关内部,如中央秘书处、中央军委及中央各部委的各项规定也基本出自本部门。如中央机关就有《中央秘书处关于机要材料之整理抄存及阅览办法》《中央书记处办公厅关于收集文件材料的通知》《中央革命军事委员会关于保持机密问题的训令》等。各根据地的文书档案法规更是分区域、部门制定与适用,如《晋冀鲁豫边区政府干部工作指示》《东北行政委员会关于保存公文的规定》《中共太行区党委关于抗战期间机要文件总清理的通知和指示》《陕甘宁边区盐务总局公文处理暂行办法》等。

(四)阶段性与连续性的沿传

文书档案的工作重心要与时下中国共产党革命中心任务、主要目标相一致,因而中国共产党文书档案工作法规制度具有显著的阶段性特点。

大革命时期,文书档案工作尚处于起步阶段,当时的一系列文件,如《中共中央职工委员会通告第一号——急需搜集职工运动材料》《中共中央关于发文要盖章编号的通知》《中共上海区委关于传观记录等方法》等,集中反映了中国共产党文书工作在其搜集、整理、保管、传递等具体事务性环节上急需确立相关规范的诉求。第二次国内革命战争时期,中国共产党文书档案工作基本上确立了由各级秘书部门承担的一般模式,因此,这一时期文书档案法规制度建设主要侧重于发挥秘书处工作在革命斗争中的作用这一方面。比较有代表性的如《中央秘书处的组织及其工作任务》《中共皖西北特委秘书处工作报告》等一系列制度规定,对于土地革命时期的秘书部门组织架构及其具体职能、人员选用、工作任务做出明确表述与规范。抗战时期,中国共产党文书档案工作有了进一步的发

第四章　新民主主义革命时期中国共产党文书档案工作法规制度建构

展,文书档案工作法规制度建设也随之愈发健全,并能依据抗战局势不断做出有针对性的调整与完善。抗日战争初期,中国共产党为争取更多可团结的民主人士、知识分子、抗日组织和民众,曾三次对敌友我档案进行公开大规模征集;抗日战争结束后,为迅速清理保存敌伪材料,晋察冀边区根据地相关秘书机构发布了《关于清理敌伪文献的公函(第1号)》与《关于妥善保存敌伪文献的公函》,对敌伪档案清理及留存范围做出明确规定。在解放战争时期的战略反攻阶段,为制止敌人对一切旧政权档案的肆意损毁,中国共产党将历史档案的保护作为该时期工作的重点。为此,1948年11月,朱德与彭德怀联名发布了《惩处战犯命令》,1949年4月,毛泽东起草并签署了《中国人民解放军布告》,在这两个重要的政策性法令中,告诫国民党军队、党部、国民政府和官僚资本企业人员,破坏档案严惩,保护档案有功。而《辽西行署关于收集敌伪政府、公私团体遗留之文卷档案及各种调查统计材料并妥为保管的通知》《中共胶东区党委关于收集与管理敌伪材料的通知》等,则成为新解放区收集与接管档案的制度保证。

与此同时,始终贯穿于各斗争阶段文书档案法规制度建设的主线,就是为实现新民主主义革命的奋斗目标服务,进而使各阶段的档案法规内容具有了连续性特点,这一特点集中体现在法规内容上。

一方面,法规内容逐趋系统。在部分文书档案法规,诸如《中央关于文件资料分类寄送的规定》《中共苏南区党委秘书处关于文件报刊呈送份数规定》等,还仍旧拘守于文件保管细枝末节的同时,一些较晚施行的法规,如《苏南行署各处局档案管理办法草案》《松江省政府秘书处各项工作制度办事细则》等,已经从核心入手对文书档案工作实际管理工作中的要点做出明确规范,改变以往档案法规制度实际内容有些单薄的局面。与上述问题相适应,文书档案法规也从只眷注档案文件保管的某个或某几个方面,发展到着意于各环节之间的相互关联;1941年至1949年,《中

新民主主义革命时期中国共产党文书档案工作研究

央秘书处材料科党务材料管理法(草)》《中央秘书处材料科工作条例》《中央秘书处材料科工作细则》三个衔接有序的法规,从接收、分类、编制目录,扩展到包含保管、发行与出借、整编与研究、焚毁等众多方面,使法律规范的综合、协调性初步得以显现。

另一方面,法规内容日渐深化。文书档案人员选拔无疑是文书档案法规制度的重要内容之一,本书以此为例,分析各个不同阶段同一法律规定之间的因袭与变革。《中央秘书处工作报告大纲》(1929年)将选用人员的入党年限、政治信仰、工作经历、社会关系、心理素质等列为秘书机构甄选人员的条件与要求;1944年,中共中央明确规定了秘书部门机要人员的遴选标准为"不畏艰苦的首创精神""高效率的工作效力""积极进取的学习态度";1948年中共中央在《关于中央各部委处理机密文件的制度》附录内,对秘书机要人员选任提出要"有初中文化水准者"的规定。上述一系列规定实际上反映出中国共产党对于文书档案工作者的从业要求,由单纯的对信仰、观念方面的政治素质与表现考察,逐步转向工作水平、业务能力同政治思想结合。对文书档案从业者准入要求的转变,一定程度上肯定了过往职业要求的可行性,同时又做到了与时俱进,对文书档案工作者选择标准不断进行补充、修正,从而使文书档案法规制度在整个建设过程中能够保持继承性、连续性与渐进性发展的良好态势。

二、文书档案法规制度特点的动因

新民主主义革命时期,中国共产党文书档案法规制度的特点,是那个特定时期社会环境、主客观因素相互作用、相互影响的必然结果。

(一)政治原因

由于政治性是文书档案工作其自身属性的内在规定,因而其必然与国家政治紧密结合,政治性成为新民主主义革命时期文书档案法规制度特点的首要动因。

1921年中国共产党的成立,翻开了中国历史崭新的一页。由中国共产党所领导的新民主主义革命的核心任务就是:对外摆脱帝国主义压迫,求得民族独立,对内推翻封建地主阶级和官僚资产阶级压迫,求得人民解放。作为以马克思列宁主义为行动指南、以实现共产主义为目的的统一政党,中国共产党的纲领及奋斗目标非常明确,由此注定这一时期文书档案法规制度所代表的必然是无产阶级与广大劳动群众的意志与利益。因而,同以往任何历史时期相比,档案法规制度性质与以往迥然有别,发生了根本性的转变。它以其深刻的历史经验告诉我们:中国共产党在领导人民进行革命的历程中所形成的法律观和在此观点指导下的文书档案法规制度建设,是一种完全新型的法律观及制度,它是在打碎旧法律观、旧法律制度的基础上形成的,它的根本任务是保护工农及广大劳动人民群众的利益,是人民群众意志的集中体现。然而,整个新民主主义革命时期不过短短的30年,中国共产党文书档案工作起步晚、起点低,又难于借鉴有益的经验;因此,导致这一时期文书档案法规制度带有开创性与粗浅性并存的特点。

这一时期,中国共产党不仅确立了马克思列宁主义为中国共产党的指导思想,又创造性地把马克思列宁主义同中国革命的具体实践相结合,中国共产党在大革命失败后及时总结经验教训,明确了中国革命必须要走农村包围城市、武装夺取政权的道路。中国共产党人本着实事求是、反对主观主义、反对教条主义的原则,对马克思列宁主义的基本理论与方法加以灵活掌握与运用,在中国革命进程中,对不同地区、不同情况以不同斗争策略与形式区别对待,使原则性与灵活性的结合成为这一时期斗争的重要特点之一。那么,服从服务于党的中心工作的文书档案工作及其法规制度,也自然具有相同的特点。只是这一特点在文书档案工作业务流程中,其呈现形式更具体、更为灵活多变。

新民主主义革命时期中国共产党文书档案工作研究

革命斗争的实际需要,决定了新民主主义时期中国共产党文书档案工作在国统区与根据地分别进行,因此,文书档案工作必须做到审时度势,依不同环境分两种路径展开具体工作。这样,无论是文书档案工作的主要任务,还是与文书档案工作有关的机构设置与人员调配,具体的文件处理方法与档案保管要求都有所不同。即便同在国统区及革命根据地,同一环境下不同地域的革命活动内容与形式也不尽相同,文书档案工作也自然要进行必要的调适。但对任何地区、部门和单位而言,新民主主义革命的根本任务、目标是完全一致的。故此,局部性与整体性相统一成为文书档案法规制度的又一重要特点。

中国共产党的文书档案工作是在中国共产党领导下,由一批忠实于党的文书档案工作的同志历尽艰难困苦、前赴后继建立并发展起来的。文书档案工作一直伴随着中国革命曲折而波澜壮阔的历程,其形成和发展也始终是围绕中国革命的中心任务,或在不同阶段的中心任务,服从和服务于革命事业需要的。所以,中国共产党在新民主主义革命时期各阶段中心工作的转换,要求文书档案法规制度建设必须做出适当的调整,要直接与武装斗争、根据地建设、经济建设与社会改造紧密结合在一起。与此同时,中国共产党文书档案法规制度建设更要始终围绕着党在这一时期的根本任务来进行,从而使这一时期中国共产党文书档案法规呈现出阶段性与连续性相统一的特点。

中国共产党创建时,文书档案工作及其相应管理制度的建设刚刚起步,且长期处于战争条件下,尤其是确立由农村包围城市的战略总方针后,其工作的主要力量集中于偏僻地区,环境恶劣、交通不便、地区分散。因此我们也必须承认,由于文书档案法规制度是在中国革命的特殊背景下产生的,尚未达到一个自觉的高度,也没有进行深刻的分析与研讨,更不能说那个时代中国共产党已有了系统的文书档案法制理论。故此,致使整个民主革命时期尤其在抗日战争之前,文书档案法规带有了显而易见的粗糙性和浅显性。

(二)经济原因

经济是法制的源泉和诞生地,法制建构于一定的经济基础之上,并为一定的经济基础服务。作为上层建筑的有机组成部分之一,文书档案法规制度特点是其时经济发展的必然反映。

中国共产党在新民主主义革命时期的三大经济纲领萌芽于建党时期,基本完成于第二次国内革命战争时期至抗战时期,正式形成于解放战争时期。毛泽东对三大经济纲领做出如下归纳:一是要从根本对土地所有权进行再划分,没收封建阶级的土地归农民所有;二是对以蒋宋孔陈为首的资本阵营所拥有的资本予以没收,收归新民主主义的国家所有;三是保护民族工商业。无论从哪个角度理解,这三大经济纲领都是反帝反封建的,都是对阻碍生产力发展的封建生产关系进行的彻底变革。中国共产党在新民主主义革命时期所制定的一系列经济纲领与经济政策,都是以最底层普通民众需求为出发点,维护和体现最广大人民的根本利益与诉求的。因此,建立于此种经济基础之上的上层建筑——法规制度,包括档案法规制度,其阶级本质与性质,出现了前所未有的根本性变革。

土地问题历来是作为农业国的中国社会的一项基本问题,中国共产党在创立革命根据地的同时,就开展了土地革命。变革封建土地制度,既是我国新民主主义革命的一项基本任务,也是一项根本经济政策。那么,满足广大农民对土地的迫切要求,实行土地制度改革,是中国共产党一以贯之的工作重点和中心。不同革命斗争环境下,为适应时局需求,中国共产党在不同的斗争阶段、面临不同的工作任务,对其所制定的土地纲领与经济政策不断进行有针对性的调适,使文书档案法规也呈现阶段性与连续性并存的特点。发展经济,改善人民生活,为革命斗争奠定了坚实的基础,也为文书档案法规制度建设开辟了新的领域。

新民主主义革命时期中国共产党文书档案工作研究

在国统区与根据地两条战线开展的中国共产党文书档案工作,因地区与面临的形势各异,也有较大的区别。在国统区从事地下斗争的党的各级组织及成员,其活动经费主要不是来自生产经营领域,因而,与经济相关的内容很少在文书档案法规中得到体现。但是在根据地,从各级苏维埃政权、抗日革命根据地、各解放区,中国共产党领导并发动民众,开展了轰轰烈烈的土地改革运动,打土豪、分田地,维护农民土地所有权,彻底将农民从过去地主阶级的剥削、压榨和沉重的苛捐杂税中解救出来,使革命根据地的农业生产活动发生巨大改变。为了解决根据地经济落后给革命斗争带来的消极影响,又在根据地广泛开展生产自救运动,特有的根据地经济应运而生。那么,就自然产生了与之相适应的文书档案及其管理制度。如陕甘宁边区政府建设厅就经济建设、生产运动、合作社、农业、畜牧、林业、交通、工业、纺织、运盐、水利等方面出台了各种规程、规则、办法等,这些规定其中也包含不同生产部门秘书机构的工作组织与开展的内容,因此,经济因素导致了文书档案法规具有局部性特点。

(三)思想观念原因

新民主主义革命时期,以马克思列宁主义为指导思想的中国共产党在革命根据地不仅进行了军事斗争与经济建设,也进行了思想解放运动,特别是对广大农民进行了国民性改造,取得了巨大的成效。农民的阶级意识、主人翁意识、创新意识、政治参与意识的觉醒,以及农村社会陈规陋习的革除,使农村与农民的精神面貌发生了天翻地覆的变化。而文书档案工作及其法规制度,其建立的思想基础必然是马克思列宁主义,彼时的文书档案也必然是社会实践的记录与反映。从这个意义上讲,该时期中国共产党文书档案法规制度在宏观的、思想观念层面上,也发生了不同以往的转变。

中国共产党成立后,始终坚持民主、科学、平等的思想,体现了以广大群众利益为转移的人民性,以及不分阶级、民族、地位,在法律面前人人平等的公正性。那么,文书档案法规制度也必然要对新思想新观念做出回应,民主、科学、平等的原则与精神,贯穿、体现于文书档案法规制度内容与形式等各个方面:如都明确规定文书档案人员在行文过程中必须使用白话文,语言表述要通俗明了、简洁易懂。人身依附与等级特权都被彻底废除,中国共产党以民为本、为民谋利、全心全意为人民服务的思想,在文书档案法规制度中得到了充分的展现。与此相适应,正是由于遵循了党在各个阶段制定的路线方针政策,遵信了先进的立法思想,在文书档案法规制度建设上,中国共产党才逐步探索出了一条适合革命斗争与建设的独立自主的发展道路。

总而言之,新民主主义革命时期中国共产党的文书档案法规制度内容涉及文书处理与档案管理的各个方面,其发展反映了由简到繁、逐步发展完善的渐进性,反映了着眼于解决存在的突出问题的针对性,即使有些规定不甚科学、系统,但比较灵活、实用、有效。

第五章　新民主主义革命时期文件与文件处理工作

作为组织社会实践运行的基本工具,文件及其处理构成了组织的神经中枢。文件的体式,文件制发、收受、承办及整理归档的规范性,为一系列相应实践活动的开展提供了统一的模式范本,以保障信息传播的准确及时,从而推动组织管理的有序与高效。新民主主义革命时期,中国共产党已经初步建立起了文件及其处理工作一般性的方法与程序。

第一节　文件的种类与体式

一、文件的种类

不同的文件根据其性质及作用领域的不同可归属于不同的种类,依据种类所设定的特定名称即为文种,如决议、公报、纪要等。

新民主主义革命是广泛涉及政治斗争、军事斗争、经济建设、文化建设与社会生活等诸领域的一场深刻的社会革命,进而产生了数量众多、种类与形式丰富多样的各类文件。这一时期文件形成、文种选择、使用要求及相应的处理规定等,主要以中国共产党机关和根据地政府两大系统为主,军队文件的使用与党政系统的并无二致,并且鲜少对文件及其相关事项做出专门规定。现根据《中共中央文件选集》《晋察冀边区改革公文程式的理论与实际》《陕甘宁边区新公文程式》《华北人民政府公文处理暂行办法》等历史文件汇编和当时的文件工作制度,对文件的名称种类按两大系统加以归纳分析。该时期党的组织和根据地政权通常使用的文件种类分列如下,见表5-1、表5-2。①

表5-1 中国共产党机关使用文件名称种类统计表*

序号	类别	文种
1	政治主张类	纲领(章程)
		[政纲]
		[主张]
2	会议议决类	[议决案]
		决议
		决定
		开会纪要
3	工作指挥类	指示
		意见
		[工作指南(指导原则)]
		对策
4	信函类	信
		书
		告书(告……书)
		指示信
		函(公函)
5	陈情类	报告[情报]
		简报[概略]

---

① 胡明波:《建国前中国共产党文书工作的现代化进程研究》,博士学位论文,南京师范大学,2014年,第79~85页。

续表

序号	类别	文种
6	宣告类	宣言
		声明
		布告
		公报
7	告知类	通告
		通知
		通报
8	工作安排总结类	部署
		大纲
		提纲
		计划
		要点
		纲要
		总结
9	请示批复类	请示
		请示报告
		复示
		批示
		批复
10	讲演类	讲演（演说、讲话）
		结论（会议总结）
		祝词
		开幕词
		闭幕词
11	命令类	训令
		命令
		令
		指令

续表

序号	类别	文种
12	建言类	建议
		提议
		意见(意见书)
		说帖
13	电报类	电(电报)
		通电
		指示电
		贺电
		唁电
14	外事类	备忘录
		说帖
总计	14 类	57 种

*注:[ ]符号中的文种为后来不再使用的文种。

表5-2 根据地政权系统使用文件名称种类统计表

序号	行文关系	文种		
		苏维埃政府	边区政府	解放区政府
1	下行文（上级对下级）	命令、指令、指示、决定	指示信、复及函、令、批、命令、批答、布告	令、训令、指令、指示、决定、状、批复
2	上行文（下级对上级）	报告书	报告、请示、呈文	呈
3	平行文	信、电	公函、通知、	函
4	公开宣布	布告、通告、壁报、宣告、通电		布告、通知、通报(或通告)
5	通用（下、上、平）		快邮代电、签条	
总计	5 类	12 种	14 种	12 种

新民主主义革命时期中国共产党文书档案工作研究

从表中统计不难看出,党组织系统与根据地政权系统在整个新民主主义革命时期,先后使用的文件多达14类60余种,而且对文种及使用已经有了一定程度的认识。

一是对文件及作用的认识不断深化。从文件种类数量看,呈逐渐简化之趋势;从文种分工看,党对不同文件的功能有了较明晰的理解,如根据地政权系统文件从按行文方向划分到对每个文种逐条予以说明,显示出在选择与运用不同文件处理具体事务方面的相对成熟。

二是从建党初期开始形成文件,文件的名称随着党工作的进展而变化,文件的种类随着革命形势和工作的发展而逐渐增多。这一时期虽对文件名称种类没有严格统一的划定,但总体而言党政机关在文种使用上多是互通互用的。

三是与先后使用近代文种并连续继替的南京临时政府、北洋政府和国民政府相比较,中国共产党的文件名称种类相当丰富,少数为继承前代的,如令、训令、呈、状、报告、布告、宣言、备忘录、说帖等,绝大多数是创设的新文种,这是随着革命工作的开展与深入,中国共产党在公文使用上不断改革的必然结果。

四是中国共产党在公文使用过程中,针对实际情况,不断对现有文种进行调整,上述大多数文种被保留下来,其中也不乏少量的新增与淘汰。如最早的"议决案""政纲"后被"决议""纲领"取代,工作指南(工作原则)、主张、情报、概略都不再使用。

此外,除了具有名称的正规文件外,尚有大量的各类统计表,如党、团组织及人员统计表、机构组织系统表、文件材料统计表、工作调查统计表、收发文件统计表、推销刊物统计表、缴纳党费统计表等。这些统计表是中国共产党领导革命斗争过程中的必然产物,少数统计表本身就是文件的有机组成部分之一,大多数则成为文件或事务有力的佐证和补充,其最明显的优长是来源清楚、数字详细、一目了然、使用方便,在实际工作中起着独特的作用,而且统计表的形成及保管也是文件系统化的反映。

二、文件的体式

文件体式又称公文程式和公文格式,是指文件的内容按有关的规格置排起来的整体结构形式,主要包括载体规格、形式布局和结构程式。新民主主义革命时期,中国共产党的文件从产生之日起,其文种与体式就有了不同以往的新变化。

(一)有关行文的原则性规定

1. 行文之准则

党中央成立初期对机关内部行文规范提出了新的要求,强调行文内容必须以生活事实为准则。1927年7月《中国共产党加入第三国际决议案》中明确要求,中共中央下属各级机关在发布文件、报道之时要注重"工人、农民和士兵"的接受度,不要套用俗烂的公文格式,要遵从事实依据编撰文件内容。彻底摒除一切旧政权时期的行文规范,以完成"革命职务"为行文出发点,是该时期中国共产党文件的一个明显特征。

2. 有关行文内容的三点要求

为了使党组织内外发文布告符合政治建设的现实需要,中共中央执行委员会在革命伊始就根据形势与政策要求,对各机构行文规范从政治要求、技术规范和机密保护等多方面提出指导性意见,为党中央领导下的文书档案工作的有序展开及制度化建设提供了有益支撑。

首先,需严格遵照中共中央政策来规范行文书写内容。1923年6月中共三大会议上颁布了《中国共产党第一次修正章程》,提出:当地方性政府执行委员会所确立的执行决议或所颁布的规章、制度、章程与中共中央主流宗旨及政治纲领存在异议之时,党中央执行委员会有权责令其整改。明确表示了各级组织机构所发表的任何言论及文书资料不得与宏观

新民主主义革命时期中国共产党文书档案工作研究

政策相抵触。正因为如此,在1926年以前,中国共产党在党组织机构内部的文件起草准备工作大多由秘书和负责人承担,以最大限度地把握好整体行文政策走向,这是当时秘书工作制度的突出特点。

其次,文字撰写必须具有条理性。建党初期文件的文字都较为简洁,这是因文件主要以"信件"的形式在邮局流转,所以文书内容大多控制在几十字或几百字,如1923年10月公布的《中共中央通告第19号》文件内容只有百字。但部分地方机构文件则有叙事内容不明晰、不具体的现象存在,以致在1924年11月1日发布的《中共中央通告第21号》中明确提出批评:因地方机构行文内容不成体系,过于追求简略致使内容表达常有偏颇,使整体性工作未能实现明显进步。因此,条理性、系统性、明确性的行文是党内行文规范必须严格遵守的准则。

再次,文件报告内容要准确无误。第一次国内革命战争期间,文件行文多以下级报请上级机构的请示为主,因而其行文内容不允许出现内容空洞、表达不明确的问题。因此,在1925年12月27日《中共中央职工委员会通告第一号》中明确要求,各级各地方机构上报给上级领导人员的文件内容必须真实准确,以"实际情况"为依据。党中央执行委员会依照各地方上呈资料进行决策部署,若内容失真必然导致决策失误,致使中央与地方出现"隔膜"。

(二)书写文件的要求

中国共产党从第一次国内革命战争时期就习惯把与文件相关的活动称为"技术工作",而文件形成例如文件书写、文件布局等均被视作一项专门技术。因此,建党初期就对文件行文规范及书写提出了严格的要求。

1. 文件语言方面

书写文件要使用白话文。建党后,党内外行文使用白话文几乎是约定俗成的。中国共产党所颁发的首个政治纲领、首项决议、首个公告及指示都以白话文行文。1925年10月中国共产党在《关于宣传问题决议案》中指出：党内行文及对外宣传,必须使用简单易于理解的文字,只要能充分让人民群众接受并理解,使用方言土语也不为过。我们的目的是使党中央的决策、方针、政治纲领充分地让广大人民群众去理解、接纳及吸收。这也是我们党的文件与一切旧政权的文件完全不相同的一种特征。当然,党的早期文件中也难免有文言文的痕迹,这一方面反映了特定的时代背景与特点,另一方面也说明由使用文言文到完全使用白话文需要有一定的过渡时间。

2. 辅助文字记录语言的符号

书写文件要使用标点符号。中国的旧公文在书面上从不使用标明句读和语气的符号,基本上是"一圈到底",中国共产党的行文改变了"一圈到底"的旧习惯。第一次国内革命战争时期,中国共产党各级组织的文件大部分有标点符号,其中使用标点符号最多的是正式铅印和油印的文件。1923年《唐山团组织状况》一文中曾出现了一些标点。而《团中央通告第92号》和《中共中央职工委员会通告第一号》等文件则更是因为使用了十余种现代标点符号而面目一新。建党早期一些地方性文件未用标点,到第二次国内革命战争时期后,标点的使用已经非常普及了。

3. 文件载体与规格

整个新民主主义革命时期,书写文件基本都使用纸张,而其质量主要取决于不同的地区与环境,也与机构的级别和重要程度相关。在国共合作时期,书写材料的纸张质量是比较好的,多数文件用油光纸、道林纸,一部分文件用美浓纸、打字纸,还有一些文件用毛边纸,一些出版物多用凸版纸和胶版纸。密写文件多使用当时普遍制作的毛边纸、道林纸、油光纸等。此外,密写文件还有写在适合随身携带的衣服里子布上、木质或其他物品上的。书写材料以墨汁和用毛笔书写为最多,钢笔蓝墨水书写得也不少。因处于秘密环境,地方上报的一些机密性较大的文件多用复写纸复写,中央下发的文件以刻蜡版油印的最多。一些党中央领导人多使用宣纸起草文件,毛泽东就多用宣纸书写文件底稿和诗文。采用的书写材料不同,文件材料的寿命也不一样。比如,1923年毛泽东用毛笔起草的中央指示信,字迹清晰,至今保存完好无损。而1927年瞿秋白用钢笔写的一份重要文件,如今字迹稍有褪色。当时一些地方用复写纸复写的文件或文件目录,现在有许多字迹已模糊不清了。同时,注意用纸与使用环境保持一致,即文件书写要使用当地生产的纸张,以免引人注意和怀疑。此外,特殊情况下,文件密写在白衬衫里子上的情况也较多,或非绝密文件书写于适合随身携带的木质等其他器物上。

文件的纸张大小因时因地有别。在中国共产党成立初期和第一次国共合作期间,党组织的文件以16开纸为最多,油印小册子以32开纸为最多。1927年"四一二"反革命政变后,中国共产党各级组织机构已转入秘密状态,中国共产主义青年团甚至总工会等群众团体也很难公开活动。在这种情况下,为便于文件材料的传递和秘密收藏,中央和群众团体的宣传发行物更加小型化且便于携带,如1927年6月1日《中央政治局会议议决案》被加印为64开大小的小册子秘密分发出去。在秘密斗争环境和战争年代,书写文件的纸张规格遵循利于携带、文件材料所占用物理空间尽可能小的原则;如有些文书处理部门为尽可能减少文件体积,将10开纸文件誊写于32开纸上并将纸张四周留白部分裁掉,便于隐藏、容易携带。抗战时期,作战部队的文件基本长为21"生的"("生的"即厘米,为Centimetre的音译),宽14"生的",相当于32开纸。解放战争后,由于形势的变化,纸张无须缩小,如1949年华北人民政府规定文件每页纸长25"生的",宽18"生的",上下左右空边约1.5"生的",大致相当于现在A4纸的大小。

4. 文件的格式要求

这一时期在文件格式方面有较大的变化,文件格式从竖行写作变为横行写作。第一次国内革命战争时期,少部分文件采用横行书写;至土地革命战争时期后,横行书写的文件有所增多;直至中华人民共和国成立前,竖行书写文件的现象依然存在,如1949年2月华北人民政府对文件书写的要求是"公文一律采用自右而左直行竖写形式"。但《中共中央关于文件抄写标准的通知》(1948年7月11日)中要求中央各部委凡抄送书记处的各种文件,一律要求横写。由于横行书写更容易,阅读也方便,所以,文件书写形式从竖行至横行,是书写方式和阅读方式的一大变革。

文件格式仍基本分为文头、正文和落款三部分,但还是有些新的变化。其一,文件一般应有标题或副标题。标题是对文件主要内容的概括和揭示,有助于提高办文和办事效率。建党初期的文件就有了比较正规的文件标题,有些文件在主标题下还有副标题,这样,标题直接将发文机关、事由及文种完整地反映出来,便于参照执行,也便于分类管理。但早期还有部分文件只有通告、宣言、议决案、报告等名称,有些信件甚至既没有标题也没有名称。后收文机关进行登记整理时,对这些无标题或只有名称的文件都给加上了合乎要求的标题。比如,1925年12月28日王一飞给刘伯坚等人的信,原来没有标题,整理后的文件题名为《王一飞给庆云、伯坚、人达诸同志信》。其二,文件的开头与结尾,都要写明发文者与受文者。后来,文件格式非常严谨,必须要在文件首页标明文件名称、题目、内容摘要和接收人,文件结尾处附上发文机构公章并明确主送机构和抄送机构。

文件分段落书写。党内文件无论竖写还是横写,都要求分段落,另起一段时要空 1~2 格。分段落使文件结构更加规整,内容层次更加清楚分明,便于文件的阅读和使用。

5. 书写文件使用代号和暗语

建党初期文件内容都很简略,很大一部分都使用代号与暗语。1923年中国共产党成立初期为维护党内机密安全,在确立秘书制度之时建立了一个文件名称代号表,可惜此文件失传了。但从现存文件看,还是有规律可循的:文件抬头称谓多为"兄弟"或"同学",内容多采用教学的模式加以描述,并在落款处以化名结尾,这也是中国共产党机密文件尤其是地下斗争环境下行文的一个特点。

使用代号、化名用以称谓发文者和收文者是比较普遍的。"中局""钟英""大校""大兄""张万和""李承宣""C.P"等,实际上都是1923年至1926年中共中央执行委员会发文件时使用的代号。如党中央于1926年2月4日曾以《钟英致莫弟信》为名致信中共莫斯科党组织,中央组织部也曾以"钟祖之"代称,中国共产主义青年团以"刘洪顺""中校""青哥""C.Y"等化名称之。地方机关也有许多代号,中共湖南区执委会就曾经使用过"石渠兄""赵福全"等,中共上海区执委会使用的代号更多,有"朱绅""枢蔚"等。这些称谓虽是出于保密工作的需要,但也从侧面体现出中共机构内部亲如兄弟的密切关系。

文件使用代号和暗语。有的文件内容和名称用语上也使用了一些代号、代称和暗语,一般暗语均为事先约定的。"总校年鉴"指代决议案,"经学试卷"指代政治报告,"中学生"指代通告,"每月决算表"指代党员统计表;刊物《向导》称为"大学读本",党刊称为"校刊";被捕称为"得病",入狱称为"入院",叛变称为"潜逃";等等。为了避免长期使用同一代号和暗语被敌人破解,组织机构行文的代号需及时更改变化,并及时传达给相关往来机构以确保文件内容传送不会出现偏差。同时,还有一些暗语具有特定的指定性,如以"民校"指代国民党,"胡师常"指代国民党上海市党部。

(三)文件的密写技术

党中央及其下属各级党组织及相关革命群众团体,书写政治性文件多用密写技术,事务性文件多用平信形式交往。为了适用和安全,依据

1928年12月《中共中央给各省委的通知——关于文书工作的技术问题》等文件规定,各地文件密写技术要求如下:

首先,研制秘密书写特用药水。各个省区都分别制有甲级和乙级两种药水,由各省秘书部门与中央秘书处统一配制,并规定具体使用细节及方法,如不遵从将无法发挥药水作用,书写字迹便不能清晰显现。各省委秘书处如使用新的药水,要将改变的措施、新的方法及时告知中央。在特殊情况下有使用碘酒、米汤、牛奶汁等书写的文件,尤其是一些绝密文件。

其次,文件密洗的说明。对于采用密写方法书写的文件要加附一张发票,并注明书写所用药水及印洗过程中所用药物,文件接收人在接收密写文件时要先看发票上是否注明相关印洗药水。此外,若文件中附有"……"或"000"字样的符号,即表示以此符号替代常规发票所标注的印洗方式。同时,部分密写文件有时将暗语附在平信的背面,因而在信件接收之时要事先明确文件是否具有保密性质。若文件或信封上平白多出一个以"木"或"山"为偏旁部首的文字内容,则表明该信函为密函。

再次,与密写文件相关的注意事项。一是密写文件携带方式问题。党中央机要部门反复强调密写文件不要放入口袋中,因为使用特殊药水书写的文件材料一旦放入贴身衣物内将会因汗液浸润而产生化学变化,造成字迹消失。二是确保技术安全。如若各级秘书部门收到用特制药水书写的文件,为确保党的机密不被敌对势力发现,在收文之后要立即将密件即洗即誊,且处理完毕后及时将文件销毁。三是各级机要部门可遵照中央特制药水制作流程自行采购原料配制,但要注意防备,以免被敌人查获。配制材料切不可在同一地点购买,密写与密洗的地点也要分开。四是各机构要对收件人的相关信息诸如联系地址、姓名、联系暗语、对接暗号等及时事先沟通交接,收件人也要在接收文件之时根据来文名称、内容、编号、密写药水类别等辨别文件真伪,发现问题应采取相关措施。

（四）文件资料的伪装技术

中国共产党进行秘密斗争中尤为特殊的一项工作就是对档案文件的伪装。因为党内文件及资料必须经过及时流转、传递才能发挥文件应有效用，为确保党内机密的绝对安全，党内文件、资料在流转及传递过程中都要经过一系列多样化的加工和伪装。

文件资料微型化。微型化指将党的决议、布告、指示等重要资料运用相关技术进行加工，或者以二次誊写的形式加工，即将五百字左右的文件内容以极小的字迹誊写于二寸或三寸的纸张，并卷为细管形状以便于送件员携带传送文件。中国共产主义青年团中央的《秘密工作须知》（1930年）中曾详细记载，当时地方组织机构将相关文件以易于折叠的薄纸书写，折至二三分宽，四五层厚度，并卷成细卷藏于隐蔽物品中，或是器具及人身上，让文件更安全。

文件资料内容的暗示。此类暗示不同于我们所熟知的暗语，后者常常是我方机构或相关人员为防止敌对势力监视或侦察到我方机密资料而使用的一种替代语言，常以双方事先已约定的商业用语或来往家庭书信的形式传达，收信人通过特定用语即可明白文章意图。仍据团中央《秘密工作须知》所载，红军某部委向白区有关机构传递的信件中多次使用暗示，其中的"兄""弟"分别指发文机构和收文机构，"生意"暗指战争胜利，"马铃薯"则指代手榴弹和炮弹，"黄豆"则对应各类枪械子弹，以诸类指代用语来暗指地方部委要尽快将相关战略物资运送至苏区。

文件资料的伪装，主要指在文件传送、流转过程中采用一种稳妥、安全的方式加以掩护。1928年至1935年间多次运用这种方式：如1928年按党中央要求，将在莫斯科召开的中共六大会议记录及相关决策草案以言情小说《国色天香》作为名称加以掩饰，经由苏联秘密传回国内；又如在1929年，以《国术教范》作为封面以替代中央秘书处出版的《秘书处通信》期刊,以《国文课本》《体育旬刊》等为封面替代中共顺直省委出版的《北方红旗》等政治期刊。此外,还采用商业性文字替代相关文件内容,以商业广告、画报、书刊等多种形式为文件做伪装,以确保党的文件安全。

文件资料隐藏法。写在刊物和书本上的文件,最好选择在双叠面的内里进行书写,受到敌人检查时不容易被发现,相对比较稳妥。另外对于密写技术不太熟悉的地方机关,可以用毛笔或钢笔将信息写于双叠纸中进行常规装订,既便于传递,又比较安全。

三、文件种类及体式的特点

从上述具体内容中不难看出,中国共产党成立后使用的文件,从文种的增加、白话文与标点符号的使用、文件结构形式至行文风格的改变等诸多方面,都呈现出不同以往的、全新的、全方位的巨大变化,即使有对旧公文的部分承袭,也是有所改易。因此,新民主主义革命时期,中国共产党在文种及文书体式上进行的改革与创新,并不仅是誊注文件外在形式上的变换,更体现了中国共产党在文种及文件体式上的新创造,从而初步完成了文件体式的现代化转型。

(一)平等化

由于中国共产党及其所建立的政权与旧政权有着本质的区别,因此与旧公文相比,中国共产党的文件中融入了许多新的成分,其核心就是在公文用语、形式及使用上,彻底废除了反映封建等级尊卑的内容。如文件中对长官可直称官衔,不得称"钧座",对机关不得称"钧府""敝局"等。

(二)大众化

中国共产党的根本宗旨就是为人民服务,作为公文处理的工具,中国共产党在文件使用上的一个基本准则,就是要贴近民众、服务于民众,尤其是动员、宣传大众来参与我们的政治生活,那么,就要给大众一个了解党的方针政策、发表意见的工具,就要给大众一个投身革命的武器。用白话文书写,用标点符号标注,以段落方式展开,以横写形式呈现,并以法律形式确立了其地位的新式文件,就是为了易于大众明白、理解和运用。如长期担任井冈山前委机要秘书的贺子珍在回忆录中说:"毛泽东起草文件特别谨慎,每写出一部分,就要征求大家的意见,时常还念给老乡听,然后根据大家的意见修改。"这充分反映了无产阶级政党在公文使用上对社会化与人民性的不懈追求。

(三)高效性

作为上传下达党的方针政策指示的媒介、各机关组织管理的工具,文件在党政军各系统广泛应用。而文种类型的多样、语言的平民化、标点符号的运用、段落的划分等,使该时期文件与旧公文相比,不但废除了八股文的格式,摒弃了"等因奉此"等陈词滥调,而且短小精悍,有的放矢。这一时期的文件从各个角度考察,都更加通俗、简化、顺畅、明晰,都是最直接的表达,与我们党倡导的社会化、大众化潮流相契合,从而使文件的功能与作用得到高效的发挥。

(四)灵活性

由于中国共产党确定的文件名称种类非常丰富,又是在实际工作中使用后被检验过的,所以,几乎所有的事务都能找到对应的文件予以说明与处理。但毕竟各级各地区党的组织、各根据地面临的形势有别,加之随时要应对各种突发的险情,因此,在文件体式上没有硬性的规定,往往是因时因地制宜。如各根据地的文种就大同小异,《陕甘宁边区新公文程式》在强制边区使用新公文时,还是允许"对边区以外往来的公文,仍然应该采用旧公文程式",至于在秘密环境下文件中非常规化的代号与暗语的大量存在,显然也是文件灵活运用的结果。

第二节 文件处理工作概况

文件处理工作是围绕文件运动的全过程所进行的一系列相互衔接的程序和手续的总称,概括地说,文件处理工作就是制发、传递、办理、管理文件的处理过程。文件处理有许多具体的工作环节和流程,一般包括发文处理、收文处理和文件整理归档,而每个环节和工作流程都有各自的规范和技术要求。该时期从文件起草至文件归档,从文件签收至文件归卷,构成了基本的各个相互衔接的链条,也有比较细致的相关要求与规定,且有较高的工作效率。

一、发文之处理

发文处理是指机关内部为制发文件所进行的创制、处置与管理活动,由若干具有很强确定性与不可逆性的程序与环节组成。

(一)文件的制作

拟稿(起稿)。属于各机关秘书部门应办事项,秘书部门起稿,先草拟,经修改后,用稿纸誊清,写清择由,编写号数,送阅。大革命时期及中央苏区时期,对于政策性文件及事务性文件,都需要单独进行撰稿。相关重要文件及机要性文件必须由相关领导亲自拟稿,早在1928年《中共中央给各省委的通知——关于文书工作的技术问题》中就要求由书记、秘书长亲自起草秘密文件,秘书则负责文件的誊写、订正及二次抄誊等工作。苏维埃各级政府发出的文件多数由秘书和机关领导人起草。如1928年10月5日在湘赣边界第二次党的代表大会上发表的《中国的红色政权为什么能够存在》就是毛泽东亲自起草的。

新民主主义革命时期中国共产党文书档案工作研究

起草文件的基本要求。1930年6月《中共中央秘书处科长联席会议记录》中提出改进文件起草工作的要求：一是相关文件在行文时必须要针对主要探讨问题进行系统性的分析梳理，以正确的观点推究每个问题的因果。这样，以实事求是原则写出了前因后果，使上级看了文件以后一目了然，便于上级指导和帮助。二是起草文件要有实际材料，防止空洞的口号，否则工作上便无从决定具体的策略与实际的工作方法，材料不在多，要有系统。

关于制发文件的规定。规定要限制不必要文件的产生。从第二次国内革命战争时期开始，文件数量就大幅度增加，虽然文件的产生是各机关事务管理的必然要求，但苏维埃各级政府对公文的制作还是要求很高、规定很严，就违背公文行文规范、发文要求的乱象给予严肃批评。1934年4月19日，中央政府秘书长谢然之曾公开在党政机关刊物《红色中华》中发表一篇名为《反对滥发文件》的文章，对时下部分事务性机构不遵从现实文书处理制度肆意乱发文件的现象公然进行指责，再次提出机构行文规范及有关注意事项。文章一经刊发，引发热烈讨论，促进了中国共产党苏区文书工作逐步走向正轨。陕甘宁边区也对此提出要求：除非必要，尽量少使用公文，可多采用写信、写条子，或者当面接头的方式。解放战争即将全面胜利时，文件电报显著增多，为控制机要电报数量的激增，党中央提出：文件在起草之时相关承办部门应先同主要责任部门协商，依照现实需要来判断是否确有必要。文件在草拟流程结束后应先报送主要责任人审阅修改，对于重要性决议文件应经由党中央主要领导集体协商讨论后再行签发，这一规定目的是对滥发文件起一种限制作用。

核稿。稿撰讫后，撰稿人送核，应于稿上签名并注明时间，送负责人审核签发。如《东北行政委员会关于保存公文的规定》（1948年）对属于政府部门的文件，规定"应由部门负责人审核签字（或盖章）并注明签送时间后，送主席核阅判行"。核稿人必须把文字关，公文要字迹清楚、无错误,对于文件原稿特别乱的由核稿人退回重抄。核稿人还必须对文件内容有无原则性错误负责。

审阅。由各部门负责人或本机关负责人核定或共同审阅。中央苏区时,政治性文件起草后由秘书长转交常委讨论审批,一般性的文件由秘书长审阅。解放战争时期,加强文电统一审批制度,对于党政军三方颁布的命令性、政策性相关电报,须进行集体审核。《华东局关于指示文件印发前必须送审的通知》(1946年)要求:各省政府、军区、群众团体及部委发的指示,应由各机关负责同志及党组研究,经华东局审查后才能发出。

签发。中国共产党的文件一直坚持负责人签发制度,自1923年规定党的一切文件"须由委员长及秘书签字后"发出,各部委起草以中央名义发出的文件由委员长与部委领导人签字。大革命时期,由于文书的起草人为机关的领导人,所以签发者往往也是起草者。如1925年2月25日《中共中央通告第九号》,其落款是中央总书记×××签字、中央组织部××签字。第二次国内革命战争时期,党政军群各系统文件由部门负责人签发。如《中华苏维埃中央革命军事委员会通令第九号》(1931年4月17日),其落款就是主席项英,副主席朱德和毛泽东。地方苏维埃政府的文件,也必须由主席和副主席署名,主席缺席时,由副主席署名,没有副主席的苏维埃政府由主席署名,主席缺席时由代理主席署名。与某科或某部有关系的文件,须由主席同某科长或某部长同时署名。红军各部队有着严格的批签制度,发出文件必须经领导人或部队首长签字才算正式文件。红军各部队对谁主签、谁副署都有明文规定。如1929年12月《中国共产党红军第四军第九次代表大会决议案》规定:"军事机关的一切命令,除政治委员须副署外,政治部主任无须署名,政治机关的一切命令,政治部单独行使,政治委员无须副署。"

党中央在1938年颁布的《机要规则》中明确指出对于中央一级草拟的文件,须经中央政治局委员会审核后签发,中央各机构、各部门发出文件也须得到各机构相关责任人,即秘书长或部长认可后方能签发,对于军委文件同样也须正副书记及政治部主任或参谋长审核签发。师、旅、团的文件必须由部队首长、政委、政治部主任和参谋长签发。这一制度今天仍在党政军机关中严格执行。此外,凡各部门承办文稿与其他部门职掌有关者,应送请会签。如会签之意见未能一致时,得请主席核定之。

清校、缮印。一般应先由缮写人或排印人对公文进行校对,无误后连同底稿送缮写油印处,按轻重缓急所注要求进行缮印,将公文与原稿交秘书处办公室。因条件所限,缮写都是手写或用复写纸,印刷基本是刻蜡版和油印,那么,一份发往各地的文件经常缮印几十份,每天需要缮印的文件无论多少,缮印也是一项比较繁重的工作。1930年6月22日《中共中央秘书处科长联席会议记录》中文书科长张唯一就讲油印部工作很忙,抄写部工作也来不及,如有人因病就更忙了。再如中华全国总工会秘书处油印科,抄发和印发文件分厚纸和薄纸,厚纸文件发往各地方总工会和各专业工会,薄纸文件送中共中央和中央秘书处文书科。当时,凡是秘书长或常委领导人起草的重要机密文件通过审批定稿后,一般由药水密写处缮写发出。

用印。秘书处办公室将印就之文件进行复校,盖用印信后,交收发科封发。

这一时期,用印也不尽一致。红军正式文件中,下级向上级的报告一般多用个人的印章,即在职务和名字下面盖章;只有上级向下级发文件才用首长签字。有时候上级发布有关命令,在首长名字下面也要盖章。八路军、新四军文件还需要使用关防,中国人民解放军后又制作了新的关防,野战军、兵团和兵团以下各部队的关防规格逐级缩小。印章规格在各个时期各系统相对比较自主。如中央政府人民委员会第五次常会(1932年1月27日)决议和讨论的主要问题中,第7个问题就是关于通过各级苏维埃政府的印信式样的通令,显然苏区各级政府印章式样是比较统一的。① 至解放战争时期,因解放区大部分党的机关刚刚成立,其在发文之时常采用标准不甚一致的自制公章,所以各中央局办公厅对于该问题做了统一部署,党的机关印章规格基本统一。如中共西北局规定,区级以上各级党委印章为圆形,直径在5至6厘米间,地、县级机构的印章为椭圆形,横向宽度5.3厘米,纵向长度3.6厘米。印章的规格及启用由党委予以审定。

文件的登记。当时格外强调制发的文件要进行登记,而且登记的类别很多。一是为文件底稿的留存,建立了文件底稿簿。1924年年底前,文件底稿或存根留存得较少,特别是信件和专题报告。后来各机关工作逐渐有条理,中央要求上报的文件自己留底稿,以备存查,建立了将底稿和存根编制成册并汇订在一起的文件底稿簿。1925年3月11日团中央发出通告第26号曾规定,以后各地方"每次报告并须编定号数,写明日期,每份报告各地自己需留存根"。从1925年以后,档案中的定稿或是底稿逐年增多了。除了文件底稿簿外,还有文件保存簿、发文登记簿(见表5-3),登记项目有文件编号、收发文机关或姓名、收发时间、文件内容(事由)、备考等。

表5-3　第一次国内革命战争时期的发文登记簿

号目	发件人	发出时间	送到时间	主要事由	备考

发出。一般登记后的文件就可送交通科发出,底稿存档。为规范党内行文规范,便于日后查找利用,党内文件必须以明晰的序号加以标注,《中央通告第1号》《中央通告第19号》都有相关规定,这项要求一直延

---

① 中共江西省委党史研究室等编:《中央革命根据地历史资料文库·政权系统(6)》,中央文献出版社、江西人民出版社2013年版,第155页。

续至今。这一时期,一般情况下是发文时标注顺序号,收文后标注分类号及总号。至解放战争后期,有关规定愈发细致。如《华北人民政府公文处理暂行办法(草案)》(1949年2月)要求:"发讫应在原稿上填注封发编号及日期,送交归档;凡属以主席名义之发文,统一由秘书厅秘书处编号发出之,快邮代电,决定,便函及批复,均可不编字号……凡发出文件,应取回发行单位或邮政挂号之收据存查;收发科应将发文摘要逐日印发主席及各部门查考。"

(二)文件的传递、运转

制发的文件特别是重要机密文件要在第一时间发出,同制发文件相比,这一时期文件的传递、运转充满很多未知,随时面临着意想不到的问题。该时期的文件传递其实是信息传达、零散文件集中、临时保管三者的紧密结合,因而,文件不被敌人获取并安全送达是一个比较复杂、艰难而危险的过程。在秘密环境下,从建党开始至文件传递工作形式基本固定,大致经历了三个阶段。

第一阶段:以邮寄为主。当时,中央局领导人经常不在一地,即使在一个城市也很少集中在一起办公;因而文件的运转主要靠邮寄或党内同志来往时携带。机密文件由党内交通送交中央局瞿秋白收。团中央的文件资料投寄地点为上海成都路大沽路499号方国品(施存统)收,或上海爱多亚路851号蔡悟生转蔡文英女士收。各地方党的组织在未建立秘书工作之前,向中央送文件多数由邮局寄送,由在商务印书馆工作的茅盾收转或上海大学收转。公开的报刊资料可寄送上海宝山路商务印书馆编辑处董亦湘收转。这样,文件材料从四面八方向党中央所在地上海集中。尽管后来在秘密环境下文件传递的主要形式有所改变,但信件报刊的发送还是以邮寄形式为主。随着斗争形势及邮政业务的不断发展,篇幅较长的军事及特别重要的快邮代电,在根据地使用仍较普遍,且使用方法严密,在投递过程中,各地邮局均需填写发出和到达的时间,最后将存根收回备查。

第二阶段:地下交通传送为主。1925年1月中共四大决定建立党内交通,随后中央发出《关于建立和健全党内交通问题通告》:"党在秘密行动之下,使本党的印刷物传播到党的群众和深入党外的群众中去,是非常重要的工作,这种工作在组织上的重要,等于人身上的血脉,血脉之流滞,影响于人的生死。"又指出,党内的一切机密文件因受邮局的严密检查"完全不能邮寄",因而通告要求各地尽快地指定妥当的地址和交通负责人,使党内材料及时交换,具体规定:

(1)各地选择交通地址,最好是靠近轮船码头,以便于运送和接纳来往的文件和出版物;

(2)确定交通负责人,担任分配传递文件资料或临时贩卖出版物或秘密散发传单的工作;

(3)中央给地方的文件材料,各地方收到后,需要填写收条交原通讯人员带回;

(4)各地交通干事与中央交通干事直接通讯时,可直接寄上海英租界上海大学何尚智转洪鸿或由"钟祖之"转。同时规定,以后中央发出的出版物必须经过交通干事认可方可寄出。

1926年1月2日中央组织部发出《关于加强秘密工作的通告》,把传递文件与保护党的机密紧密结合起来。通告指出,保守秘密"即是保护组织,即是看重革命",认为"不守秘密,即是变相的告密",是"破坏组织"的行为。因此,地下交通已成为文件传递的主要方面。

第三阶段:以交通网络传递为主。中国共产党在这一阶段形成了交通网,承揽了党的全部文件传递工作。1926年7月中央秘书处成立以后,即设交通科,对外负责向共产国际送文件,对内承担上下级文件材料的交往并负责向中央秘书处文件保管处送文件。交通科负责人之一的张宝泉专门把中央或中央有关部委文件送到中央秘书处文件保管处保存。中央局及地方党组织也都建立起了交通网络并有了具体要求。如1927年7月中共中央南方局制定的《交通处工作条例》对文件传递工作做了四条规定：

（1）一切上报文件均由交通转达；

（2）各县市交通人员在收到文件两日时限内要交送省委，对于尤为急切的文件必须立即送达，不可有片刻搁置；

（3）各地交通员要定期到各路交通处取文件书报刊物；

（4）各方面收到文件资料后应给收据。

由于纵横交错的交通网的形成，党内文件的传递在比较安全的情况下有秩序地开展起来，无论后来斗争形势如何发展，由交通科传递文件的方式一直保留下来。这种传递工作带来的另一结果是使文书档案部门保存的文件越积累越丰富。文件传递，成了各级机关文书处理与档案保管部门密切联系的桥梁。

除上述文件传递形式外，在党中央到达延安并先后建立了较稳固的根据地后，文件传递的主要形式又有所增加：一是由中央秘书处与各机关秘书处直接派人交换文件。二是在延安设立了普通文件运转的通讯站，各机关每天将要发的文件送通讯站统一发出，并从通讯站领回属于本机关的文件。所发出的文件必须有发件单，收件单位和人员收到文件后，在发件回单上签名。

二、收文之处理

收文处理是指收进外部送达本机关、单位的文件和材料所实施的处置与管理活动，也由若干相互连接的环节组成。由于至解放战争时期文件处理工作才日益完善，因而主要以在较稳定的环境中解放区政府尤其是大区人民政府的基本做法，来阐明该时期收文处理的相关环节与具体内容。

签收登记。一律由秘书处下设的收发处(科、股)签收启拆,在拆封前认真检查有没有被人拆看过,一旦发现异样情况,应立即采取安全措施。拆封的文件要按公文内容性质,分别编号、摘由;摘由有简繁两种,一般包括名称、标题、时间、来源和流水号,有的还须进行内容摘要。文件要登记于收文簿及收文处理单上,处理单贴在收文上送核,如系速件和要件,应于单上注明。来件如注明"亲启"者,则一律送交收件人亲启,其属于公文而亲启人认为须登记存案者,可仍交收发科登记处理。

至解放战争时期,建立了收发文签署回执制度。为了避免电邮在传输过程中出现延误或者遗失现象,各级秘书处在文件收发之时启用"回执"制度。《华东局秘书处关于党内文件收发应签署回执的通知》(1949年12月27日)中明确表示:各级秘书部门必须严肃认真地对待文电回执制度以确保文电处理的"严格、迅速、确切",文电回执必须与文电正式文稿同时发出,收文人员接收文电后必须立即在回执上填写相关记录信息并加盖机关收文戳记,交由送文人员带回原机构。回执单上须准确填写发文人、文件名称、发文时间、收文数量,收文者签收并加戳记,以备查考。

分配处理。文件登记后,由秘书处处长或副处长帮助收发科依照各部门之职掌,将公文直接分配给各主管部门或秘书处(室)处理。各部门的会议记录、工作汇报及各地政府工作汇报,均交参事室或特定秘书处理。

批办。各部门秘书室收到公文后,即交由主管处室在收文处理单上签注拟办的具体意见,提供本部门负责人核定,然后按照批定办法承办。如果情况较特殊,不能拟办、问题复杂、负责人亦不能或无权判定者,应送主席(指大区政府主席)批办。

会办。凡各部门承办文稿与其他部门职掌有关者,应送请会签。如会签之意见未能一致时,得请主席核定之。凡属两部门会办之文稿,应先行会商,由主稿按会商意见拟稿,送各会办部门核阅签字。

承办。承办即各部门的承办人根据领导的批办意见对文件予以处理的过程。这一时期,承办的主要方式如下:

(1)传阅:伴随政治生活逐渐步入正轨,党中央建立了重要事项集体决议的领导制度。为了贯彻该项决议制度,从抗日战争初期就建立起文件传阅制度,即秘书部门在准备发出的重要文件草案前加附一个文件传阅单,写明文件的编号、提要、收发文时间、送件人等,并列出传阅人的名单顺序。领导阅文时通常写上简单的批语,表明自己对有关事项的看法,以此方式交流意见、互通信息,体现集体领导的高度负责态度。

(2)批复:上级机关收到请示件后,由秘书部门立即登记并分配给有关单位进行批答,而且此类文件必须由有关首长批签。对待下级请示,不负责任地搁置和官僚主义的态度是绝对不允许的。

党中央到达西柏坡后,中央及各部委加强文电处理工作:一方面在分工上更加明确,中央秘书处主管中央文件资料的处理,机要处主管电报的接收和译电、发电;二是规定了各机关对于收到的文件材料的具体处理工作应按以下程序严格办理(见图5-1):

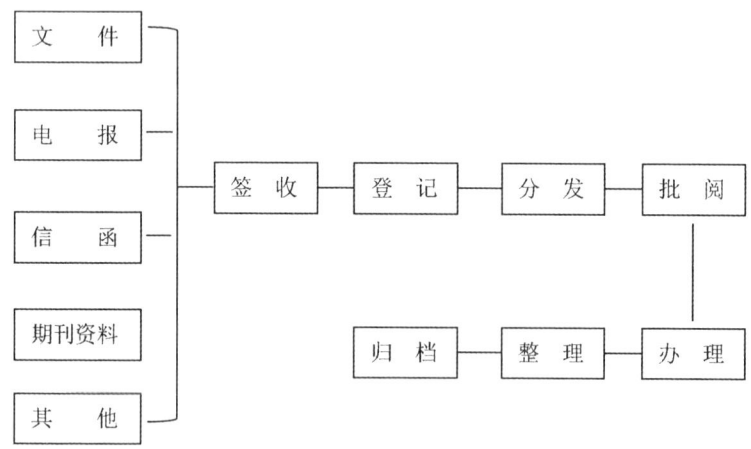

图5-1 中央及各部委收文处理程序

至新中国成立前夕,为了保证文书处理工作有秩序、准确及时地进行,中央机关各部委制定了文电的检查制度;在中央办公厅由叶子龙负责,在各部委由办公室主任或秘书处处长负责。主要的检查内容包括:文件是否按规定按时办理、传阅、答复;在文件处理过程中,是否存在失密、泄密、积压或拖延的现象。并要求将机密文电处理的实际情况与存在的问题写成书面报告由机要秘书送叶子龙,违反文书处理制度的要视情节轻重给予处理。

第三节 文件的整理归档

文件的整理是文件管理的重要环节之一,指对办理完毕的、具有保存价值的文件进行组织与排列,使之条理化、系统化的过程。整理的目的是为了解决形成于各个不同机构的数量众多、分散零乱的文件与日常管理和实际利用需求之间的矛盾。文件的分类整理,既是机关高效治理与利用的基础,又是保持文件之间有机历史联系从而完整保存社会记忆的主要途径。归档,指文书部门将经系统整理的档案移交给档案机构保存的过程。新民主主义革命时期各个不同阶段,党政军各系统都高度重视文件的整理归档问题,不断探索和尝试文件整理的新方案,以确保文件良性运行进而为档案管理奠定坚实的基础。

一、第一次国内革命战争时期文件的简单归类

建党初期,中国共产党的文件按保管者个人认为方便的方式来整理;秘书处建立后,交由特定机构和人员,尤其是文件保管处成立后,文件的整理才逐步趋向专门化。该时期文件材料的分类是与党的各项工作紧密联系在一起的,中央到地方各级秘书部门基本将文件分为党务工作、组织工作、宣传工作、群众运动、学生运动、农民运动、妇女运动和统战等各类,

新民主主义革命时期中国共产党文书档案工作研究

这些工作中产生的文件材料就形成了自然分类。这种自然分类,实际上是以党的工作分工为基础,按照产生文件材料的若干方面进行分类整理。

会议类。从1921年7月至1927年5月,中国共产党先后一共召开五次全国代表大会,形成了会议通过的决议案、党纲党章、宣言、会务报告及其他会务材料,由于文件材料的重要性,基本按大会届次进行分类并集中管理。

机关文件类。这里所说的机关文件,主要是指中共中央执行委员会及所属各部委的工作文件及各中共区执委会所属机关的文件。这些文件主要形成于机关秘书部门,基本属于机密文件,但多可归入不重要的一类,在环境恶劣时一般被处理掉了。

宣传工作类。此类文件包括中共中央宣传部本身形成的文件,在宣传工作中产生的文件及出版物,各个地方上报的宣传工作文件等。值得注意的是,所有宣传材料均列入宣传工作类。

国共合作类。中共中央为了争取国共合作的实现,从1923年起即产生了一系列有关国共合作的决议、通知、通告和来往文书。1923年至1924年,大批中共党员到国民党各级党部中任职,甚至是担任重要职务并全面主持工作,由他们起草或签发了许多文件材料,这些文件材料一般都由国民党方面正式送给中共方面一份。比如1923年至1924年国民党中央执行委员会通过的决定、决议都送给中共方面了。为有利于研究有关国共合作的情况,中共中央秘书处还搜集了一部分国民党方面反映国共合作的有关文件。这些文件同属一个大类,但中共中央本身形成的文件与由国民党送交的文件却是分开管理的。

工人运动类。中国共产党成立后,为了加强对工人运动的组织领导,先后成立了中央职工运动委员会、全国总工会和各产业工会,于是,工人运动文件大量产生。在工运文件类内又分工人罢工斗争的文件、工会各种会议形成的文件、工人武装起义的文件、工人运动的书报刊物和工人运动文献史料汇集等。

农民运动类。由于建党初期尚未进行动员农民的活动,农民运动方面的文件不多。1923年中共中央执行委员制定了《中国共产党对于目前实际问题之计划》,提出在农村限制私人土地的亩数、兴办水利等农民运动的方针,系统、完整、科学地说明农民问题在无产阶级革命中的重要性,自此农民运动文件才逐渐形成。随着农民协会、农民运动讲习所等机构的成立,农民运动文件有所增加。1925年10月中共农民运动委员会成立,以该委员会为基础形成了农民运动类文件。

共青团工作类。自从1920年在上海建立了中国社会主义青年团就产生了团的文件,到1922年5月中国社会主义青年团在广州召开第一次全国代表大会并成立了团中央执行委员会,大会通过了《中国社会主义青年团章程》《关于政治宣传运动的决议案》《中国社会主义青年团纲领》等,团的文件迅速增多。此后,由于团的各级组织按照报告制度产生的文件颇多,以至团中央秘书处不得不成立文件保管科专门保管文件。共青团的文件划为一类,但要放在中共中央各机关类文件的后面。

此外,还有妇女运动的文件,济难会、反帝大同盟及其他革命组织的文件,这些文件也各形成一类。文件的分类,主要是便于工作使用,由于该时期党的每一大项工作都有对应的专门机构,所以文件分类与组织机构相吻合,一般是一个组织机构和一个地区的文件放在一起形成一个自然类别,便于管理使用。

一些党的地方组织也对文件进行了整理分类,除按工作内容分类外,还有按文件重要程度加以分类的,中共四川临时省委秘书处规定档案分为三类:"A最要——各种重要刊物及关系最要信函、文件,特置地方,由书记保存。""B次要——各部次要刊物及文件、通信法、密码本、各地通信登录,特置地方,由秘书长保存。""C普通——经常通告、通信底稿及各地往来文件、各种簿记,置于相当地点,由文书保存。"可见,文件整理时划分的文件类别与重要程度还成为不同文件保管地点与人员选择的依据。

这一时期,由于文件的数量相对有限,加之都进行了大致的整理,保管与利用比较简单,就没有强调立卷。而文件处理完毕后,中央及中央各部委的文件需要移交至中央秘书处,中央秘书处保存的文件也包括各地按请示报告制度规定逐级上报的各类文件材料。各地方党组织的文件归档于秘书处。

二、第二次国内革命战争时期文件整理制度的确立

第二次国内革命战争时期,红军与苏区根据地创建之后产生了人民军队和各级工农民主政权的文件,文件类别有了新的拓展。而《文件处置办法》的出台,在文件整理方面确定了基本的原则和类别,对党内文件的整理尤其对中央文库档案的整理,具有极强的指导作用。中央文库的主要管理者陈为人在遵循《文件处置办法》原则的基础上,结合中央文库档案的具体状况,又对文库档案做了进一步的整理。鉴于《文件处置办法》的纲领性与指导性意义,以及中央文库档案科学又实用的整理方法,因而这一时期的文件整理主要围绕上述两者来阐述。这一时期,尽管在分类整理上有了较明显的进步,但涉及归档的相关规定还非常鲜见,这表明文件归档问题还没有引起足够的关注。

(一)《文件处置办法》对文件整理的规定

1931年4月9日,在中央政治局常委会上,周恩来提出政治局委员集中看文件,时任中共中央总书记向忠发提出文件由保管处统一保管,经讨论做出了统一保管文件和集中阅看文件的规定。由于文件管理与阅览方式的改变,自然提出党的文件如何集中并迅速分类整理等问题。为此,向忠发提名瞿秋白去文件保管处主持整理工作。为执行这一规定,决定由保管处对中央以及组织部、中央军委的文件进行一次整理,常委会委派瞿

秋白到文件保管处"去整理一月"。瞿秋白根据常委会的决定,即于4月中旬到文件保管处主持这项工作。其间,他亲自拟订了《文件处置办法》,交当时主管这项工作的周恩来审阅,周恩来审阅后批示:"试办下,看可否便当。"《文件处置办法》全文共七条,文件整理及编目问题主要集中在第一、二、三、六条之中。

首先将文件予以区分归置,中央文件、国际文件、地方文件、军队文件和苏维埃政权文件分开整理。

其次进行分类。中央文件分为4大类:Ⅰ最高机关决议及指示;Ⅱ对外宣言、告群众书;Ⅲ中央政治局记录及常委重要问题记录;Ⅳ中央决议案及通告、宣传大纲。4大类每类之下再按政治、苏维埃、组织、宣传、妇女、军事、农民(土地)、职工、青年、党内问题分成10小类;10小类之下可再分项目。各类文件依时间顺序,分别编类号和目录。中央接收的共产国际、苏维埃政府、红军、各中央局和省委报送的文件也基本如此,按地区分大类,每省为一类,省内文件按内容性质分项目。各群众团体的文件与地方文件分类整理办法相同。党中央及各级地方机构的党政军群四大系统的机关报及相关刊物必须成套保存,编制完整目录。

不难看出,《文件处置办法》中关于文件整理的规定是比较简单而实用的,以此办法进行整理,能够准确查找到相应的文件。《文件处置办法》对该时期中国共产党的文书档案工作具有重大影响,其基本思想、原则和方法至今仍有指导意义。

(二)中央文库档案的分类整理

中央文库保存着从党成立至1931年中央及各部委发布的相关文件材料,地方各级军委、苏维埃政权及民间群众团体上报中央的文件资料,也包含共产国际向党中央传达的指令性文件,烈士文件记录及党中央政治性刊物等。中央机关转移至苏区后,文件材料依然保存在上海。中国

新民主主义革命时期中国共产党文书档案工作研究

共产党历史上这批最珍贵的文献从形成至上海解放,得到了妥善保管,并陆续进行了多次整理。

1. 中央文库档案常规化的整理

1931年初,中央秘书处根据《文件处置办法》精神,为中央文库起草了《关于文件编目问题的规定》。规定对文件材料分类编目的具体要求如下:

将文件材料按时期结合地区分类。先划定四个时期:中共五大以前的文件为第一时期;中共五大至中共六大前的文件为第二时期;中共六大至中共六届四中全会前的文件为第三时期;中共六届四中全会及1931年1月后的文件为第四时期。每个时期分五个部分:国际、中共中央、地方、群众团体、苏维埃政府。再以文件数量为依据,数量多则归为大类、部类和项目,若数量少则分设大类或下设分类。大致是三种情况:

一是按成文机构设大类。通常中央各部委按此分类,如中央组织部、中央军委、中央秘书处、共产国际等,共产国际的文件还设远东执行局、职工国际、共产国际执委会三个分类。

二是按地区设类。通常党的地方组织和边界特区的档案为一个大类,如中共江苏省委、中共顺直省委就可分一大类。由于一个地区所管辖事务众多,还可以设若干部类。各部类的文件按问题(事由)或名称分为小项,作为一个独立保管的单位。

三是按文件的内容和性质设类。通常中共中央文件按此分类,中央材料共分四大类、八项、十三部。四大类:按《文件处置办法》的规定及实际执行,即分为指示性文件,对外宣言、告群众书等公开材料,中央政治局会议记录和中央常委会议记录,中央通告、宣传大纲等内部文件;八项:政治(A)、组织(B)、工运(C)、农运(D)、政权(E)、青运(F)、军事(G)、妇运(H);十三部:最高决议及指示、一般决议、对外发表的宣言大纲、个别指示、对国际的报告、三中全会前后同志的意见、组织部(局)及秘书处各科文件、刊物及内容、秘委妇委民委文件、特科及军委文件、苏准会(中华苏维埃全国代表大会准备会议)及反帝文件、烈士绝笔、政治局与常委会会议记录。

文件经分类整理完毕后,按分类项目编制文件目录,目录格式见表5-4。

表5-4　中央文库档案目录格式

	总号	分类号	年月日	文件	备注
说明	各编1字	各取1字		名称+号数	已见于刊物的
举例	国(国际)	政(政治)			见《火线》32期
	中(中共中央)	组(组织)			见《中央通讯》6期
	府(苏维埃政府)	农(农运)			见《斗争》18期

2. 中央文库保管者对档案的整理

中央文库工作人员从1932年7月开始对档案进行整理,12月交由毫无管理经验的陈为人负责文库保管工作,陈为人立即着手研究《文件处置办法》和中央秘书处制定的《关于文件编目问题的规定》等有关文件,对两万余份文件资料、电报稿件及报纸书刊进行了细致梳理。至1936年4月,陈为人用近四年的时间整理完毕并编写了目录。所以中央文库档案的整理与编目主要贡献者是陈为人。

一是将所有文件依照所属发文机关或地区进行划分。这项工作的开展,使中央文库内两万五千余份文件得到细致清查,其中党中央及各部委在1922年到1934年间的文书占比约60%,其余全国20余个省委、特委及地方党政军1927年至1932年5年间产生的文书材料占比约35%,余下5%的文件大都来自共产国际。

二是判断文件成文时间。党的文件多形成于地下革命斗争情形下,因此大量文件未注明成文机构、成文时间,全部以代号或暗语替代。如若不立即对这类文件进行相关鉴定,其背后的许多信息将难以让后人明晰。陈为人依据多年从事地下工作的经验及对中共地下工作组织机构的熟知,将缺少相关年代与作者信息的全部文件加以鉴定,并逐一进行标注,同时在文件目录页加上备注信息。如《中共广西特委关于军事状况的报告》原稿就未注明年份,经陈为人辨别,其记载史实应属于1928年,便在文件目录备注栏标明。对于完全无法准确判别的文件,也大致确定其行文时期。

三是分类整理。这项工作将文件依照各机关、各地区的成文时间分为总类及部类。总类包括党政最高决议、命令、涉外言论、重大会议纪要及一般指示性文件。其中第一类为最重要的,第二类可被公开利用,第三类则属于机密文件严加保管,第四类为一般性文件。部类在类别划分上,中央与地方有区别,中央机关文件设有13个部类,分别是政治、组织、宣传、军事、苏维埃工作、工运、农运、妇女工作、青年工作、国民党工作、事务技术工作、反帝斗争和图书报刊。

地方各级党政机关与红军各部队最多设9部类,最少的如"桂"只有一部。

四是编制文件目录。完成上述三项工作后,陈为人又针对现有库藏文件展开目录编写工作,从1935年春伊始持续至1936年4月才陆续完成。其编写的目录都是表格形式的,一式两份,其中"总号"指代总类,即大类的所有流水编号;"分号"就如同现在档案管理流程上的分类号,以字母为区分标志,如A、B、C分别代表前述中央一级13个部类中的政治类、组织类和宣传类;"件名",即库藏文件的文件名称及来源机构名称;"时间"以原文件标注日期为准,原文件无标注日期的,则将考证的时间写在"备注"栏内。

目录第一页上方有本目录各分类文件统计,见表5-5。A60、B23、C10、D5、F6、G1、H5表明本目录中有政治类、组织类、宣传类、工运类、农运类、青运类文件分别为60份、23份、10份、5份、6份、1份、5份。可见,中央文库目录不仅简洁实用,而且是比较科学的。

表 5-5 中央文库编制的中央档案文件目录

A60 B23 C10 D5 F6 G1 H5

中字文件第一部（最高决议及指示） 自1922年5月到1927年5月共计110件							
总号	分号	件名	年月日 发出	年月日 收到	数量	备注	
1	A1	第二次全国代表大会关于形势与党的任务决议案	7.5				
2	B1	第二次全国代表大会关于党的组织章程决议案	7.5				
3	C1	第二次全国代表大会关于工会运动与共产党决议案					
4	D1	第三次全国代表大会农民问题决议案					
5	F1	第三次全国代表大会关于少年运动问题决议案					
6	G1						
7	A2						

随后，陈为人又编制了中央文库第一个检索工具，类似现在使用的存放索引——《开箱必读》。文库中经技术处理的文件最后只有五大箱，《开箱必读》注明箱子号与文件内容类别和数字，1箱为中共中央及共产国际文件，2箱为鄂豫皖、闽浙赣、湘鄂赣及南方五省文件，3箱为江苏、安徽、华北及西北诸省文件，4箱为群众团体的文件，5箱为资料。

（三）党政军各系统文件的归档

第二次国内革命战争时期，党中央及各部委的文件通常在本机关办理完毕后移交给中央秘书处文件保管处，称作"还档"，各地则按规定每月向上级报送书面报告和文件材料一次，交由文件保管处保存。中央苏区各级执委会下设立的部、委、局机构办理完毕的文件交秘书室管理，有些大的部委还必须向上级报送材料。红军从连队到总部，强调文件的集

新民主主义革命时期中国共产党文书档案工作研究

中收存,比如1930年12月26日,朱德、毛泽东发布了《红军第一方面军红字第十一号命令》,指出:"各团连之重要文件,一律集中到师部去。"一般是连队文书员、营或团的技术书记管理本部门的全部文件材料,师和军以上机关由秘书处机要科保管,总部的文件由秘书处保管,必要时还要进行较大范围的集中归档,如长征前红军总部各单位的文件都集中到军委一局统一转移。红军材料整理中最突出的特点是由中央军委抚恤委员会收集并汇集烈士材料。各省委一般将文件材料分为重要与非重要两种,不重要的文件一般要在登记后销毁,重要的文件要整理留存,留存的文件要有较详细的登记目录。如中共顺直省委将接收到的中央文件和各地区、县委文件进行了分类登记,见表5-6。

表5-6 中共顺直省委文件登记目录册①

文件号	发文者	内容	年月日	备考
1	中央	关于上海纱厂工会的决议	1932.08.20	见《斗争》60期
2	中央	关于罗登贤等被捕发动反抗运动的紧急通知	04.02②	见《斗争》38、39期
3	河北省委	关于武装自卫军的决议	1934	

三、抗日战争时期文件的整理与编目

抗战时期,文件的整理主要围绕战争形势与地下斗争环境来进行。据统计,党中央同地方各区域机构间互通的文件、电报仅在1937年就高达4500余件,1938年更激增至8200余件。由于文件数量与日俱增,战争环境下文件资料若零散无序,没有经常必要的整理,则不便于携带,也不

---

① 费云东、潘合定编著:《中共文书档案工作简史(1921—1949)》,档案出版社1987年版,第67页。
② 罗登贤于1933年3月28日被捕,依据时间推断,发文时间应为1933年4月2日。

利于在敌占区隐蔽,更不利于利用与研究。正因如此,进行文件整理与编目工作成为文书档案工作的重中之重。该时期文件的整理,在先分类立卷的同时,要将文件按"普通、秘密、机密"划分成三个级别,最后就是编目等工作。抗战时期电报档案与干部档案管理工作有了新的进展,对电报档案和干部档案进行了大规模的整理,由于与文件整理有不同的要求和方法,故具体内容在本章第四节中另行介绍。

(一)文件的整理

当时残酷的抗战环境致使党政军机构极其不稳定,因而该时期文书档案分类方案的制定以"全国党的各级组织系统"为主,党中央的文件整理工作相对较为系统。中央秘书处材料科制定的《党务材料管理法》(1941年)就文件整理明确提出"便于研究,便于存取"的原则,中央秘书处材料科的分类整理因而最具典型性和代表性。

中央秘书处材料科文件材料整理的基本做法如下:首先,中央文件按问题分类,地方文件按组织系统和地区分类。其次,文件分类参照图书整理分类法。《党务材料管理法》指出:分类采用十进制分类法,其类目单位可扩充或缩小,有弹性地进行调节。在大类下边可以设分类,分类下还可以设项、目,所谓"目"实际上是泛称的案卷。这样,文件的分类层次细,更利于保管利用。再次,依照时间顺序,中央秘书处明确指出无论使用何种分类形式,各类文件都必须按文件先后顺序进行归档排列,以维系其卷宗内部的原有联系及逻辑体系。

中央秘书处材料科于是在《党务材料管理法》中设计了针对性较强,且较合理、实用的《党务材料分类表》。当时大致有几种分类方案,现摘录如下。

一是按组织系统(地区)结合问题的分类方案。即分成:A.根据地、B.国民党统治区、C.敌占区,见表5-7。

表 5-7　党务材料按组织系统(地区)结合问题分类方案

A. 根据地

 IA.100 西北中央局

  101 环境

  102 党的工作　　102·1 组织领导

        102·2 干部工作

  103 政权政策　　103·1 政权组织与建设

        103·2 财政经济政策

        103·3 农民土地

        103·4 劳动保护

  104 军事工作

  105 民众运动

 IA.200 北方局

  201 环境

  202 党的工作

  203 政权政策

……

 IA.300 中原局

  301 环境

  302 党的工作

……

B. 国民党统治区

 IB.100 西北中央局

  101 环境

  102 党的工作

……

  110 陕西

  120 甘肃

……

C. 敌占区

IC.100 东北地区
 ID.200 华北地区
 　　210 河北
 　　220 绥远
 IF.300 华中地区
……

上述按组织系统(地区)结合问题的分类方法,能够将一个机构形成的文件集中保存在一起而不被分散,而且年月日次序可仍保持不变,比较科学。

二是按问题结合地区分类。中央秘书处材料科在《党务材料分类表》中也设计了该种分类方法的相应表格,见表5-8。

表5-8　党务材料按问题结合地区分类方案

Ⅱ100 政权建设
　110 陕甘宁的政权建设
　120 晋西北的政权建设
……
Ⅱ200 财政经济政策(按以上分地区)
　210 陕甘宁的经济政策
　220 晋西北的经济政策
……
Ⅱ300 农民土地政策
　310 陕甘宁农民土地政策
　320 晋西北农民土地政策
……
Ⅱ400 劳动问题
　410 陕甘宁的劳动问题
　420 晋西北的劳动问题
……

上述按问题结合地区分类的方法,打破了组织机构的界限,主要是为了与第一种方法互相印证,但在抗战时期,这一整理方法并未广泛实施。

抗日民主政府文件整理具有自己的特点。边区各级政府组织管理文件材料时进行分类立卷,边区政府各局处分类的方法多种多样,按组织机构、按地区、按问题与按文件重要程度均有,比如晋冀鲁豫边区教育局将文件"按干部教育、社会教育、小学教育、教育行政分类,每类分卷。……每卷又按问题分目、分区保存",并编制了相对系统的文件基本目录。各级抗日民主政府有了比较健全的归档制度,都建立了相应的档案室管理档案,如陕甘宁边区文件初步立卷整理后填写"送档簿",再送到档案室点收。抗日根据地在文件整理中都比较注意编目工作,如陕甘宁边区就有档案总目录和案卷目录。《陕甘宁边区税务总局档案管理办法》中附有档案目录册(见表5-9)。案卷目录有的直接写在卷皮上,有的另附目录表格上。

表5-9 陕甘宁边区税务总局档案目录册

类别	卷目	编存字号	册数	文件总数	附件总数	附记

抗战时期,八路军文件材料管理已由管理零散文件材料到管理按一定方法组成的案卷。从团一级的司令部到总司令部,都必须将所有文件建立起案卷,以组织机构为组卷单位,案卷务求简单、轻便,易于携带,以小型化为主。案卷的种类划分也比较明晰,以1940年八路军司令部为例:以一个内部机构的文件材料为一个自然类,每一类内再将文件分若干种,称为"案卷的种类"。

  作战文件类 作战日记(战斗经过、判断决策理由、经验教训等)

       本军情报(部队编制、人员武器、各种图表等)

       敌军情报(敌军序列、编制、位置图、行动情报等)

       号令监察簿

	作战文件(作战的命令、执行、汇报等)
侦察文件类	侦察日记
	敌军战斗图表
	敌军组织表
	侦察文件
通 讯 类	通讯网的组织图类
	通讯器材登记表
	通讯人员履历表
	通讯文件
军需供应类	宿营配备、警备设施图
	器材公物登记表
	来往人员登记表
部队编制类	编制表
	干部履历表
	军队人员花名册等
	伤亡登记表类
	功过登记表类

……

这一时期，八路军各级司令部组卷具有适应部队作战的鲜明特点。一方面，文件形成于哪个机构，就由哪个机构组卷，既保持了文件的联系，又便于随时按问题集中。加之一个机构的案卷数量不会很多，行军打仗时携带、保管与使用都十分便利。另一方面，分类组卷与区分文件材料的重要程度相联系，重要的文件与一般事务性的文件分开，单独组卷。这样，重要文件平时可以重点保管，频繁使用，战时可以重点保护。

资料的整理。新民主主义革命时期，党政军群编辑发行各类机关刊物和书籍，推行各类文件的收集、汇编工作，形成了丰富的资料和资料传递交流、收集保存、提供使用的工作。这一时期,中国共产党的有关刊物及文件汇编的内容主要集中在红色标语收集、资料整理、传单收集等方面,虽然只是各种资料与文件分别整理,但目录是统一的,即文件目录在前,资料目录在后,或成为总目录中的另一分册。资料整理依然采用十进位分类制,如政治、军事、财经、文化等各为一类,但刊物是按同一名称的刊物集中在一起的。

(二)文件的编目

文件编目就是对文件进行著录、标引和组织与制作目录,该时期也将文件编目视为文件管理的一项重要内容,主要分为基本目录和辅助目录两种。

基本目录也称为总目录,是必须要进行编制的一种关于文件分类整理的主要目录,见表5-10。1941年颁行的《党务材料管理法》对基本目录涵盖哪些主要内容做出过明确规定,而表5-10中的顺序号、总类号、分类号、文件作者、文件标题、发文时间、收文者、备注等各项内容,则是严格按规定设计的。

表5-10 中央秘书处材料科文件基本目录表

顺序号	类号		文件作者	文件标题	发文时间	收文者	备注
	总类号	分类号					

辅助目录则为总目录的补充内容,若档案文件在制定总目录后仍不能满足现下工作利用需求,即可在总目录制定完毕的基础上编写辅助目录,辅助目录主要包括目录索引、目录大纲、互见目录等。一般综合类档案文件要求在拟制基本目录的基础上附加辅助目录,见表5-11。

表 5-11　中央秘书处材料科文件辅助目录格式

顺序号	类号		文件标题	作者	年月日	见×类×号
	总类号	分类号				

四、解放战争时期文件整理归档的实践及研究

(一) 文件的整理编目

1946年6月,国民党方面违背和平协议约定发动内战,开始对我陕甘宁等根据地进行大举进攻,至同年11月,中央决定将中央机关撤出延安。为了确保档案材料的安全,各部门的档案分期分批向不同地方疏散。根据中央后方委员会决定,各机关联合成立的由曾三为直接责任人的材料保管委员会,负责将中共92箱核心机密档案转移到山西兴县刘家曲保管,同时,开展对档案材料分类整理工作。

1947年4月2日,曾三向中央工委书记刘少奇、朱德汇报档案转移情况,二人就档案整理做出指示,4月5日联合发布《对于处理文件之决定》。中央秘书处随即出台了《按重要性与机密性处理文件规定》,将全部档案分成以下四类进行整理。

甲类:重要的机密文件。包括:党内重大会议纪要、决策部署、指令;主要领导人的各类电稿、文章及亲拟草稿;中央委员的重要言行及记录材料,各级地方机构的总结报告;各地方党的重要历史文件和有关文献;党的七大整套文件;有全局意义的秘密照片。

乙类:次重要的机密文件。划分为:地方决议、指示、会议记录、工作总结、典型报告;中央巡视员的报告;中央决议、指示草案;一般党史材料;党的组织情况;秘密刊物;对个人的处分决定。

丙类：不重要的机密文件。包括：事务性的报告和信件；经费、账目、预决算表；党员、武器零星统计；无重大内容的每月工作报告和统计；没有现时利用价值的情报材料，个人错误行为处理有关决定及声明；省、县级文件草案；县以下非典型材料。

丁类：重要的公开文件。包括：中央、各地党政军部门的各类宣言、决定、布告、法令等文件材料，各类可公开的涉外档案，可公开的情报资料，各类报道、刊物及照片。

历时两月有余的系统化梳理，销毁了部分相关事务性的文件，使原有的92箱文件精简到64箱。为便于后续工作上的利用查询，同时编制并上报给中央一份《材料保管委员会材料目录》进行审核。该目录前言有一个说明："这不是详细的文件目录，我们可以叫它'目录大纲'吧。"这个目录实际上是各部门保存档案的综合介绍，其中有《中秘文件目录》《中机文件简报》等，目录内容非常简略，主要是供中央了解情况，或根据大纲调阅材料及在紧急情况下决定档案的留与存。该目录后来分送给党中央撤离延安后在陕北、河北的中央主要领导同志，留守陕北根据地的毛泽东、周恩来、任弼时，转移到河北平山的刘少奇、朱德，以及中央后方委员会诸位领导。该目录的长处在于：

第一，具有文件装箱索引作用，文件装在哪号箱内都有标注，从而使运输有重点、保护有目标、转移有计划。

第二，重要文件不仅要逐件编制目录，还必须要对文件的发文单位、主要内容、发文时间、字数及份数进行准确记录和数字统计，绝密文电更加以相关特殊标记。不是很重要的文件只介绍综合内容并也要结合数字统计。

第三，档案分类与重要文件电报填写细目相结合。

第四，机关和个人文件的完整性及来源的可靠性，在档案分类后依然很好地得到保持。从保存至今的文件目录看，当时文件都注明了归属，如有"中宣部"和"城工部"等,也有"叶子龙送来的主席材料""周公材料"等。

这个目录中的所有文件,来源及归属明确,标注清晰明了,既方便快捷查找,又有利于保护重点及机密,是比较科学的查找存储工具。

(二)对文件分类、编目及归档的研究及实践

应当说,即使到了抗战后,有关归档工作的制度建设与要求都相对简单,直至解放战争后期的1948年,由杨尚昆起草、周恩来拟定标题的《中央办公厅承办和收发电报(文件)及归档程序》发布后,归档工作才在制度和实践上真正走上正轨。然而解放战争时期,在文件分类与编目上却有了长足的发展。倘若说上述相关内容还只是对文件分类与编目的基本做法提出具体要求的话,那么中央秘书处材料科在裴桐主持下制定的《材料分类编目解说》,则是具体介绍了怎样分类和编目,不仅具有较强的理论性,同时也是文件分类编目的经验总汇。

这一时期,材料科档案分类的基本做法是,先按重要程度与机密性分大类,再按十进位分类法将档案按问题分成党务、政权、军事、民运、白区工作、党内刊物、综合类等。《材料分类编目解说》回答了分类的理由:甲乙丙丁四类解决的是重要性与机密性,并不解决整理工作的系统化问题,档案的分类整理工作就是在保持一个地区、一个机构档案完整的前提下,再按问题分类的方法。《材料分类编目解说》还附了新的分类表。

100 总类

 110 政策指示

 120 秘密工作、行政事务

 130 综合性的工作总结

 140 调查研究及情报材料

 ……

200　党务
　210 总类
　220 组织工作
　230 干部问题
　240 宣传教育
……

300　政权
　310 总类
　320 民政
……

400　军事
　410 总类
　420 建军
　430 兵团作战
　440 游击队与民兵
……

《材料分类编目解说》详细阐述了分类的业务内容，如：甲，按问题分类，主要看文件内容，不能只看标题，以求准确；乙，细类或小项尽可能分得越细越好，不要同一问题的文件放在多处；丙，有时一个文件包含两个不同问题，可采取重点分类法，即哪个问题重要就归于哪类，但要填写互见目录。

《材料分类编目解说》也阐述了怎样编目问题，有分类目录和互见目录两种，分类目录格式见表 5-12。

表 5-12 《材料分类编目解说》中的分类目录格式

类别：				
文件号	文件名称	文件时间	发文者	份数

对目录编制的具体要求：

(1)文件号：按时间顺序每份文件给一个次序号。

(2)文件名称：必须考虑文件内容，拟制确切而完整的文件标题，不可简略为条例、命令等。

(3)文件时间：以公历为准，如未写明，参照文件的其他特征给予鉴别，推断出的时间应加上问号。

(4)文件的成文机关与作者：发文机关要写在文件名称和标题的前面，以个人署名的力求写明个人所在的地区、单位和职务。

(5)份数或页数：用 P 和顺序号表示，如 1 份文件有 6 页，其写法为 P1-6。

(6)目录指引笺：几个分类目录装在一起或一本目录有几类档案材料时，需要编制指引笺。

尽管归档制度早已有之，且在抗战时期已较普遍，但对归档制度进行研究，则是在解放战争时期。1947 年 1 月 18 日，《解放日报》发表了由陕甘宁边区政府秘书处写的《怎样归档》一文，其主要论点：

一、归档是为了保持档案的完整性。完整性的内涵：一个机关所有部门必须统一归档于本机关的秘书室(档案室)；各机关档案室向秘书处移交档案。

二、归档后要保证调卷便捷。各承办单位处理完毕的文件要分类整理后才允许归档，其要求是每个机关的档案按问题分类。文件要立卷、编制移交总登记簿和文件目录，案卷装订成册，卷面要有详细的目录。

三、探讨了归档时间,认为重要的文件一般每年或半年归档,归档后可留目录存查,无价值的文件可销毁。

解放战争时期,还有一些业务理论探讨文章。如1947年5月晋察冀边区行政委员会秘书处编辑的《边政导报》第七卷第六期上发表的《怎样收集、保管与整理材料》,1948年6月4日发表的《中共冀中区党委秘书处整理与保管文件情况介绍》等,都是理论与实践相结合的文章。

第四节 电报档案与干部档案的整理

一、有关电报档案的整理要求

在革命历史档案中,电报档案是一个重要组成部分。中共电讯业务产生后,电报档案的管理提上议事日程。党政军各系统的秘书长直接领导该项工作,各级秘书处下设的机要科具体负责电报档案的管理工作。

1932年7月2日,由中央革命军事委员会所公布的中国共产党最早的机要电报工作规范《无线电通讯简则》明确规定:我党电文密级分A、B、C三级,极其重要且机密性最高的A类文件,应即发即译、及时誊写复刻电文;对于次重要的B类机密电文也应及时办理;C类则指代常规性事务电报。后以"急""火急""万万火急"替代了C、B、A三等,电文等级由首长酌定。平时电报装入箱中,随时保证领导者使用。1940年前后,党政军各级机关发电时采用了在报头上面画"A"字的办法,以"A"的多少作为表示电报缓急的代号。最急电为AAAA,但一般不常用。

早期的电报档案在管理上具有特殊性,不留电报原稿,在接到电文之时就要立即译出、誊抄校对,确认所译内容准确无误后立即将原文稿销毁,而众多誊抄电文则积累为日后的电抄本。这一电文管理方式形成的原因是由于战场上若携带电文过于零散、杂乱,不利于领导人随时查找,因而以誊写的方式将电文写于电抄本上,这样数十份或上百份电文就被整合到一处。

电报抄本制度的存在使电报档案的整理也与之相适应。周恩来、朱德联名于 1934 年 10 月 10 日发布了《对保护文件电报机密的几项规定》,要求各机要科收发电报要分类处理。要"分出机密、普通、常用、待查各类别,装置分开,以免混乱"。电报档案因抄存文电制的存在而可按上述分类进行整理,相对简单易行。同时,电报整理中也要遵循时间先后顺序,当时发电是要统一编号的,特别是就一事连续的电报,要按 1 号电、2 号电顺序排列。

1935 年以前,中国共产党所发布的诸多文件及电文在使用完毕后,都统一交由秘书处下设的档案室或材料科保管。1941 年 9 月中央办公厅决定成立电整股,置于机要科下,后中央办公厅机要处又成立了电整科,负责整理、誊抄、保管党的所有办理完毕的电文材料。至此,电报管理与文件管理正式分离。1941 年中央秘书处制定了《机要材料之整理抄存阅览限制办法》,将机密文电分为绝密和普通,并划分为以下七个大类:

(一)中央书记处、各部委发出的机要文电为第一类;

(二)大后方的党务材料为第二类;

(三)敌占大城市的机要电报为第三类;

(四)根据地的材料为第四类;

(五)海外华侨工作的材料为第五类;

(六)情报材料为第六类;

(七)其他在一份文电上有几项内容的材料为综合类。

电报档案因日积月累,数量不断增加,由于没有进行科学的分类整理和合理的保管办法,查找利用非常困难。从 1941 年开始,持续对中央历史电报档案进行分类整理。整个过程分为清理、抄写、拟写标题、分类、编制目录五个步骤,每个步骤工作都有具体要求和规定。

1. 清理

电报进行整理时首先要进行一次清理,将每份电报的保存价值和存档的机关单位进行鉴别区分。属于其他机关的电报,分别退送有关机关存档,如军情战报、干部简历鉴定、敌情社情、机要通讯联络等,分别送交军委参谋部、中央组织部等机关。同时,根据内容的重要程度分为需要保存的和不需要保存的两部分。1948年开始,中央的电报档案又分为存档、暂存和不存三部分。

2. 抄写

电报抄存本因时间的推移,有的纸张变质,有的字迹已模糊,出于整理与保护的需要,必须要全部重新誊抄。1932年至1942年需要抄的电报共有2 000多万字,其中已经字迹不清难于辨认急需重抄的电报约180万字,所以抄写任务紧急繁重,为了争取时间,仅1941年9至12月便抄写了约120万字的电报档案。

剪贴电报档案。为了保存电报档案的准确和减少抄写的数量,对一些字迹清楚和能够分割开的电报,采用了剪贴的办法,将电报从本子上剪下贴在规定的纸上保存。这样做既避免了因重抄可能造成的错漏,又减少了抄写电报的数量。

3. 拟写标题

以往的电报都没有标题,有的连标点符号也未加,为了分类整理和查找利用,在抄写和整理电报时,需要根据电报的内容拟制标题。拟制标题时,要求中心突出、简明扼要,分别用以下方法进行。

概括法:对一部分内容比较明确单一的电报,如指示、决定等,用一句话概括全文的标题。

说明法:电报中包含的有关人物、时间、地点和问题等内容,在每个标题中要能够反映出来。

正附法:在电报标题拟制后仍不能反映其全部主要内容的,可再加写一个副标题。

为了便于对电报的办理和阅看,中央于1948年7月规定实行一报一事制,一个电报只能请示报告一个问题或一件事,不应写有两个完全性质不同的问题。从此,为电报档案分类整理创造了有利条件。

4.分类

分类整理包括对电报档案的分类、编号和编写档案目录三项工作。对中央电报档案先后使用了两种分类法进行整理。1941年初开始到1943年7月,使用"先类后台"法进行整理,即将每年的电报档案先按问题分若干大类,大类内再根据问题的繁简又分若干小类,然后将每一小类内的同一电台(作者)的电报档案整理在一起。1943年7月以后使用"先台后类"法进行整理,即将每年的电报档案先按电台分开,然后再按问题分类进行整理。

为了能够使电报档案的分类做到统一准确,拟有电报分类表。如1941年整理电报档案时分为全盘、党的政策、军事、政工、后勤、战报、各种统计、情报、人事9类。1945年制定的电报档案分类表则分为党政、军事、政工、组干、统战外交、外围军、政治情报、电讯机要和其他9个大类。随着革命形势的发展,电报的内容在不断增多,1948年的电报分为24大类,每个大类内又分设若干小类,每类都用阿拉伯数字依次固定一个顺序号。

5.编制目录

已经整理好的电报档案都编有目录,详细登记了每个电报档案的作者、时间、内容摘要(标题)、页数和档案号。还规定了毛主席亲笔写的发电稿,要另行单独整理保存。档案号码必须编写在电报右上角一寸之中心处,如该处有批字不能编号时,须另贴一块方纸后再编号。

对电报档案的整理,在分类、固定编号等方法上虽与整理图书的方法有相似之处,但整理方法上与图书是完全不同的。因电报档案有极大的变动性与无规律性,电报分类表只能根据所整理电报的内容拟定,不可能像图书那样固定不变。然而,以"类"与"台"相结合进行的分类整理还是比较粗略的,不可能完全满足从不同角度查调电报档案的需要。

二、干部档案及其整理

抗战时期中国共产党干部档案和干部档案工作正式建立。1940年中共中央提出各级党委、各地区、各军事部门要注重干部档案统一管理问题,依照管理权限将干部档案报送上级机构或中央组织部进行集中保存。同年8月,总政治部也提出各级政治机构和组织机构负有收集管理干部档案之责,并颁行了相关制度——《总政治部关于干部工作第三号指示》,首次提出"各级政治部组织部有收集及保管干部各种材料的责任",这是中国共产党有关干部档案应在组织部门管理的第一个明确规定。

干部档案实行分级管理的规定,也意味着归档单位各不相同。依照相关史料记载,干部档案原则上应按不同级别分别保管:中央、各中央分局、各省委的委员以及中央各部委处长以上的干部档案由中央组织部保存;部队系统凡团级以上的干部档案由总政治部保存;各地方则视具体情况仍由各级组织、人事部门按级别管理干部档案。如《晋冀鲁豫边区政府干部工作指示》(1945年5月)规定:"边府保存区长、县科长、县长以上干部的档案,各专区凡区长以上干部的鉴定应填写后送边府一份。各专区保存区助理员以上之档案。各县府保存村干部及区助理员的干部档案。"

当时形成的干部档案主要包括以下几大类:

一是履历材料。主要是反映个人家庭状况、社会关系、工作履历、个人政治历史、学习情况、优缺点、奖惩情况等相关文件材料,多角度反映党政军干部的过往经历及现实面貌。干部档案的履历材料主要包括履历表、登记表、简历表等,相关表格由组织部门统一制定。

二是自传材料。主要就是干部个人生活经历、社会生活环境和社会关系的总体自述,干部个人自传材料必须经组织部门考察核实,如家庭成员关系、社会地位，加入党组织前的生活经历、状态及入党介绍人、加入党组织的时间，过去学习及工作环境，过去奖惩情况，对现有工作的认识等。

三是审查材料。是指党委组织部门在对干部进行审查后所形成的相关调查材料、调查证据、审核报告及结果等相关文件材料及表格，包括干部个人就审查问题所写的交代材料、被捕被俘的证明材料、有关重大错误的检举揭发处分材料等。

四是其他材料。指干部在日常工作中形成的由组织部门保管审核的材料。如个人的入党、入团登记表，政绩考核审查材料，在过往生活、学习或工作中有突出表现所颁发奖励及证明材料，针对个人错误问题所留存的调查、处分证明及相关职务变动、调整、任免资料。

由于抗战初期党政军各部门的组织管理及权责划分不甚明确，对党的干部档案管理方面相关制度的制定还未成体系；因此，个人档案材料数目及内容较少，常常几人或几十人的人事档案装为一册或一袋。这种粗放式的整理办法，随着干部档案数量的增加已经明显不适应了。抗战中期后，中国共产党开始认识到现有干部档案管理中存在的问题，提出干部档案应以个人为单位分开管理。干部档案材料应包括个人经历、评审考察资料、奖惩材料、教育经历、信件等相关问题分类，并依照时间先后顺序进行排列整理。对于整理后的文件在文件边缘打孔并以细绳或挂带装订后封装，并在档案袋上标注姓名及编号，以姓氏笔画顺序为依据统一排列放置于木箱中。干部档案通常一人一袋，材料多者一人可数袋。

战争年代里，情况瞬息万变，大量的干部档案材料无论是保管还是转移都有困难。为此，组织部门建立了干部卡片，将干部的个人信息，如姓名、籍贯、工作经历、政治历史等相关问题记录于卡片上，供组织审核及日常查阅，干部档案原件则选择较安全的场所妥存。

干部档案的建立，为党政军各系统的各级组织选人、识人、用人提供了最基本的依据，使中国共产党在这一时期基本上最大限度地发挥了人才的优势与作用。

第六章　新民主主义革命时期中国共产党档案管理工作

档案管理指直接对档案实体和档案信息进行管理并提供利用服务的各项业务工作的总称,是由多环节组成的使档案管理系统功能发挥各自作用的一个有机整体。新民主主义革命时期,中国共产党档案管理工作因起步晚并受客观环境影响,没有形成较完整的相互关联又相互制约的档案管理活动系统。因而,本书主要围绕该时期档案工作中较重要的收、管、用三个环节加以全面阐述。

第一节　文件材料的收集工作

文件材料的收集是档案工作的首要环节,也是档案积累的前提与基础。中国共产党历来就将收集文件材料视为掌握各种情况、制定方针政策、指导工作和战斗、总结经验教训、把握事物发展规律所必不可少的一项重要工作。毛泽东认为材料是党正确决策的重要依据,强调"材料是搜集得愈多愈好"。正是基于对文件材料收集重要性的充分认识,在整个新民主主义革命时期,文件材料收集工作才得以有序开展。

该时期文件材料的收集工作从范围上看极其宽泛,既有党政军群各系统各部门在日常工作和斗争中形成的各类现行文件,也有历史文件;既有党政军群各系统发行的各类书报刊物,也包括历史书报刊物,还有传单、标语等;既包括我们自己形成的文件,也包括敌方、友方的文件。这一时期文件收集的方式也多种多样,除了各级部门收集本机关、本行业系统的文件外,还有通过逐级上报制度收集文件,范围广、规模大的专项收集及专题征集,通过购买和交换的形式收集各类书报等。本书将以收集主体、收集范围(收集文件的种类)和收集方式三者的有机结合,系统介绍这一时期文件收集工作的基本状况。

一、各级党政军机关文件的收集

(一)各级党组织对文件的收集

建党初期,党的各级机关形成的文件比较有限,相对也较集中,随着革命形势的发展,革命队伍日益壮大,各级机关在各项工作的开展中所形成的文件数量也在不断增加,尤其是文件材料在其中占据了相当的比例,也成为收集工作的重点。各级党的有关机构为有序推行各项工作,必须要以党的方针政策、现实工作境况及多方面实际情况为基础,因此,必须要收集相关档案文件。由于第一次国内革命战争时期尚未建立人民军队和党领导的民主政权,所以文件的收集主要是在党的各级机构中进行的。

党的领导人做搜集材料的工作是建党初期文书档案工作的一大特点。1921年7月成立中国共产党的第一个领导机构——中央局后,陈独秀为书记,张国焘为组织主任,李达为宣传主任,整个中央机关只有这三个人,没有其他任何办事机构和工作人员。因此,党的领导人除承担全面的工作以外,还必须亲自做搜集材料的工作。

由于中国共产党长期处于艰苦、险恶的战争环境下,造成大量党内文件损毁甚至遗失,因此,党的第三次全国代表大会后,从党中央到地方各级执行委员会都开始了秘密搜集文献资料工作。而全面开展对文件材料的搜集,则是在各级秘书处建立后,如上海区委秘书处就指定专人负责

新民主主义革命时期中国共产党文书档案工作研究

"搜集统计材料及记录起草等事"。因上海区执委规定各级组织机构在文件失去现行效用后,统一将这些办理完毕的文件交由秘书部门收集保管,这也成为中国共产党文件归档保管制度的早期形态。

为了保证文件的齐全,当时对下发的文件也要进行收集,因为当上级机关发出文件后,一旦本机关未留原稿、副本或文件遭到意外损失,就要向下级单位收集。中共上海区执委会就因为在蒋介石发动"四一二"反革命政变的前夕,将区执委会曾发布的通告、信件及其他重要材料全部烧毁了,不得不在1927年4月18日发布《关于搜集过去文件存底问题》的通知,说明被烧毁的文件既经常使用,又是历史材料,因而"失之殊感痛惜!现为重新搜集,以便存底"。

(二)通过逐级上报和请示报告制度集中文件

按中央规定,各地区的文件在不同层级的相同组织间要逐级上报,最后报送至中央,由此积累档案。1923年6月陈独秀在中国共产党第三次全国代表大会的报告中指出:党的最近的主要的工作是宣传马列主义,是对下级进行指导,而宣传指导工作就需要起草文件和出版刊物,而出版刊物或起草文件又急需参考使用大量的材料。由于"中央委员会人员太少,不能搜集很多材料,又由于遭受迫害,许多材料遗失了"。因此,要求各区执委会尽快供应材料给中央,供中央领导人使用。

从建党早期就制定并在以后各阶段持续运用的请示报告制度,成为文件搜集最常规最重要的手段之一。1921年11月《中央局通告》中要求北京、上海、广州、长沙、武汉建立中共区执行委员会,并要他们向中央报送材料,这是报告制度的开始。此后,中央又接连发出通告,要各地建立报送材料制度。比如,1926年2月13日中共中央发出《各级党组织必须按时按要求向中央作工作报告》(即中央通告第77号),对报告制度做了详细具体的规定。通告指出:过去我们的组织有比较松散的现象,"各级组织间的关系极不密切",其主要原因是缺乏联系,下级"对于上级机关更缺乏系统的、详密的报告",上级缺乏对实际工作的指导,其结果是上级不了解下级的真实的状况,影响制定切合实际的政策,影响统一组织和分配力量,不能很好地实行党的民主集中的原则。要改变这种状况,各地必须按照中央的规定,建立报告制度。

建党初期,党的文件中就有计划类,如工作计划、财务计划、综合计划、年度计划、季度计划等。中央规定:各地方党组织制订的计划必须向中央报送。中央还规定各地方必须把会议记录报送中央。作为下级组织向上级组织汇报工作、请示问题常用的文件——报告,在当时也要上报;按照相关规定,各类报告要一式两份,一份留存,一份上送。通告还指出:每月下级向上级、区执委会向中央做一次总的报告,"如有怠忽,须严格依纪律处罚"。可见,中央把呈送报告材料作为党的制度和党的纪律来要求。当时,中央组织部下发了不少表格,以便对党员和相关工作人员的工作进行必要的检查督促,该通告又规定各区执委会"每月统计表、工作人员检查表、党员检查表等三种务须迅速按期详细填报寄来"。同年9月,党中央于《通告钟字第21号》文件中指出:各地区有关机构必须逐级向上级机构报告本地区政治建设、组织宣传工作情况、工农运动开展效果等11类方面材料。这些材料要逐级上报到中央秘书处,接到上报材料后,中央秘书处视具体情况要保存有重要价值的,其余则送交相关领导。这种逐级上报制度不仅在档案积累上起了积极作用,更为中央了解各级党的组织工作活动情况准备了重要材料。

在党领导下的人民军队,其形成的文件材料也要按规定上报集中。"各团连之重要文件,一律集中到师部去"的规定,就是在毛泽东和朱德发布的《红军第一方面军红字第十一号命令》中提出的。1931年12月和1932年3月,由朱德、王稼祥、彭德怀联名先后发布了《征集军事教育材料和计划》的训令和《收集书籍送教育部》的通令,令红军各部队要注意

新民主主义革命时期中国共产党文书档案工作研究

收集教育计划、教育材料和书籍,以便为打造铁的红军和满足苏区学校教育提供参考资料,并对原来随意焚烧书籍的现象予以严厉制止。

中国共产党领导的工农武装力量在抗战时期,因抵抗日军侵略而长期进行游击战争,造成部门之间联系时有中断,部队在作战时常常被分割,党中央也对地方缺乏有效了解,层级机构间缺乏有效沟通,难以制定统一且具有普遍适用性的制度规范。为强化中央一级同下级机构的沟通交流,保证文件及时上传下达,各项政令深入落实到地方机构并得到有效执行,各级地方组织为此向中央呈报了大量请示文件。该时期文件同第一、第二次国内战争时请示报告有些不同,因无线电技术的普遍推行,大量请示报告开始以文电形式出现,仅1937年中央秘书处文电报告数量已多达2 140件。现实战争环境的残酷,日伪和国民党反动派对我根据地进行的"封锁围剿",导致传统文件传递方式耗时、耗力情况更为严重,因而依靠电报传递成为党的各级机构互通信息、传达政令指示的最有效途径。1944年,中央秘书长王若飞发布《关于各级党委如何对上级做报告问题的意见》的通知,后该意见经由毛泽东、刘少奇反复审核与修改,最终被命名为《关于做报告问题的意见》,提出在战时环境下我党可以电报、书面材料、口头请示及广播播报的形式进行请示报告。在此基础上,《关于做报告问题的意见》又对具体报送材料的撰写与范围方面提出有关要求。

收集到的各类重要材料需要上报至延安,最终如何安全送抵?当时抗日根据地主要采用通过交通站派人徒步秘密传递和拍发电报传递等方式,而在国统区和敌占区党的地下组织,则常常采用将材料压缩成公开或秘密电讯的方式发往延安。

中国共产党领导的民主政权,也广泛开展了档案的收集与征集工作,其中以抗日根据地的收集工作成果最为显著。抗战时期建立的19个抗日民主根据地,在日常工作和战斗中都形成了大量的文件资料,也形成了经常化的收征集工作。如晋察冀中央分局调研室在反扫荡中仍然坚持做的一项重要日常工作,就是"搜集敌友我三方面的材料,加以整理研究,以供领导同志参考"。当时通常的做法是各机构文件材料的收集移交工作由秘书机构统一负责,各级调研室负责档案文件前期征集。如由陕西省委发布的《秘书处暂行业务条例》和《研究室暂行业务条例》,明确提出省委机构的文电资料由秘书部门负责集中收集,各级地方机构的文件由研究室负责收集。其时各地收集文件基本按下列途径进行:

一是对各级直属机构文件进行成批次收集。这种收集方式是中国共产党获取档案资料的主要来源。1943年,《西北中央局秘书处各科(室)工作业务》中提出要将成批次收集档案的方式同零散收集的方式相结合,统一收集主要由秘书处材料室将党政军群的所有材料进行"汇集、登记、保管"。

二是接收撤销机关档案。1937年9月至1945年8月,为防止陕甘宁边区政府十几个直属机关因档案遗失造成机构内部历史中断、凭证材料缺失,该边区秘书处派专人对这十几个撤销机构的文件进行及时收集。如中华苏维埃西北办事处虽被撤销,但其文件都被边区政府秘书处接收。陕甘宁边区对文件接收工作的有效开展,使得陕甘宁地区的历史文件得到最大限度的保留。

三是收回战时埋藏的文件。在华北地区,因日寇的"三光"政策,文件常常遭受各种损毁,因此被迫埋藏了部分文件,其收集保存工作面临诸多现实困难。1943年晋冀鲁豫政府秘书处在其工作报告中规定,若文件因现实非可抗性因素而被埋藏于地下,在非战时期要及时将文件取回。及时取回疏散的文件也成为文件收集的一种形式。

四是首长亲自收集保存文件。党政军机关因战时敌人封锁扫荡而常常变动,主要领导人也常深入基层。即便在这种环境下党政军系统的领导人依然有繁重工作需要处理,大量文件不得不随身保管。并且这一时

新民主主义革命时期中国共产党文书档案工作研究

期形成的文件多为对党的战略布局、党政建设有指导性意义的重要文件,需要我各级秘书处着重收集保管。如刘少奇因工作关系曾收集保存了中共中原局及新四军的共计12包文件,并于1942年奉命回延安后全部移交给中央秘书处统一保管。

（三）建立归档制度收集文件材料

新民主主义革命时期,特别是第一、二次国内革命战争时期,中国共产党的归档制度尚不健全,直至抗日战争时期,中央各机关一般才都坚持将文件及时归档,但这一时期的归档制度还相当简单,而且没有专门制度规定。但在具体实践中还是比较明确的,即机关内部的各个机构向本机关秘书处归档,各机构秘书处将已处理完毕的文件交由中央秘书处进行集中统一管理。为保证文件归档工作的有序开展,《中央秘书处材料科党务材料管理法（草）》（1941年）中对档案的移交及收集保管工作提出一系列要求,如"对于收集到的档案必须在文件登记表上及时登记"各项内容。从某种程度上看,归档制度也可作为文件材料集中和统计的一种基本方式。

二、中央各部委收集本系统内的文件材料

自1924年中央各级组织机构相继成立后,伴随机构业务的有序开展,大量文书档案资料不断形成并不断积累,成为各级机构内部业务系统范围内的专门文件资料,这些文件材料的收集工作也应运而生,本书重点介绍工运与农运材料的收集工作。

（一）工运材料的收集

工运材料的收集主要由中共中央职工运动委员会负责,该组织特于1925年末发布了《召集工运讨论会和搜集工运材料的通告》,提出各地区

要加快对于工人运动文件材料的收集整理工作。

一是收集有关"二七"大罢工、安源路矿工人斗争、五卅运动中形成的历史材料。如中央组织部交通处1925年3月1日给中共旅莫斯科支部的信函说:"兹寄上大会议决案10本,请交两本与国际。纱厂罢工新闻1卷……请斟酌译交国际。"由此表明,工运材料无论对中共中央还是共产国际都有利用价值,这两个机构也都负有收集反映工人运动的档案文件之责。不仅如此,中国共产党还对1927年前的3次全国劳动大会中所形成的各类会议决定、指示、报告、会议记录等各项会务材料进行了集中的、重点的收集与整理。这些材料不仅对中央日常工作的开展有重要意义,同时对共产国际也有利用价值。

二是收集工人运动的出版物。在中国共产党成立以前,党的早期马克思主义思想传播者及拥护者、共产党早期组织都编辑出版过《劳动者》等报刊。在建党后,各类有关工人运动的报刊如《中国工人》《上海总工会三日刊》《工人宝鉴》等成为工人运动、工人新闻纪实报道的首要宣传刊物,这些均因其是研究工人运动的第一手材料而成为收集的对象之一。

(二)农运材料的收集

因对农民群众力量的重视,自1923年后中国共产党对农民运动中所形成的大量文件材料进行了重点征集,以便对日后农民运动的成功开展提供有益指导,农运材料的收集主要由中央农民运动委员会负责。从1923年至1926年,按照中共中央的部署与要求,主要收集的农运材料如下:

其一,收集农民协会的文件材料。由于现实政治的残酷,各地农民相继开展农民运动反抗旧政权统治,如湖南、湖北、广东、广西、江西、浙江等省份纷纷建立农民协会,有省农民协会、县农民协会,还有乡农民协会等。各协会虽为群众组织,但在打土豪、分田地,反抗暴力统治,争取权力自由

新民主主义革命时期中国共产党文书档案工作研究

方面毫不逊色。各地农民组织以公告宣言、传单标语等形式展开反抗运动,中国共产党高度重视对这部分材料的收集。

其二,收集农民运动调查报告。中央大力倡导去农村巡查,以便了解、组织与开展农民运动。后来以《国民革命与农民运动》《湖南农民运动考察报告》《海陆丰农民运动》等标题刊发的报道,实际都是毛泽东等深入农村进行广泛调查而形成的调查报告,这些调查报告主要记录了农民革命运动和农民觉醒的历史进程。因此,对这些资料加以必要的收集保存,对于发动农民和正确领导农民运动起了重要作用。

其三,收集农民运动教育材料。此类材料主要形成于中央和地方创办的农民运动训练班和讲习所,这些机构的创办,提高了农民的文化素养、军事水平,为党组织培养了一批既懂军事又了解农民运动的骨干力量。毛泽东、彭湃、董必武等中国共产党的领导人曾先后创办过农民运动讲习所,这些讲习所后来都成为党的重要的农民运动干部教育学习基地,农民干部在学习过程中所形成的各类教材、资料、笔记都非常珍贵,从而成为我党收集和保存的重要文件之一。

三、书报刊物的收集与汇编

这一时期,党政军各级机关中绝大多数都出版有被视为"机关领导的喉舌"的本机关的机关报和刊物,在报告上级和指示下级方面有着类似于文件的功能,也确实能起到领导指挥的作用。所以,自建党起,就将文件、书报刊物都纳入各类材料搜集的范围,并通过内部交换、收集、购买、汇编等方式实现对材料的集中管理。

(一)各类书报刊物、文件的收集

早在1922年6月30日,中共中央执行委员会书记陈独秀在《给共产国际的报告》中就曾报告了通过印刷品搜集文件的情况。报告说:中共成立一年来,翻译了第三国际的有关文件500份,印发了陈独秀论太平洋会议文件、论文500份。李汉俊评太平洋会议的小册子5 000份,出版、印刷了各种图书12种,共3 000份,各种书报刊物16 500份。可见,建党伊始,就开始了对书报刊物的收集。

新民主主义革命时期,书报刊物的收集划分为建党前与建党后两大部分。建党前已出版发行的书报刊物主要收集范围为由陈独秀和李大钊、毛泽东、周恩来分别主编并有广泛影响的《新青年》《湘江评论》《觉悟》等,还有被各地共产党早期组织列为必读物而编写的马克思主义刊物。这些报刊尽管早已停办,但因其具有的重要理论与研究价值,仍在我党搜集之列。建党后主要收集的中央及地方出版发行的书报刊物包括《向导》《党报》《前锋》《中央政治通讯》《武汉评论》《东北日报》等。当时,出版单位是具有较强独立性的,并不隶属于秘书处,所以要求秘书处搜集各机关的书报刊物,主要作为资料以供领导者使用。

该时期各级党政军领导机关不仅以编辑出版等方式积累了大量书刊,也通过征集中央及各地方文件并进行汇编、汇集而获取了大量材料。抗战期间,凡区党委以上的党政军机关都出版了100余种各机关的工作通讯等。中央各部委及各地方组织也都编辑出版了各种文件汇集80余种,其时最著名的莫过于由毛泽东于1941年9月亲自主持编辑的《六大以前——党的历史材料》《六大以来——党内秘密文件》《抗战以来重要文件汇集》和《两条路线》文件汇编,后陆续出版,从而为中央政治局总结20年来中国共产党领导革命斗争正反两个方面的经验提供了有力的支撑。在各机关编辑出版内部刊物和文件汇编过程中,在中央的倡导下,各部门都积极提供文件、稿件等资料。如编辑《六大以来——党内秘密文件》时500余件相关文件被集中于中央书记处,使之顺利编成并出版。这些文件和资料既能够在当时有效指导各级工作,也在其后成为反映中国共产党历史活动最有力的凭证,中国共产党的文件资料宝库获得了极大

新民主主义革命时期中国共产党文书档案工作研究

的丰富。

与此同时,也注重对涵盖各种政治力量的书报刊物等材料的收集。所谓"政治力量"包括封建统治者、军阀反动派和帝国主义势力,在他们创办的书报刊物中,能够充分显露出这些敌对阵营的政治态度、主张及各派别间的斗争及其动向。其中国民党反动派出版的书报刊物成为中国共产党重点收集的对象,尤其那些反映国共合作基本活动的书刊受到格外关注,在中国共产党内部成为各级组织领导人的必读物。

(二)订购各类书报刊物

当时中国共产党将秘书工作部门在秘密斗争时期购买所需的书刊作为一项基本的任务,中共中央执行委员会在1923年10月15日发出的《致各区地方小组同志信》要求:"凡购书皆备两份,一份置北京,一份置上海。"订购的书报刊物主要包括以下各类:

购买外文书报刊物。由于中国共产党高层领导人中相当一部分有留学经历,我党出于斗争需要订购了一批外文书报,其中以马列主义著作和苏共的俄文报刊数量最多,这些书刊也成为中共深入研究马克思主义理论和最大限度地汲取苏共经验的重要来源,得到了较广泛的应用。

购买技术书报刊物。新民主主义革命,不单纯是政治军事革命,而是涉及各个领域全方位的建设,其中包括科学技术的运用与发展。由于当时中国科学技术远落后于欧洲,所以中国共产党将对国外各种有关书报刊物的购买作为汲取知识和技术的主要途径。陈独秀在《关于购买俄文报刊书籍事给中共旅莫支部信》中明确"技术方面"就是那些"有军事的、有机械制造的、有秘密斗争知识的、有秘书工作速记知识的"。来自书报刊物中的具体知识和技术,在电报通讯方面起了重大作用,地下和军事斗争中也参考了大量有关内容。

订购国民党方面的书报刊物。各党政军机关在抗日战争时期,一般收集资料的方式之一就是订购书报刊物。在八路军驻重庆办事处和南方局工作的周恩来,就利用在国统区的便利条件,购买了国民党及其他方面的报刊和书籍。

(三)通过内部交换获取书报刊物

书报刊物收集的另一种途径就是书报刊物的内部交换。如中共中央执行委员会在每期《向导》《前锋》《新青年》出版后,都会赠送给团中央1~2份。当时出版物交换主要有两种形式:一是成批交换,《文件处置办法》中就明确规定中央组织部、宣传部等机关的出版物要整套交给秘书处,秘书处也要把与各机关工作内容有紧密联系的报刊整套交给各机关。二是互补性交换,即各机关和部门之间相互交换每期出版的报刊。交换出版物,对任何机关而言都可谓两利互补。正因如此,书报刊物的交换才成为秘书工作的一项普遍业务。

四、各类特殊材料的收集

新民主主义革命时期形成的所有资料中,有一种既不是文电也不是书报刊物的非常特殊的文字材料,即各类革命组织张贴或散发的标语、传单、纪念册、贺帖等。这种材料的特点就是语言简洁易懂,内容短小精炼,形式灵活多样,不仅易于群众理解,也易于在敌方发放,其宣传、鼓动作用不可小觑,还有一定的历史与纪念意义,所以历来被中国共产党视为档案文件的一部分加以收集。1922年陈独秀在《给共产国际的报告》中对此有详细记载和统计,报告称:自中国共产党建立一年来,印发共产主义歌篇6 000张,散发过2 000份传单、贺帖6万张,与召开马克思纪念会有关的宣传品2万份。并且强调说明中国共产党对这些材料选择性地进行保管是非常必要的。

文件材料的收集形式决定其传递方式。一般以邮寄方式递送的,往往是收集、订购和交流来的各种书报刊物;而由各根据地邮局负责递送的,往往是国民党方面或敌伪的书报刊物,皆采购自不同的地方。中央秘书处收发部门负责接收各地寄来的书报刊物,据统计,中共中央秘书处从1942年到1945年每年平均收到这方面的文件资料约有1万件。后来"山河邮局"成立,接收和分配各地送来书报刊物的工作由其来承担。

五、对文件材料大规模的集中收集

由于长期处于战争和地下斗争环境,尤其是长征过程中又无法进行有效的收集工作,致使我党政军形成的文件材料损失了一部分,自己处理了一部分,造成了一些材料严重缺失。因此,中央到达陕北后,为了工作需要曾屡次发动收集工作。较大规模的收集工作有三次。

第一次收集工作开始于1937年的上半年。那时,第二次国内革命战争已接近结束,中央驻地延安得到了相对的安定。为了纪念中国工农红军的不朽功勋,继承红军的光荣传统,同时向全世界人民宣传中国工农红军长征的伟大胜利,毛泽东、朱德联名于1937年5月10日发出了《军委关于征集红军历史材料的通知》,组建了红军战史征编委员会,由邓小平、张爱萍、陆定一、丁玲、舒同、甘泗淇、傅钟、黄镇、萧克等11人担任委员,负责对红军战史材料进行收集、整理和编辑工作,同时规定收集红军的各种文件、电报、回忆录和其他纪念品(详细内容见本节第六个问题)。

第二次收集工作于1941年8月整风运动初期开始,党中央、中央军委和社会部就如何开展文件资料收集工作问题先后发布了许多指令性文件。此间,中央为了克服党内存在的主观主义和形式主义的作风,发出了《关于调查研究的决定》和《关于实施调查研究的决定》两个文件。为能够尽快完成这项工作,按照中共中央的部署,中央、中共中央局和分局、各省委都设立了相应的调查研究机构,其下又分别设有材料室与研究室,材料室主掌收集、保管和上送文件材料,研究室则专门在调查研究中从事收集材料、研究材料、向中央供给材料的工作。其中,政治研究室内设政治研究组、经济研究组、国际研究组等,负责研究各类材料,党务研究室负责研究各地党组织的现状与党的政策。1942年,根据毛泽东要系统研究中共党史、国际共产主义运动史和充分了解国民党的指示,各地加强了敌我友三方面文件资料的收集工作。

资料收集的主要方式包括:一是利用开调查会的办法收集。一般是邀集有经验者或亲历者开调查会,后经整理出来的调查记录,就成为相关材料。二是利用各种重要会议收集材料。从建党开始,中国共产党召开了很多次重要会议,由于会务工作由中央秘书处担任,因此收集会议材料也主要由秘书处负责。三是收集名人列传,也包括家谱、县志、府志、省志等。在收集的过程中不仅限于革命队伍内部,也收集如敌军团以上军官、县以上地方长官、会道门首领等知名人士自身经历完成的传记,并要求收集书面材料同时还要收集照片。四是收集口头材料。毛泽东较早提出要收集口头材料,由于收集口头材料涉及的人员、范围非常广泛,党中央遂建议可以运用"个别口头询问或派人去问,或调人来问"的收集方式。将记录下来的口头文字整理成材料后来也成为中国共产党资料收集工作的途径之一。

资料收集的地区与范围:此次收集工作涉及的地区相当多,有革命根据地、日寇占领区和国民党统治区;涉及的范围也相当广,从党的文件一直到公开的书籍报刊。在这次收集工作中,设在上海的"中央文库"也向中央输送了文件。1941年中央编辑《六大以来》等文献汇集时,曾指示上海地下党组织从"中央文库"中选一部分重要文件送中央。上海"中央文库"的同志立即组织人力将1927年4月5日《汪精卫、陈独秀联合宣言》等一批文件拍摄成底片,伪装成"干电池"式样,由地下交通带到华中局然后递送延安。

第三次收集工作主要是收集英雄模范和烈士的材料。当时各部队的职责之一,就是广泛收集英雄模范人物的事迹。收集来的材料要登载于报刊上广泛宣传,同时重要材料还务必电告中央。在党的第七次全国代表大会开会之前,中央组织部总政治部曾收集了大批革命烈士材料,开会前夕,他们又请求各地到会代表介绍本地方、本单位的英雄模范人物的模范事迹和撰写著名烈士的材料。很多代表一方面积极收集材料,另一方面根据自己的记忆写了一些回忆材料。这次收集的烈士材料,分别保存于中央组织部和总政治部。后来以这些材料为基础,缩编成《死难烈士英名录》和《军队烈士英名录》。

六、专题性文件材料收集工作的开展

(一)征集红军史料

长征前,毛泽东、朱德、项英联合签发了《成立红军战史编辑委员会的决定》,为此,成立了专门的资料征集机构,由叶剑英等13人组成了编辑委员会。编辑委员会的具体任务:一是收集整理数年来工农红军的历史材料,作为日后编辑红军战史的最重要的依据。二是为提高红军指挥员的军事指挥技能与水平,要对工农红军战士在战争中获取的经验与独到的见解进行收集,同时将国际尤其是苏联军事作家的著述加以推介。三是不定期地出版发行相关杂志。四是凡红军转战地区的一切材料都要详细调查。还特别说明,为便于今后能够为制定作战方案提供依据和参考,不仅要对红军作战资料进行收集和编撰,更不能忽视其保存工作,所以才特别为此专门成立了一个委员会,能让任务具体落实到相关负责人,使之有章可循。红军战史编辑委员会,是我党、我军设置最早的征集、编辑军史资料的专门机构,对军队档案收集工作开展起了很大的促进作用。

长征过后,又大规模地开展了两次红军史料的征集工作,主要原因一方面在于长征中有关红军史的资料损失过多,另一方面是为了记录伟大的长征。

第一次是在红一方面军内部开展征集。毛泽东与杨尚昆一方面给全体参加过长征的同志致函,一方面给各部队发送了《为出版红军长征记征稿》的电报,进行广泛的收集动员。此次征集具有局部性特点,一是只局限于红一方面军内部进行,二是收集的范围没有包括红军的电报和文件,只是回忆性的稿件、文章以及调查材料。尽管如此,还是得到了部队的积极响应,产生了较多的作品。

第二次征集活动在1937年开展,是大规模面向全军范围的征集红军史料的专项征集活动。在红军创建十周年纪念日即将来临之际的1937年5月10日,组建了以邓小平为首的11人红军战史征编委员会,按照毛泽东、朱德联名发出的《军委关于征集红军历史材料的通知》精神,详细列举了此次征集的17类具体材料内容,其中包括了文字资料和具有文物价值的实物。此次征集的一个特点是有偿征集,"一切创作稿件和纪念品,送来经采用后,均给以五角至二十元的现金酬报"。征集活动得到了全军指战员的积极响应,他们非常踊跃地捐献文件、照片、回忆录等,所有文献资料集中后编辑出版了《军事文献》《红军长征记》《红军大事记》等珍贵的历史文献。而其中被美国记者埃德加·斯诺离开陕北时带走的一些资料,也成就了著名的《红星照耀中国》,英国1937年10月出版了英文版,1938年在上海出版了其中译本——《西行漫记》。实践证明,这些收集起来的材料,在后来政治、军事、宣传等工作中发挥了重要的参考作用。

伴随着征集工作广泛而持久地开展,尤其是第二次征集活动的结束,文件资料征集工作迈向了一个新阶段。与之前相比,差异与进步都较明显。第一,征集重点有别,从重在现行材料的收集向具有历史意义的材料征集转移;第二,征集工作的组织领导从无到有,首次为征集工作成立了专门的机构;第三,征集范围明确而具体,对征集范围、征集面、征集资料的主要类别都做出规定,并进行广泛的动员和号召,这是前所未有的;第四,首次以物质奖励为主同时辅助政治奖励的形式开展征集工作,这种双重奖励的机制调动了军队指战员和各机关的积极性,对进一步推动文件材料的收集工作起了较大的作用。

此外,中国共产党也很早就注重对红军死难烈士资料的征集,《中国工农红军优待条例》(1931年11月)第十六条明确指出:红军烈士事迹材料由军事机关或政府汇集公布,死亡烈士的遗物也由军事机关或政府收集,并在博物馆中陈列。

(二)对敌资料的搜集

1931年3月17日,随着第一次反"围剿"的胜利,《红军第一方面军红字第一号训令》命令从今凡与敌交战后,各部队务必将敌人的"机密图书、文件、电报、密码"一概搜集起来。王稼祥也于1932年发布命令,指出要对敌进行政治宣传和策反,就必须考察并掌握敌军情况及相关材料,具体内容:敌部队历史,部队来自哪个派系,内部是否有派别之分;士兵的社会成分、籍贯以及兵龄;士兵的政治倾向,接受过怎样的反动宣传,有否动摇情形等。材料主要的收集方法为:向从事对敌斗争工作的同志了解敌情,询问被俘虏的官兵,阅读并研究敌方的文件及宣传品,派遣专门的政治侦探。

抗战时期,随着国共第二次合作的达成,八路军在乌鲁木齐、西安、重庆、兰州等地均设立了办事处,负责领导南方各省工作的中共南方局就驻在重庆,中共代表主要在此开展活动。这些地方的文书档案工作遇到的比较大的困难,就是大量的文件材料不能被有效保存。尽管如此,文件材料的收集工作并未停止。一方面,注重对国共双方在各方面进行的意见交换和专门谈判中形成的一系列文件材料进行收集。另一方面,也注重对本机关形成文件的收集。如在周恩来亲自指导下,南方局始终坚持将各类文件向党中央报送,南方局领导下的各省委也多通过秘密电台向中国共产党报送重要文件材料。

在日寇投降前夕和投降过程中,许多重要档案材料或全部运走或就地销毁,但一些日伪企业、事业单位的文件和图书未来得及运走和销毁,散落在各处,需要下大力气搜集和集中这些散失的材料。相比之下,伪军或伪组织的档案材料留下来的就比较多,仅晋察冀边区敌伪文献清理处就接收了这种档案40余箱,1万余卷,还接收了图书8万余册。

对敌资料收集的一个重要途径,是我党地下工作者和情报人员对敌材料和情报的搜集。主要以两种方式进行:一是平常性的收集文件材料,以便摸清敌情,有针对性地开展工作;二是在解放前对敌材料的收集。比如兰州解放前,中共奉榆(兰州)工委从配合解放和接管着眼,利用统战关系、党组织和党员力量,加快搜集政治情报、军事情报、当地社会状况等方面的资料。时任中共奉榆工委书记罗扬实手中,就汇集了通过各种渠道搜集的各类情报资料,他根据自己的地下工作经验对这些材料进行分类整理,从而为解放和顺利接管兰州、建立人民政府、肃清反革命提供了重要依据。

这一时期中国共产党档案文件的收集、征集工作,经历了从无到有,并逐渐向常态化、规范化、机构化、制度化方向发展的过程。由于该时期收集、征集目标明确,分工负责,可操作性强,不仅能够直接服务于中国共产党的政治建设与军事斗争,还能较准确了解和掌握敌情,进而有针对性地总结和把握革命自身发展规律。但不可否认,当时相关的规定、命令受各种因素的制约而没有得到全面的贯彻实施或执行不到位,不过这些有益尝试为后来的收集工作提供了可贵的经验。

第二节 档案文件的保管、保护与保密

新民主主义革命时期,因长期处于战争环境下,加之没有直接可借鉴

的经验,各地区各部门情况各异,党的机关、各根据地、各部队无暇在制度上对档案文件的保管与保护做出必要的、统一的规范。对于档案保管而言,大多数情况下是各地区各机关根据本部门的实际情况自行处理。至于档案的保护,由于基本条件皆不具备,只有防鼠防霉要求,而今天看来比较简单的温度、湿度等要求及一些相关保护措施却均未提上议事日程。故而这一时期档案的保管主要侧重于实体的保藏,档案保护则是在各种情况下以各种方式手段保证档案的绝对安全。但由于档案文件的具体内容涉及中国共产党的大量机密,因此,该时期中国共产党始终关注保守党的秘密问题,出台了一系列相关的纪律、制度及措施,对文书档案工作及人员提出了许多原则性和具体性要求。总之,档案的实体安全和内容安全是相互依存的,况且在这个特殊的历史时期,实体的安全又在很大程度上决定着内容的安全,那么,做好保管、保护和保密工作的重要性就不言而喻。该时期的文书档案人员模范地执行了有关档案文件保管、保护与保密的相关规定,有效维护了党的安全与利益。

一、文件材料的常规化保管、保护

从文件材料保管处所的选择情况看,主要视具体情况而定,通常情况下,国统区、敌占区与根据地是有一定区别的。

中国共产党成立后,由于未设置专门的机构与人员,各级组织的文件材料保存于保管人家中。1926年7月中央秘书处成立并随之设置了文件保管处,但由于党组织处于秘密状态,所以机关文件仍大多保存在自己同志家中。大革命失败后,党在国统区的一切工作完全转入地下,面对更加凶险的环境,党的各级组织为档案文件的保管也做出了具体指示,《中央通告第32号——关于组织工作》(1928年1月30日)要求各级党部"要切实注意秘密工作的技术,如负责同志家中不要放许多文件,不要许多负责同志全住在一处等"。原来,为了查阅和使用方便,除专门人员外,党组织的负责人手里也都普遍保存相关文件,所以出于文件和负责人安全考虑,中央特发通告,以尽可能地减少不必要的损失。当时,各地区还有很多秘密交通站,负责文件材料的临时保管与递送中转。抗日战争时期,尤其抗日民族统一战线建立后,国统区的环境有所改变,但档案文件保存于地下同志家中的做法并未改变,仍强调"家庭化"的保管模式。而中央局、八路军、新四军在国统区设立的众多半公开的办事处,尽管档案文件基本在办事处保存,但为保险起见,也要在其他地方和共产国际进行异地保管。解放战争时期,尚未解放的地区还沿袭旧法,只是面临的形势与之前比大有好转,那些已经解放了的城市与地区,档案随后按要求逐渐被集中起来保管。

第二次国内革命战争后,中国共产党建立了自己的根据地,因为有武装力量做后盾,这一时期各级苏维埃政权的文件材料主要在各机关内保存保管,但各根据地文书档案机构建设情况参差不齐。左右江根据地《前委通告(第二号)——关于党的组织工作》(1929年12月20日)规定:"地方党部须要即刻建立合于斗争的秘密机关,地方党部各级指导机关须有候补组织。"所谓"秘密机关"的工作显然包括文书档案工作。从通告内容看,左右江根据地适合秘密斗争的机关设置不健全。而有些根据地则出于工作效率考虑,加之政权规模不大,机关合署办公,只设置一个总务处来保管各机关的文件。抗日战争时期,陕甘宁等边区进入了暂时的和平稳定时期,所以机关文书档案工作有了很大的发展,文件档案普遍保存保管于机关内部,但一些重要档案秘密保存于窑洞中。解放战争时期,中国共产党经年积累起的档案除了一部分在秘书处材料科集中保管外,还有一部分保存在各机关,国民党对根据地进行大规模进攻后,以就地埋藏和疏散转移为主,后无论是保存于当地的档案文件,还是转移到各地的文件,陆续运至北京集中保管,成为中央档案馆最重要的馆藏之一。

红军建立后,从团至总司令部都有文书档案机构及人员之设置,营连也设有文书人员。由于战争的频繁,为利用方便,文件材料主要随作战部队走,保管上比较分散。1930年底,中央红军第一次反"围剿"战斗中,为档案安全,部队将大量档案放置在根据地,敌人激烈的进攻使苏区也受到很大的损失,在指挥战斗时一直被此问题困扰的朱德突然有了一个新想法,即把文件材料集中起来统一管理,并命令各个战斗部队立即执行。后来,临战前移交档案至师部作为一项制度被确立下来。这样,一方面使得大批档案在部队的集中护卫下得以完整和妥善保管;另一方面,由于当时文书档案人员大多为兼职,一旦有军事行动,军队各级组织都必须有人员去保管和保护档案,集中保管后,减轻了各部队的负担,也增强了部队战斗力。《中央革命军事委员会关于保持机密问题的训令》(1933年9月)对驻军档案的保管进行了规定,要求"驻军时尽可能的找独立家屋最好是公共祠堂,如与居民同住时,则设法使之与作战室等紧要机关隔离"。抗战时期和解放战争时期,在根据地和解放区,档案一般保存在军事机关中,如不经常使用的,需要另择地点保管。

至于文件材料的存放工具,这一时期无论是国统区还是根据地,通常是整理登记后的文件和档案一般放在文件夹内或放在文件箱内,差别不大,只不过存放器具的材料有所不同。以文件箱为例,重要的且条件允许的时候用皮箱,中央文库档案就是用皮箱保管的。井冈山时期条件比较艰苦,所以保管档案往往就地取材,主要用竹木箱。在国统区,文件都是秘密保管的,基本放在文件箱中,便于随时疏散转移;在根据地,各机关日常文件的保管多存于文件夹中,遇到各类紧急情况装箱转移。比如解放战争时期中央档案三次大转移时,考虑档案材料装箱工作既要保护重点档案,又要便于携带,所以将原定的木箱改用铁皮箱子,既能多装材料,又比较轻便。部队行军打仗时文件材料也存放在箱子内。中国共产党和军队中的高级领导干部每人都配有文件箱,既可携带保管文件,又是审阅办理事务的办公室,被称为"流动的档案室"。领导干部的秘书或警卫人员,也在背包中保管部分常用档案以便随时利用。还有特别机密的档案保管箱,里面储备燃料,一旦来不及转移或做其他更好的处理,按动机关直接烧毁。

解放战争后,档案在一定区域和范围内实行集中保管的条件已经具备。各级党组织、各部队及各边区政府根据按照《中央办公厅关于保密问题的通知》(1946年11月)精神,迅速对文电资料展开了清理工作,使乱烧文电和文电处理紊乱的现象在很大程度上得到了纠正,大大减少了泄密的可能性。中央各机关在短短的3个月内就将1.6万余件档案移交给中央办公厅秘书处材料科,档案集中化保管趋势进一步加强。

二、危机与特殊情况下档案文件的处理与保护

(一) 埋藏

战争年代保管保护文件档案的有效办法之一就是秘密埋藏,许多机关在各个革命历史时期都采用过此办法对档案文件加以保护。比如1934年10月中共闽西特委曾把全部档案装在棺材内埋藏于福建长汀县东南半山腰上。国民党大举进攻中原解放区时,胶东区党委决定将档案安全秘密地埋藏起来,由此规定:凡时间较久远并已失去现行使用意义的文件一律焚毁,十分有必要保存的文件,相关部门与负责同志尽可能自带,如不具备自带条件,在党内可靠关系的协助下,可以装缸埋入地下。又如1947年初,党中央在撤离延安前,中共中央书记处办公厅秘书处材料科在陕北的清涧县山区和保安县山区分别埋藏了30余箱档案,并派专人守候。秘密埋藏档案是一种安全性与风险性并存的办法,最大的风险在于经手人和守候人一旦发生意外,埋藏地点无他人知晓,就很难再找寻得到。

（二）疏散与转移

在国统区地下斗争条件下，档案的随时疏散与转移已经成为常态，也是档案保护的最重要的形式。如中央文库的档案在上海保存期间，多次临时变换保管地点，中央文库档案在抗战胜利后进行了最后一次部分搬迁。日本宣布无条件投降后的上海，在内战的阴影笼罩下，国民党的军警特务依然布满大街小巷，他们不仅逮捕和残杀共产党员和进步群众，也为破坏共产党地下组织机关而运用各种手段获取中共情报，中央文库处于危险之中。恰在此时，周恩来率中共谈判代表团于1946年5月3日由重庆抵南京，6月代表团在上海设立驻上海办事处。对中央文库一向关心的周恩来，利用谈判的机会，听取了中共上海局领导的汇报，主要就中央文库全部库藏迁往延安事宜进行筹划，认为国共和谈尚未破裂之际是转移中央文库档案的最佳时机。时任上海工委副书记的刘少文奉命亲自承担了此次运送档案任务，他来到上海后即与吴成方取得联系，由吴成方通知陈来生预做准备。由于相隔遥远，水路不通，国民党又封锁着各解放区，陆路难行，所以冒险利用飞机运输，这种运输形式决定只能运送一部分文件，两大箱约6 000份文件顺利运抵延安。后周恩来很快又重返上海，在确定中央文库安全无虞的情况下，即刻下令中央文库终止运送档案。为了保护党的所有机密，中共中央还特此发布《关于邮寄文件的规定》（1946年9月2日），指出内战打响后，再利用飞机传送秘密文件已不可能。

在战争年代，保护档案最安全的方法就是武装护送大批档案进行转移。内战之火于1946年6月全面点燃，国民党大举进攻中原解放区，战争初期的斗争形势决定档案工作的重点就是将档案文件疏散转移到安全地区。在对文件加以简单清理的基础上，没有保存必要的文件均被销毁，余下的档案文件则疏散转移。为了使相关工作人员能够进一步明确保护文件的重要性及职责,中央有针对性地对他们进行保密教育和气节教育,以确保党的机密不致落入敌人手中。毛泽东为此指示:疏散工作不可惊慌失措,片纸只字不要落入敌人之手。随后,在中央办公厅领导下,各机关开始有条不紊地进行疏散转移工作。这就是中国档案史上著名的,也是该时期最有代表性的中共档案文件三次大规模转移。具体情况如下:

第一次转移。当胡宗南军队进攻延安时,从1947年3月开始了对档案资料的第一次疏散转移。从长征结束到达陕北后,延安就成为全国革命的中心,10年中,驻延安的各机关、各单位积累了相当多的档案材料,仅中央秘书处集中起来的珍贵档案材料就分别存于数个窑洞中。当时,根据中央后方委员会指示,临时由中央秘书处材料科、机要处电整科、组织部材料科、总政治部秘书处资料室组成了中央材料保管委员会,在秘书处处长曾三统一率领指挥下,分别携带着各自的档案撤离延安,由贺龙派部队武装保护,进行有组织的统一转移,一个月后安全抵达并驻扎于晋绥革命根据地的山西兴县刘家曲。由于此次疏散转移是多部门联合行动,档案文件虽分别携带,但各部门的档案临时全部集中,所以后续工作主要是对档案进行全面的清理。

需要特别说明的是,当时秘书处保管的档案材料有50余箱,分成4个部分:第一部分是政治、经济、文化艺术等方面的公开材料,包括2箱图书和各解放区的报纸,寄存在瓦窑堡吴家寨子;第二部分是16箱档案和书刊,有各中央局、边区政府报送来的部分文件材料,主要还是《六大以来》《军事文献》等资料,被运往陕北保安县永宁山区西北局农场;第三部分约13箱文件材料,内容都很重要,有党中央在抗战中期前的部分文件,中央各种会议的速记材料和中央局的文件材料,《向导》《红旗》《斗争》等历史资料,还有周恩来、李富春、张闻天的札记材料等,运往陕北清涧县市家塬子坚壁起来,委托县委代管;第四部分是20余箱最重要的档案材料,只有这部分档案文件才是跟随中央材料保管委员会转移的。这四部分档案材料中,前三部分主要是做了疏散处理。1947年国民党军队先后到达瓦窑堡和保安县时,为了防止意外,这两地保存的部分档案材料已先行派人做了处理,而坚壁在清涧县市家塬子的机密档案却未及转移就陷入敌军重围之中。中办秘书处处长曾三专程于1947年4月2日向刘少奇、朱德汇报了这一情况,他们口头指示"一定要派人把清涧的机密性强的文件取回来",随后于1947年4月5日联名拍发了《关于处理档案问题给中央报告》请示电。坐镇陕北主持工作的毛泽东、周恩来等人于1947年4月7日回电,党中央同意刘、朱对这批档案的处理意见。中办秘书处派谷先南、杜思如前往清涧完成这项任务。根据党中央决定,谷先南、杜思如临危受命,取回了5箱重要档案,其余材料连夜销毁,圆满完成了这项艰巨的任务。

第二次转移。到达刘家曲仅短短几个月,中国人民解放军开始进入反攻阶段,这时革命正处于一个新的转折时期,党中央各机关开始了第二次的战略转移。在刘家曲重新整理好的档案由中央材料保管委员会的成员携带转移,因基本上都是在解放区行军,一路上一般每五六十里地就有一个兵站,所以转移进度较快,也比较安全。但阎锡山的残部仍驻守在五台山,因此,中央材料保管委员会被迫翻越五台山进入河北。历经1个月的艰苦跋涉,最终大约在1948年4月初,中央材料保管委员会抵达河北的平山西柏坡。之后就地解散,原各档案部门又回到了各自的机关。

第三次转移。三大战役后国民党统治已被彻底瓦解,1949年3月,由周恩来、杨尚昆统一指挥从河北平山西柏坡向北平搬迁,而北平方面则组成了由叶剑英、李克农为首的接待委员会负责相关事宜。由于没有足够的箱子,只能采取文件装箱、资料包捆进行登记的方法,将档案和资料分别装卡车上,两辆卡车由秘书处的工作人员分别乘车保护。最后一次大转移于1949年3月23日开始,在石家庄和保定各短暂停留1天后,第3天到达北平香山。

因中央领导的重视和指示及广大文书档案人员的努力,在敌人进犯时,重要的档案材料基本上都安全存留了下来。伴随党中央各机关历时两年多的三次大转移,档案材料也经过了三次大搬迁,其间不仅对档案材料进行了卓有成效的清理和疏散,更保证了档案的绝对安全。这批被安全完整保护下来的档案资料,在新中国成立后又担负起新的使命,进入了新的发展时期。

(三)妥善处理撤销机关的档案

机关的成立与撤销在新民主主义革命过程中是比较常见的,机关撤销后遗留的文电档案如何处理则是非常棘手的问题。据统计,陕甘宁边区政府系统从1937年到1945年期间有十几个直属机关先后被撤销,各机关遗留的文件材料都由边区政府秘书处及时接管。晋冀鲁豫边区秘书处曾将其直属机关文件资料、撤销机关档案及战时埋藏的文件都集中起来,并在1943年的一份工作总结报告中规定:紧急时可以埋藏文件,在"非战时取回备查"。后根据《中央办公厅关于保密问题的通知》精神,已经撤销的机关、单位中以个人名义收藏的文电资料,在中央一律交中央秘书处接收保存,地方党组织的秘书处接收保管各地方、各部队撤销机关的文电。如从1946年上半年开始,中共驻国统区的一切代表机构因蒋介石一心准备打内战而被强制关闭和撤退,撤退期间国民党特务还妄想趁机捞取点军政机密。为了维护党的机密安全,各办事处都在撤销之前对文电材料秘密地进行了处理。1947年3月撤离延安前夕,党中央要求领导同志带头移交文件档案,毛泽东、周恩来分别将共两箱文电移交给中央秘书处,其中就包括已撤销的中共中央农委、政策研究室和外事组等的档案。此外,根据党中央的决定,中国共产党1937年以前在各大城市地下斗争中形成的一切文电档案也都由中央秘书处接收,于是,在各大城市都成立了文献接收处,负责接收地下党组织遗留的一切文电。

三、各斗争阶段档案文件保密规定与措施

中国共产党将档案文件内容的安全保密上升到战略高度来认识,由此出台了一系列的制度、指示,提出了许多具体措施。

大革命时期,中国共产党就把保守党的秘密作为全体党员的铁的纪律写进党章,强制党员无条件遵守,其目的就是为保障新生的中国共产党永久地生存和发展,并领导人民取得反帝反封建斗争的最终胜利。党内文书处理工作中的多种代号、暗语也在毛泽东担任中央秘书期间编制出来,并建立了文件签发等制度以确保文件保密工作顺利进行。中央执委会在1926年设立了秘书处后,发明应用了密写、密传和密藏技术等,也常以一些隐语、暗语代指党团组织及其工作。在"白色恐怖"的艰难背景下,上述简单的保密措施还是十分有效的。

第二次国内革命战争时期,做好红军队伍中的保密工作是重点。长征伊始,朱德、周恩来联名发出《中央军委关于转移中的文电处理和保管办法》,其中提出的要求大多与文电保密、保管有关,如:一切发出和收到的电报都要求抄存,由政委负责保管电报抄本;秘书和机要人员要"养成其机警、精细的特点",前提是各军团的首长和参谋长要加强领导和检查;各部队接到需要转发的上级文件时"可以重新组织文字",不要照抄原文;有关机密不得在个人的日记中呈现,如确属工作需要,也用"暗号"来表示;等等。

抗日战争时期,为了进一步加强文件档案的保密工作,大量的制度出台,创造了一套适应游击战和运动战环境的新的保密制度和方法。其中中央组织部颁行的《保守党内秘密条例》(1937年5月20日)共有14个条款,提出了非常具体的保密纪律与要求。

(1)任何与工作有关的事情,不能告诉你认为可靠的人,只能告诉工作上必须知道的人,否则就是在帮助敌探与内奸。

(2)不应向非党群众泄露党的秘密,无论他与你关系如何。

(3)绝对禁止在非党的报纸上对新闻记者泄露党和苏维埃的秘密。

(4)你在工作上无须知道的事情禁止到处打听。

(5)任何人不得泄露未公布的领导机关的决定。

(6)不得向任何人泄露有关红军的任何情况及苏维埃的财政经济状况等。

(7)不得与来自白区的新人谈论党内问题,不管他是否为党员。

(8)关于红军苏区及党的问题禁止在经国民党邮政的信件上谈论。

(9)一切秘密文件递送时必须固封,受领者必须妥存。除发给指定的同志外,发给组织的秘密文件由委员会之负责人,小组由小组长,支部由支书保存,不得遗失党内秘密文件。

(10)派往国统区工作的人员,不得泄露去向和任务,也不得带任何文件,专门的交通除外。

(11)个人摘录的包含秘密性的内容,应妥为保存,并应在过一时期后焚毁。

(12)不准任何与工作无关之私人进入机要科和秘书处等机关。

(13)禁止以打电话方式谈论秘密问题。

(14)如有违反上项之一,应受到党的处罚直到开除党籍。①

抗战时期,国民党和其他敌对势力更加紧了对中国共产党的破坏阴谋和活动,而国共合作又给他们提供了一定的条件,为此,中央书记处于1939年4月12日发布了《中央关于秘密工作的几个决定》。文中首先列举了在国统区泄密的具体事实及对我党工作造成的损失,而后就国统区党委及党的机关保密工作做出决定,主要内容有:(1)所有的秘密文件阅读后立即清查销毁,不得保存;(2)党员和干部登记表禁止印刷,过去已

---

① 中共中央书记处编:《六大以来——党内秘密文件》(下),人民出版社1981年版,第106页。

有登记表须立即销毁;(3)除特别允许公开发表者外,各地党报不得登载党所领导的工作通讯;(4)教育党员及接近党的群众与同情者,不要和延安及其他公开共产党机关人员通信。①

解放战争时期,党中央突出地抓了机要制度的健全工作,确立了人员少、规模小、机动灵活的机制目标和保密、细致、灵活的工作方法。周恩来于1948年12月15日签发了《机要规则》,对军队保密工作进行了规定:(1)部队参谋长领导机要工作;(2)定期向上级作保密工作报告;(3)一定要确保机要秘书和密码的安全,各部队机要秘书负责收发管理电报;(4)电报按缓急四等,并由首长负责签发、批示。由于国民党反动派在其统治区实行法西斯统治,特务活动猖獗,加之溃败前的垂死挣扎,保密工作的外部环境尤为险恶。我党对保密工作提出了更高的要求:"在蒋管区工作的同志,文件随看随烧,不准随身携带任何秘密文件,禁止所有同志记录开会、谈话的秘密内容,限制印制秘密文件、电报,限制秘密文件电报的阅读范围,谨小慎微,在任何细节上都注意保密。"

四、有关军事文件保密工作的严格要求

新民主主义革命时期,中国共产党的工作中心是武装斗争,军事方面文件档案的保密格外受到关注与重视,因为直接牵涉战争的胜负。由于部队人员保密意识不强,曾发生多起无意或故意泄露机密的事件,所以党中央和中央军委一直要求军队的文书档案人员都应注意保密,且要求很具体并各有侧重。

1. 随军行动的档案保密

文书档案人员随部队行动时,出于文件保密的需要,秘书、文书、参

---

① 中共中央书记处编:《六大以来——党内秘密文件》(下),人民出版社1981年版,第212页。

谋、干事要专门携带领导者随时使用的文件,同时务要始终在首长身边随时听候吩咐。

2. 确定战时档案密级

《防止敌人奸细破坏部队的密令》(1931年5月14日)规定要细致划分"机密"。中央军委为切实防范敌人窃密,在1933年9月18日《关于保持机密问题的训令》中对"机密"进行细分的基础上,要求发文发电上都要注明"机密""绝密""普通"字样。朱德、周恩来下达的《朱、周对保护我军文件电报的几项规定》(1934年10月10日),提出一切文电要"分出机密、普通、常用、待查各类",并要求存放机密文件特制机要箱内要"储置燃剂,为急紧时燃毁之用",文件箱档案员要随身携带。在红军长征开始时,要求全部档案按密级由文书档案人员分开携带。

3. 专人保管文电制度

抗战时期因国共合作,国共两党互派军事联络员是一种常规的做法,当时作战部队产生的机密文电、地图、作战方案、战例图等材料比较多,但由于在我多数军事机关中文电保管未设专人,因此责任不清,容易泄密。朱德、彭德怀为此联名发布了《关于国民党派人来八路军任联络参谋时应该注意事项的指示》(1938年2月6日),指出各部队"一切机密文件应有专人保管",保存文电的地方,除秘书机构人员外"不许任何人进入"。从此,建立了专人保管文电制度。

4. 军情紧急时要烧毁绝密文电

文书档案人员和机要人员在抗战时期,无论所处抗战前方还是敌后,遇到危险时要用随身带的火柴先烧毁绝密文电。抗战时期通常要求在友军控制区尽量不保存文件,或自行烧掉,或将重要文件设法送至根据地。解放战争时期当胡宗南部1947年进攻陕北时,我方几十万件文电报自行烧掉,这一数据还仅是中央各机关的,当时被烧毁的文件数量远不止这些。

5. 紧急情况下档案的分类处置

1945年曾三来到中央秘书处,按照刘少奇、朱德的指示,将档案分为甲、乙、丙、丁四类,分别具体对应又重要又机密、重要而不机密、机密而不重要、既不重要又不机密的档案文件。而不同类别的文件又有不同的处置方法:派专人保护的为甲类,埋藏于保险地区的为乙类,军情紧急时可以就地烧毁的为丙类与丁类。从此,按机密性与重要性分类处置档案就成为战时档案保管的一项原则。后曾三在1947年6月的《中央秘书处材料科工作总结》中进行了如下归纳:1945年前,档案工作者保密工作观念强,但认为什么都"保密",把中央档案库当作"货栈",只看守不主动提供使用。可见,曾三认为档案工作的保密,有消极保密和积极保密之分,保密的同时也要做好提供利用工作。

五、对旧政权档案的保护性接收

接收敌伪档案和一切旧政权档案,目的在于保护国家一切历史文化财富,中国共产党文书档案工作历来将其视为对维护国家机密有重要意义的一项重要工作和政策,尤其是在解放战争后期的新解放区相关工作更要有所加强。因为举凡包含国防要塞、经济命脉、国际关系及其他秘密内容的文电和资料,皆在敌伪与旧政权历史档案中有涉及,一旦这些档案材料散失于社会或流传于国外,都会给我方带来巨大的损失。特此,在《中央给刘伯承、邓小平、贺龙、李井泉电请注意搜集顽方政府档案文献》(1947年2月8日)中一再重申:在敌人驻守的城市被攻克时,前线部队各政治部要注意"搜集顽方政府一切档案文献法令转送后方"。根据中央这一指示精神,成立了各级档案接收委员会,接收敌伪物资、人员和一切旧政权档案文献。后北京、南京等地专门成立旧政权物资档案接收委员会,配备专门人员对旧政权档案进行全面的接收。各级人民政府将不同程度上含有国家机密的档案接收为新民主主义国家所有,既维护了国家的安全,又保护了历史文化遗产。

总而言之,在新民主主义革命时期的各个阶段,中国共产党都高度重视档案材料的实体与内容安全,党中央、中央军委、根据地政权及各级组织都在制度安排和措施规定上全方位地指导了该时期档案文件的保管、保护与保密工作,使一大批珍贵的历史记忆得以永久留存。

第三节 形式多样的档案文件利用

新民主主义革命时期,随着中国共产党文书档案的产生,便有了档案文件的利用工作,各级秘书部门的一项重要本职工作就是提供档案利用。当时一些部门或设置阅览室供有关人员使用,或将档案发借给单位或个人使用。许多机关还普遍进行了文件的汇编与汇集,利用书报刊物、广播电台汇编与公布档案以适应各方面的需求,甚至为了党在关键历史时期的重要决策被迫千里调卷等。上述利用方法各有千秋,同时并用,既反映了中国共产党对档案材料频繁使用的一般状况,也表明党为适应各种环境对档案利用形式和途径的不同选择。各种形式的档案利用在革命斗争中发挥了思想指导力、舆论引导力、宣传鼓动力、民心凝聚力的巨大作用。

需要特别说明的是,这一时期档案文件汇编、汇集的出版发行及文件材料在报刊上的刊载,不仅成为档案文件利用的重要形式,而且成为档案保护保存的又一特殊形式。一方面,党政军各系统文件的汇编汇集,在部分档案原件因故不复留存后,本身就成为弥足珍贵的档案史料;另一方面,中国共产党曾规定报刊可以保管起来,而登载于报刊上的文件材料则允许销毁,只在目录中注明文件出处。这样,被保存下来的报刊上的文件,不仅在内容上与原件完全相符,而且又可确定其归属和查寻依据,也基本等同于档案本身。因此,该时期的档案文件利用形式,成为保存历史记忆和对文献材料进行重要补充与佐证的一种特殊手段。

新民主主义革命时期中国共产党文书档案工作研究

一、文件材料的阅览

如果单纯从使用文件形式看,在建党初期就有了阅览室的雏形,当时中央局宣传主任李达的寓所,既是中央局的办公室,还是文件保管场所,中央局的主要领导经常光顾查阅文件。1926年中央秘书处文书科建立后,又在其下设立了文件保管处、文件阅览处和密写文件处。文件阅览处是专门供中央领导查看文件的机构,尽管也是设在同志家,可以说,这是中国共产党第一个正式的文件阅览专门机构。

长征到达陕北后,中央秘书处材料科在延安为方便党政军群各机关人员借用档案,在一间窑洞中首先开辟了阅览室。中央办公厅和中组部联合制定的《关于阅读与保管秘密文件规则》(1943年1月6日),对阅览阅读文件的范围做了细致规定。一是有资格阅读和使用中央秘密文件的人员名单由组织部确定,各级秘书部门提供相应的文件时要严格按名单执行;原则上绝密文件只能供党中央负责人阅读和使用,各部委的部长、副部长、主任、副主任委员及科长允许阅读和使用机密文件。二是需要由各部委负责人批准,方能在秘书处材料科阅读各部委和地方移交来的文件。三是有借阅文件需要的借阅人,应办理相关手续后才能借出,并在发件回执上亲笔签名。借阅者要按照文件上标明的机密性质来传阅,并负起保存保护文件之责,不得在未经批准情况下将档案借给他人,也不能擅自摘抄文件内容,更不能丢失文件。借阅者利用完毕后必须亲自送还秘书处,如发生泄密、丢失等事件,提交上级党组织来处理。可见,当时档案利用有着非常严格的限制。

二、文件的发借与清退催还

发借,严格讲实际上是两种不同的利用形式。文书档案机构或人员将需要利用的文件发送给相关的部门或负责人使用的一种方式称为

"发"。"借"是档案文件的外借,利用者暂且将档案借出的一种利用方式。

文件的发借始于抗战时期,是指将一些经常需要查阅和参考价值较高的档案,由中央秘书处发送给有关部队、地方和相关负责同志使用的制度。按《关于阅读党内秘密文件的规则》要求:只有在秘书处注明文件机密程度后方能按规定发送和借阅文件,收件的负责同志在清点无误后在发件单上亲笔签字,才能按机密程度进行传阅和妥存。如遇收件人工作调动,必须全部移交或清还所发文件;在接到催还的通知后,无论接收借阅绝密文件的是单位还是个人,即刻派通讯员送交并需由中央秘书处文书科亲自接收。按照相关规定要求,有权阅读普通秘密文件的干部人员,其人员名单也必须经过各系统组织部门的审批后呈报给中央办公厅汇存。

与发借档案相对应的就是文件的清退催还。在提供阅览和发借文件后,一般必定跟随着清退催还的环节,清退催还表达的是同一事务,只是实施的主体不同。清退是针对收件者或借阅者而言的,催还则是对发借文件者而言的。1943年中央办公厅发布了《党内绝密文件阅读保管发退条例》,相关要求包括:一是凡绝密文件的收回有时间限定;绝密文件都附书面收据,在收据上签字或盖章才表明收件单位正式签收文件,签收凭据由送件人员带回。二是收件机关要定期将绝密文件退还给原发文机关,要按季度及时进行清理,并将清理结果上报中央秘书处。

三、档案的异地调阅

新民主主义革命时期,调阅档案也是档案利用的形式之一。由于国统区和根据地是相互隔绝的,加之交通不便、信息传播方式落后,异地调阅档案的工作只能靠中共秘密交通线和交通员来做,其间充满艰辛与危险,但是很多时候都能够比较顺利地完成任务。这时期中央文库文件送

新民主主义革命时期中国共产党文书档案工作研究

交党中央成为"千里调卷"的一段佳话。

1941年9月10日,为了深刻检讨党在10年内战后期的领导路线问题,中央政治局扩大会议(又称中央九月会议)召开,毛泽东做了主旨报告。后根据会议精神成立了中央学习组,学习组所做的报告中,毛泽东再次强调应重点研究中共六大以来的党史,并要求各地"一定要找这些文件"。党中央将调阅文件的目录于1943年电示华中局情报部长潘汉年。文件由内埠交通送达华中情报局上海负责人张唯一后,很快通知吴成方办理,吴成方把调卷目录送交陈来生,要求他速将相关文件抄成副本交来。要在2万余份档案中找到中央需要的几十份文件,难度可想而知,陈来生还是尽快地找到了这些文件,并让自己的属下分头抄写完毕交给吴成方,这些文件副本被拍摄下来后又交还回文库。中共地下交通员巧妙地将胶卷进行了伪装,顺利送到新四军根据地。因缺少扩印设备,只能由一位同志手持放大镜读出胶卷上的文字,另一位同志同步进行记录,就是以这样的方式将六十几张胶卷整理成文稿,再用电报发至延安,千里调卷任务成功完成。

中央文库文件受到党中央的高度重视,为便于党政军高级干部学习和研究使用,中央秘书处将主要内容摘录后登载于《中央电讯》上。正是对这些文件的利用,才使中国共产党在总结党的历史经验基础上,对王明"左"倾机会主义路线进行了更加深入的研究和批判。毛泽东利用这些文件补充了他亲自编写的《六大以来》等书籍的内容,周恩来写出了2万余字《关于党的"六大"的研究》的整风笔记。

四、档案文件的编研

编辑出版档案资料是档案工作的一项重要内容,也是党的一项重要事业。新民主主义革命时期,各部门将各类文件材料加以汇编出版或在报刊上广泛登载,这项工作对于宣传党的方针政策,传达人民政府的施政纲领,打击帝国主义的侵略,揭露反动统治者的罪恶,报道人民革命军事斗争和政权建设,动员和组织民众,介绍工作经验,交流各种情报等都是不可或缺的战斗武器。其时档案文件的编研工作不仅相当普遍、成果丰硕,而且有着相对严密的组织与管理。

(一)档案文件汇编工作的组织领导

新民主主义革命时期,在各个不同阶段党政军群组织都创办了各类报纸、期刊与内部通讯等。因而,档案文件汇编的主要成果形式通常包括:将文件汇编成册出版发行,将各类文件定期或不定期刊载于党政军群各部门的机关报、报纸和期刊上。所以,对于文件及其他材料的出版、发行和刊发,都要成立相应的机构进行有序的管理。

第一次国内革命战争时期,中央执行局于1921年11月发布的第一个通告,就关乎各地方党组织编辑出版报刊的内容,并要求各级党组织对中共中央局机关报《向导》《党报》等进行积极推销。党内刊物的编辑、出版、发行工作最初由党内宣传主任(李达)和秘书(毛泽东)负责,在中央执委会1923年10月15日下达《教育宣传委员会组织法》后,按要求将编辑部、函授部、通讯部、印行部、图书馆设置于教育宣传委员会下,《新青年》《前锋》《向导》等八种刊物的编辑出版工作由编辑部负责,蔡和森、瞿秋白、恽代英和高君宇等分别担任主编。党的地方执委员会中也须设一人专负教育宣传之责。自此,从中央至地方党的各级机关都成立了党报委员会、出版部、编辑部、报刊出版社等组织领导机构,如瞿秋白任中央党报委员会书记、张太雷任中央出版局局长。后随着环境的变化,这些机构相继撤销。1926年秘书处成立后,其一切内部刊物和文电汇集的分配发行工作一直由收发室、分配发行股、发行组或发行科来负责。由此足以证明,中国共产党成立初期就非常重视编研工作,使之成为始终围绕民主革命中心任务有针对性地宣传党的路线方针和时事政策、动员和组织民众的重要阵地。

第二次国内革命战争时期,在白色恐怖下,国民政府残暴地查禁焚毁中国共产党创办的及其他进步书刊,但中国共产党并未因此退缩。1927年10月24日,中共中央理论刊物《布尔什维克》在上海创刊,编辑委员会由瞿秋白、罗亦农、王若飞、邓中夏、郑超麟五人组成,在4年9个月的时间里共出版5卷52期,先后为周刊、半月刊、月刊,1932年7月1日出版最后一期后停刊。中央早在1927年12月就发布了《中共中央通告第二十二号》,要求各省委秘书处下应设立分配股以专门发行党的刊物,分配股的主要工作是将中央的文电汇集和报刊分发至各地方相关人员。同时,为确保各种刊物在群众中能真正产生实际效力,要求发行工作应用的技术应不断改进。可见这一时期国统区的编辑出版发行工作主要是由各级秘书处承担起来的。各级秘书处也担负起了文件编研工作,如中共中央秘书长提议牵头,中央秘书处出版了《中共中央秘书处通讯》(1929年),先后由在中央秘书处号称"油印博士"的邓小平、文字功底较深厚的张唯一等任主编。在苏区,因条件艰苦、经费紧张,编辑出版的规模和总量都受到限制,但还是印制了一些党和政府文件。其中最著名最具影响的为《红色中华》报,创刊于1931年12月,共出版324期,在党的各项工作开展过程中起到了重大作用。

抗日战争时期,党中央所在地延安与各个抗日民主根据地被敌人隔绝,除急件外,经常需要一两个月的时间才能上送下达一次材料。为便利文件往来,借助中国共产党获得暂时合法地位之机,编研工作在这一时期有了飞速的发展,汇编出版档案材料的作用得以凸显,编辑出版发行组织系统基本确立。

首先是发行部的设立。《中共中央关于建立发行部的通知》(1939年3月22日)指示:"从中央起至县委止一律设立发行部,必要时区委亦应设立发行部,支部委员会设发行干事。地委以上发行部除部长及必要的干事外,得依工作的需要,设立巡视员若干人。"从而形成了全党统一的、由自上而下的发行机构组成的发行网络,各级发行部的基本任务是担负起各种各样内部的和公开的书报刊物及文件汇集等的印发、分配与推销,能够比较快速及时地将各种书报刊物和文件材料传递到地方、部队和群众手中。还要求各级党委要重视对发行机构人员的业务培训和教育,不断积累发行经验,使他们成为专业的干部和熟练的发行工作者。当时,建立的发行网有公开的、半公开的和秘密的之分,目的在于发行传递能够依照各种不同的环境迅速完成。同时确立了上下级发行部之间的指导关系,下级机构要定期向上级汇报工作,上级部门应经常确认下级发行部的工作。

其次是编辑委员会组织形式的健全。党中央到达陕北后,陆续编辑出版了内部刊物,这些刊物都设有编辑出版委员会,它是由各单位出人员组成的机构。比如依《中共中央关于调整刊物问题的决定》(1941年3月26日),《解放》杂志编辑委员会委员由博古、胡乔木等8人组成;《共产党人》编辑委员会委员由邓发、李富春等9人组成。一些专业性的刊物也设有编委会,编委会有专门性的、临时性的、部门性的等,不同形式编委会的建立,保证了书报刊物和档案资料编辑、出版工作的开展。

再次,编辑出版发行各机构之间建立了相互合作的工作机制。各部门之间一是文书档案部门要为各级组织报刊编辑与档案汇编工作及时提供文献材料,有时还要负责编辑、传递和兼做发行等工作,如《中央电讯》的编辑出版由中央秘书处电讯科负责,而提供档案材料则由中央秘书处材料科负责。二是按中央规定,各级秘书处的交通部门要与发行部门保持密切联系,应尽量保证接到出版物时迅速传递。

此外,购阅党中央机关报和向党外推销相关报刊,是中国共产党党员应履行的义务,规定各支部书记既要发动全体党团员推销党报、党刊,又要担负起督促的责任,具体做到"每支部书记必使各党员订阅并担任推

新民主主义革命时期中国共产党文书档案工作研究

销,至少每人须购阅一份",如果因经济困难导致个人不能购阅,还必须召开支部会议经讨论同意方可。还要求全体党团员可借助各种社会关系免费或廉价在其他报刊上登载党报广告。这样的规定,也扩大了文件材料的传播范围和影响。

概而言之,这一时期中国共产党报刊及档案材料的编辑、出版、发行工作受到高度重视,并建立起了组织管理系统。通常情况下,发行部、编委会、文书档案部门、交通部门分工明确,各负其责,形成了一个提供材料的渠道、编辑出版渠道、交通传递渠道、安全保密渠道环环相扣的完整链条。

(二)档案材料汇编的一般情况

1. 中央文电汇编

总的来看,新民主主义革命时期,中国共产党作为中国革命、人民军队和政权的绝对领导者,出于革命斗争的各项需要,组织和参与了数量众多的文件材料的编辑出版工作,文件汇编数量最多,基本占该时期整个文件汇编的二分之一。

党的文件汇编始见于1923年创刊的《党报》,这是以刊物为形式的文件汇集,主编为陈独秀,专载中国共产党的内部文件。《党报》前四期主要汇集了中共三届一中、二中和三中全会的文件。1926年八九月间发刊的《中央政治通讯》为周刊,主要刊发中国共产党的政治决议、有关情报、地方党组织的报告、党内书信等内容。该刊只在重要的党员和干部中传阅,发行范围很小,在出版15期后的1926年12月暂时休刊,1927年8月后复刊,名为《中央通讯》,该刊物名称一直变动,前后共出刊47期。

大革命失败后,中央办了7种党刊,其中作为中央机关刊物的《布尔什维克》较具影响力,该刊第一、二卷明确指出革命运动的总方向,大量报道工农革命运动,还对大革命失败后的中国社会性质进行理论论证。中国共产党还创办了《红旗》《共产国际》《红色中华》《新华日报》《共产党人》《青年实话》等报刊。这一时期中国共产党编辑的最重要的文件汇集，就是1928年编辑代号为《国色天香》的中共六大文件汇集，主要用于传达和贯彻执行会议精神。与此同时，大革命失败后，在国统区中国共产党仍然坚持以我党开办的出版机构来出版马列著作和党的重要文献。北方人民出版社于1931年9月成立，带有指导性的纲领和决议案成为出版发行的重点，当时较著名的南强、湖风、生活、读书、新知等出版发行机构也是由中国共产党领导的。

中国共产党档案文件汇编数量最多、规模最大则是在抗日战争以后。1941年出版的《中央电讯》，其刊载文电的利用范围限定于领导干部和高级领导人，目的在于通过编辑党的指示、决议、通告、通知等文件电报，了解党的方针政策以指导本地区工作，也为执行政策提供凭证和依据。这一阶段，《六大以来——党内秘密文件》《六大以前——党的历史材料》《两条路线》《军事文献》《抗战以来重要文件汇编》等的出版，在历史文献汇编方面取得了丰硕的成果。其中，依据500余份档案材料编辑的《六大以来——党内秘密文件》，从选材到审稿都是在毛泽东主持下进行的，收进1928年以来的重要文件，书稿完成后即供给党政军高级干部学习使用。

当时，党政军领导人要在地下斗争和战争环境下做到知己知彼，百战不殆，需要随时了解敌友我各方面的信息和材料，掌握各种动态，因此，这一时期编辑了大量参考性、情报性的汇编，而且一部分是由主要提供资料的中央秘书处在党中央指示和授权下编辑出版的。党中央及毛泽东在抗战时期几乎每天都能看到各类汇编和报刊，如《周报》为绝密参考材料，定期出版，供党的领导人了解当前形势并依此制定战略决策之用；《特讯》是党中央汇集的绝密参考消息，不定期地发行；极为机密而又重要的电报材料都刊载于《中央电讯》上；《每周通讯》（1938年9月创办）顾名

新民主主义革命时期中国共产党文书档案工作研究

思义为周刊,由中央将综合后的国内外消息、新闻和情报汇集在一起,供党内高级领导人参阅,属于情报性的汇编。

2. 军事文电汇编

中国共产党军队中的秘书部门、参谋部门、后勤机构从1927年建军起,就开始对中外军事书籍进行收集,而种类丰富的军事文献汇编则主要由中央军委及军师级司政机关负责,军事文电汇编包括如下主要方面:

红军烈士文献汇编。为了纪念英雄,记录和宣传英雄事迹,中共中央革命军事委员会抚恤委员会针对红军干部战士在开辟苏区根据地和五次反"围剿"过程中牺牲者众的情况,于1932年1月发出《中国工农红军优待条例》,对红军烈士的各种材料由红军机关和政府相关部门汇集公布。又在开展大范围的搜集红军历史文献工作的基础上,结合上述报送的材料出版了《烈士英名录》。

红军文献汇编。新民主主义革命时期,对红军文献汇编非常重视,不仅成立了专门的机构,而且这些机构都由部队重要首长和人员组成,其中最具典型性与代表性的就是以叶剑英为总编辑的红军战史编辑委员会,以邓小平为首的红军历史材料征编委员会,从而在红军文献汇编方面成果显著(该项内容此前章节提及,在此不赘述)。1944年,中共中央对部队史进行了有组织的回忆编写,以迎接中共七大的召开。当时各部队积极响应中央号召,军队干部战士都踊跃参与其中。如十几名参加中共七大的原红二十五军同志,依据集体回忆执笔记录,写出了2.5万字的《红二十五军简史》向中共七大献礼。

出版军事文献。中央军委、八路军、新四军及各部队自抗日战争以来,编辑出版了《军事文献》《政工资料》《抗日战争以来重要文献汇集》等数量可观的军事文电汇集和新闻周报,对指导抗战、进行军事及政权建设都有指导意义。此外,出版了《军事通讯》《红星》《八路军军政杂志》等刊物,用以刊登转载党的军事方针政策文电,这些刊物对中国共产党指挥和指导军事斗争同样起到了一定的参考作用。

3.政权文电汇编

中华苏维埃共和国临时中央政府成立后,《中华苏维埃共和国宪法大纲》等一系列基本法令陆续出台,《中华苏维埃共和国婚姻条例》等一批专项法规又相继颁行。临时中央政府为了激励革命群众的斗志,加强对各苏区根据地的中枢指挥作用,从而快速推动革命斗争的进程,先后汇集出版了《苏维埃法典》《第一次全苏大会文献》《第二次全苏大会文献》《边府通讯》《边府导报》等文献汇编。这些文献由民主政权汇集出版,有利于民众了解中国共产党和民主政府为人民服务的本质,也有利于苏区政府机关干部学习和准确把握政策、适用法令,更有利于人民对党和民主政府的政策法令有切实的认识,这对宣传、教育、组织和依靠民众实现中国共产党既定的奋斗目标,有巨大的作用。

创办于1931年的《红色中华》是临时中央政府机关报,在苏区有着广泛的影响,从周刊逐渐办成了三日刊直至双日刊。《红色中华》是这一阶段发行量最大的报纸,该报单期最大的发行量近4万份,尽管报纸并不是以刊载党的档案文件为主,但每期几乎都有依据当时形势对党的文件的解析,所以从某种程度看,也是文件汇集的一种形式。各级苏维埃工农民主政府在1937年以前除了以报刊形式汇编出版文电外,将大量法令性文献汇集起来以袖珍本小册子形式出版,方便干部群众携带、熟悉、掌握并使用。

各抗日民主政府在1937年抗战全面爆发后,也基本采用小册子的形式编辑出版了《边区政报》《边区导报》《晋冀鲁豫边区五大法令》《冀南行政区第一届参议会汇刊》等文献汇集,其内容涵盖政权建设、军事工作、财经工作、农民土地政策、统战工作、群运工作、教育工作等。这些内容较系统丰富而外形小巧的小册子,在党的方针政策和政府法令被群众了解和认识方面作用不容小觑。成立于延安的新华书店早期业务范围较广,既出版图书,也发行期刊,因此抗战时期同样出版发行了相关的文件汇编。由新闻出版单位通过报刊登载档案材料的方式,在当时比较具有代表性。

4. 地方党组织的文电汇编工作

党的各级地方组织,大都长期在国统区坚持斗争,一些地方党委也曾在大革命时期以刊物形式刊载文电,对各地方而言,1927年以后大量文电的汇编工作才真正发展起来。据统计,从1928年8月起至1930年12月止,中共顺直省委曾创办过《顺直通讯》《出路》《北方红旗》等多种刊物,中共山东省委、中共江苏省委和中共上海区委出版发行的刊物分别为5种、7种和14种,如《党的生活》(山东)、《工农通讯》(江苏)和《满江红》(上海)等。

地方党组织的文电汇编带有突出的地方特点。(1)宗旨:加强地方党的组织思想建设;(2)主要形式:多数是内部的和公开的刊物,以秘密出版和传播为主;(3)主要对象:本区域的机关和部队的重要文电;(4)基本内容:中共中央和各省委有关文件、共产党员撰写的文章和通讯;(5)主要面向:本省的党员和进步群众;(6)重点:党在白区的中心工作。这些文电汇编在一定程度上推动了各省革命事业的发展,也密切了党与国统区群众的关系。

此外,各地方根据本地实际,从抗日战争以来,还汇编出版了一些具有专题性质的文电、法令汇集:如太岳区党委出版的《土地政策选集》、天津市出版的《法令汇编》、冀热辽分局出版的《财政建设重要文件汇集》、北平职工总会出版的《北平工运》等。由于以实际工作需要为出发点,上述涉及多个系统行业的专题性文献、法令汇编,不仅解决了工作中的问题,也为政策研究、工作研究、理论学术研究提供了大量材料与利用上的便利。

除上述各种形式外,这一时期的文件汇集形式还有剪报与文摘。将报刊上有用的篇章剪下粘贴在一起,或与文电放在一块作为档案保存,是当时习惯性做法,称之为剪报。从文电、报刊中摘取有关内容或必要时对全文进行抄录,汇集成册或直接呈送有关方面和领导使用,将原摘抄件作为档案存储,在当时称之为文摘。为适应党政军干部的要求,延安时期以剪报与文摘进行文件汇集的形式还是比较普遍的,如创刊于1941年12月24日的《党的资料》就属于这种性质。《党的资料》由中央秘书处文书科负责文件的摘抄和出版,负责人为丁农,办了有两年时间。《党的资料》主要摘抄或全文抄录党务、方针政策性文电,在实际工作中主要作为资料供中央书记处五大书记(毛泽东、朱德、刘少奇、周恩来、任弼时)查阅之用。

五、档案文件的公布

档案文件的公布,指档案文件信息的"首次"公开,是有关部门主动展示档案的行为,是方便各方面利用的重要渠道之一。新民主主义革命时期,档案文件公布的方式多种多样:在刊物(期刊、画报)和报纸上公布,以汇集的形式公布,通过广播电台的形式对外公布,还有以布告、通告、标语传单的形式公布,等等。从某种角度讲,档案文件汇编与公布是密不可分的,因为凡是公开出版发行的报刊和编研作品,实际上就是一种公布。

中国共产党创建后发布的第一个通告就要求党组织办刊物,"每个地方组织均有权出版地方的通报、日报、周刊、传单和通告"[①]。中共四大《对于宣传工作之议决案》指示:我们现时秘密组织用以教育党员的最重要机关就是党报,党内关于政策和各种运动非公开的讨论文件今后当多

[①] 中央档案馆编:《中共中央文件选集》(第一册),中共中央党校出版社1989年版,第6页。

新民主主义革命时期中国共产党文书档案工作研究

登载。① 由于大革命时期中国共产党处于秘密状态之下,编辑的档案材料大多数是秘密、内部发行的,少部分通过党的报刊向外发布,但很少集中公布。

第二次国内革命战争时期,从中央到地方各级党政机关、红军部队和群众团体都办有报纸刊物,并且注重其宣传作用。如中共湘赣边特委在《湘赣边界各县党第二次代表大会决议案》(1928年10月5日)中明确指出,要使民众"知道共产党是要左手拿宣传单,右手拿枪弹,才可以打倒敌人"②。因此,为最大限度地发挥宣传教育的效果,针对民众的接受特点,确定了画报、壁报、标语等8种宣传方法。

据不完全统计,抗战时边区创办的报纸有近百种,仅公布党政军机关重要文电的刊物就有150余种,各机关通过包括机关报在内的各类报纸及刊物的形式公布、汇集文献。所有这些报刊在向边区和各根据地及时传达党中央的声音,起了中国共产党喉舌的作用。创办于1938年1月的《新华日报》是中国共产党抗战时期在国统区公开出版发行的最有影响力的大型报纸。该报在抗战中向国统区大力宣传中国共产党的路线、方针、政策,介绍敌后抗战和各抗日根据地建设情况,反对国民党的独裁专制和特务统治,支持世界反法西斯战争。对于国民党正面战场的抗战,也如实进行报道。

解放战争时期,文电汇集出版的数量更多、范围更广,也更频繁,据统计仅由区党委或行署以上机关出版的文件汇集就达160余种,而且这一时期由于形势的转变,文电汇集基本都公开发行,成为档案公布的重要方式之一。

通过广播电台形式来公布档案文件的方式,因中国共产党无线广播

---

① 中央档案馆编:《中国共产党第二次至第六次全国代表大会文件汇编》,人民出版社1981年版,第122页。
② 余伯流、陈钢:《井冈山革命根据地全史》,江西人民出版社2007年版,第192~193页。

事业创立而兴,从时间看要晚于报刊,但中国共产党最早的新闻通讯社——红色中华通讯社(简称红中社)在1932年就已采用电台公布文件的形式。红中社更名为新华社后,1937年在延安内设了主要负责公布党务材料原文的党务广播台。中央办公厅1942年1月28日在《关于给日报写稿子与供给党务广播材料的通知》中,要求中央各部委及西北局每月供给"党务广播材料一篇"。后《中央书记处办公厅关于为党报收集稿件的通知》(1943年2月17日)中又明确规定:公开的党务广播材料由新华社负责,党内材料由办公厅负责。

布告因寓意深刻、用词简练、语言形象生动、通俗易懂而受到群众的喜欢,这一时期在文件公布中布告被广泛应用,具有很强的说服力、鼓动性和号召力。如军长朱德、党代表毛泽东联名发布的《红军第四军司令部布告》(1929年1月),采用四言韵文,对仗工整,易诵易记。虽仅有368个字,但内容非常丰富,高度而又清晰地概括了共产党一系列政策、原则、方针和主张,对红军建立的宗旨原则、军队纪律、军民关系,工农地位、土地政策、工商方针和对外关系,国民党本质、敌军状况、对帝国主义态度等方面,都有着明确的阐述和规定。很多红军从布告中得到启蒙教育,更有无数的干部战士从这张布告开始学文化,学写文书报告,学习写文章,撰写革命斗争总结,甚至撰写理论文章和从事创作。

概括而言,上述各类档案利用与公布形式,在革命斗争中作用非常广泛,具体表现为:一是广泛传达会议精神,以利于会议决议的贯彻执行;二是以一种特殊的形式保护与保存会议文电,事实证明,凡是中共三大以来及时汇编有大会文集的会议文件,通常都被保存下来;三是对各项工作具有指导作用,成为政策执行的凭证和依据;四是总结历史经验与教训,对重大历史问题进行研究并做出科学结论;五是进行政治动员和宣传,唤起民众,集聚社会力量;六是为进行政策研究、工作研究、理论与学术研究提供了大量材料和便利。

第七章　党的领导人与新民主主义革命时期文书档案工作发展

历史不仅是前人的集体记忆，而且也是前人的集体智慧。新民主主义革命时期，作为社会变革的先导、先进阶级的杰出代表、无产阶级革命斗争的领导者和组织者，中国共产党的领袖们以他们对文书档案工作的深刻理解，给予文书档案工作以巨大的关怀。无论是宏观层面上政策、制度的制定及全面指示，还是微观层面上的亲自指点及躬亲力行，都为该时期文书档案工作起到了方向性、指导性、示范性的奠基作用。尽管他们对文书档案工作的认识因环境所限还无法形成科学的体系，但中国共产党的领袖们摒弃了以往统治阶级对文书档案工作偏狭的认识，以无产阶级革命家的胸怀与视野，不仅将对文书档案工作的认识提升到一个新的高度，也使文书档案工作的独特作用在新民主主义革命过程中得以充分发挥。

第一节　党的领导人对文书档案、文书档案工作的总体认识

中国共产党的领袖们，在他们领导新民主主义革命的整个过程中，对文书档案价值的认识在逐步深化，更通过他们长期以来的斗争实践经历与活动，对文书档案工作在革命中的作用有深刻的领悟。

第七章 党的领导人与新民主主义革命时期文书档案工作发展

一、对文书档案价值的充分体认

（一）档案材料是社会实践活动的真实记录，是重要的人类历史遗产

1938年10月14日，毛泽东在党的六届六中全会上发表的题为《中国共产党在民族战争中的地位》讲话中指出："今天的中国是历史的中国的一个发展，我们是马克思主义的历史主义者，我们不应当割裂历史。从孔夫子到孙中山，我们应当给以总结，承继这一份的遗产。"1948年由周恩来亲笔修改并批签的《中央办公厅承办和收发电报（文件）及归档程序》，明确指出这一文件出台的宗旨：是以适应党和国家对文件电报使用需要为目的的，是以保存和保护党和国家一切重要历史档案为出发点的。对文书档案价值的这一认知成为这一代中国共产党领导核心贯穿始终的思想，让他们在整个革命斗争过程中，高度重视文件和档案的保管，视档案比自己的生命更重要。如朱德曾多次叮嘱档案工作人员注意档案的保护工作，一再强调档案关系到整个战争的局势及人民的生命安全，所以档案人员应将档案文件视为自己的生命。可见，朱德将档案保护工作提升到国家前途命运的高度来认识。中国共产党的领袖们秉持的这种理念也极大地增强了文书档案人员的档案意识，众多革命前辈为维护文件材料的安全奉献牺牲，从而得以在那样艰难的环境下，保持了具有重大纪念意义的新民主主义革命时期社会记录的连续性和基本的完整性。

不唯如此，作为以马克思主义理论为指导、以解放全中国全人类为己任的无产阶级政党，中国共产党的领导集体不但重视自身形成的档案，而且重视一切旧政权档案和一切历史文化遗产。毛泽东曾阐明，在无产阶级国家中，旧政权的档案是一笔宝贵的财富。基于对档案是历史真实记录的深刻理解，习仲勋十分注重文书档案资料的收集与整理工作。习仲

新民主主义革命时期中国共产党文书档案工作研究

勋担任第一野战军副政委时,在 1949 年 1 月召开的党代会中,明确提出进行城市解放工作之时必须注重珍贵材料收集工作,要对该城市一切机构的卷宗,开列清册,办理点交,听候人民解放军接收处理。① 正是从五千年中华文明史,尤其是从近代中国的历史中汲取智慧,中国共产党才在深刻理解历史规律的基础上,不断找到正确的方向和前进的道路。所以,在新民主主义革命时期,每解放一个城市或地区,首先要对所有旧政权档案进行全面的保护与接管,从而使人类的历史遗产得以有效保护与传承。

(二)档案材料是制定路线方针、战略策略的依据

科学决策是中国革命取得胜利的关键,恰是有了档案材料作为重要依据,才使中国共产党能够准确分析当时中国社会状况,从而制定正确的路线方针政策和及时总结历史经验教训。毛泽东对此有过精辟的论述,他在题为《中国革命战争的战略问题》演讲中指出:"指挥员正确的判断来源于周到的和必要的侦察和对于各种侦察材料的联贯起来的思索",这种思索还是指挥员"将侦察与得来的敌方情况的各种材料加以去粗取精、去伪存真、由此及彼、由表及里的思索",因而才能制定正确的战略和计划。毛泽东站在军事战略家的角度,从战争客观现实出发,强调主观指导与客观实际的关系,说明军队做出正确的判断、决心和部署的基础就在于了解掌握与战争有关的第一手材料。1937 年 8 月,毛泽东在著名的《矛盾论》中指出,要对国内外形势有清醒的认识,不能凭主观想象,"而凭客观存在的事实,详细地占有材料,……从这些材料中引出正确的结论"②。20 世纪 40 年代末,毛泽东在党的七届二中全会上做了《关于领导方法的若干问题——党委会的工作方法》的总结,再次强调:"中央领导之所以

---

① 习仲勋:《关于接管城市的问题》,载《习仲勋文集》(上卷),中共党史出版社 2013 年版,第 110~120 页。
② 毛泽东:《毛泽东选集》(第 1 卷)第 2 版,人民出版社 1991 年版,第 301 页。

正确,主要是由于综合了各地供给的材料、报告和正确的意见。如果各地不来材料,不提意见,中央就很难正确地发号施令。"该文是对领导方法和工作方法所做的具体化和系统化的论述,表明党要正确地领导革命斗争,就得掌握来自各地的材料。也因此,这一时期在党政军各系统中,请示报告制度长期、普遍存在并被多次强调,其初衷和目的就是为了有效了解各地的情况,正是通过这一制度设计,大量的文件材料集中于文件保管处,才使党中央能够正确地"发号施令"。

作为文书档案工作的主要领导者,周恩来曾归纳总结出秘书处的工作宗旨,就是为中央领导服务,提供文件材料供中央政治局和中央组织局领导同志使用,以此作为"帮助政局、组局各同志的工作方式"。所以,1928年6月在苏联莫斯科召开中共六大前,根据周恩来的指示,秘书处人员向国内各级党组织大量收集了工作报告、党员和党组织统计表、烈士材料和中外文的图书资料,以供大会之用。六大会上瞿秋白和周恩来代表党中央分别做的政治报告和军事报告,都使用了这些材料。正是因为对这些文件材料的分析,才使中国共产党在新的历史转折时期能够全面总结大革命失败以来的经验教训,正确分析中国的社会性质和革命性质,科学制定党在新时期的路线、方针和政策,进而统一全党思想、重新凝聚革命力量,在新的历史条件下走正确的发展道路。

对各种文件材料的获取与精准分析,也是正确决策的基础。长征中,在红军突破国民党军第四道封锁线后,是向敌人力量薄弱的贵州西进,还是中央红军主力北上湘西与红二、红六军团会合?正当西进与北上之争难分伯仲时,一纸电报文件为毛泽东的西进主张增添了一个至关重要的砝码。当时,根据破译敌台的电报,得知国民党军正以五六倍于红军的兵力在北方构筑起四道防御碉堡线,张网以待。毛泽东的西进主张因此得到了王稼祥、周恩来的支持而被通过。西进打乱了国民党军队的部署,粉碎了蒋介石消灭红军的企图,为结束王明"左"倾教条主义路线在党内的统治地位,在遵义会议后确立毛泽东在党中央和红军中的领导地位奠定了基础。

(三)档案材料是进行革命斗争的有力武器

从我国新民主主义革命进程来看,要依靠文书档案作为打碎旧的国家机器、建立无产阶级国家的有力工具,主要取决于以下三个方面。

其一是在对己方面:充分利用文件材料,制定正确的路线方针政策,在人民群众中进行广泛的政治动员,在革命队伍中进行宣传教育,在斗争实践中总结历史经验和教训。中国共产党从三大开始,就注意对党的代表大会形成的文件材料加以收集和汇编。历届党代会的文献,成为党在新的条件下制定路线方针政策的基本指南,也为中国共产党不断总结历史经验提供了重要参考,从而既保证了中国共产党始终沿着正确路线前行,也保持了党于不同时期在发动群众、武装斗争等基本方针政策上的连续性,使中国革命不断从胜利走向新的胜利。

其二是在对敌方面:借助收集和掌握的文件材料了解敌情,做到知己知彼,从而在政治和军事上有力地揭露和打击敌人。如1939年,毛泽东在与中央社、扫荡报、新民报三记者谈论华北问题时揭露:"张荫梧在河北,秦启荣在山东,简直是无法无天,和汉奸的行为很少区别。他们打敌人的时候少,打八路军的时候多。""有许多铁的证据,如像张荫梧给其部下进攻八路军的命令等,我们已送给蒋委员长了。"毛泽东还经常亲自指挥战士搜集敌人的报纸、志书,借以分析研究敌情,打败敌军。而利用文件材料做宣传鼓动,也能起到很好的对敌攻心瓦解作用。如1940年进驻黄桥后,新四军在陈毅领导下依据档案材料编印了大量宣传品及日文报刊,苏北支部的《日本兵队之声》和苏中支部的《新时代》,都以鲜活的事例,对日伪军进行反战宣传,并成功争取一些俘虏的觉醒,从战略高度为战场上的敌我较量争取主动权。

其三是在对友方面：团结一切可以团结的力量，激发他们的爱国热情，激励他们投身革命。中国共产党历来重视对进步组织、人士和学生文件材料的调查与收集，以此来了解他们对时局的基本看法、基本的政治态度和倾向，同时也通过汇编出版登载相关文件材料的方式阐明党的有关政策，使大批进步人士和学生来到延安。连苏北都会聚了民主斗士邹韬奋、新闻记者范长江、音乐家贺绿汀等一大批文化精英，成为党可依赖和依靠的力量。中国共产党更以博大的胸怀，接受国外代表团和个人的访问，甚至可以开放一些公开的文件材料。美国记者埃德加·斯诺和美国的一个观察团通过在延安的访问，才有了著名的《西行漫记》和相关报道，对中国共产党的主张和革命实践进行了比较客观的评述。

（四）档案文件材料是科学研究的基础与条件

档案是人类社会实践活动最真实的原始记录，从而成为科学研究中最重要的第一手参考资料。毛泽东在《改造我们的学习》中指出，要想从客观事物中总结规律作为我们行动的向导，"就要像马克思所说的详细地占有材料，加以科学的分析和综合的研究"。可见，毛泽东思想之所以能够在这一时期政治舞台上占据不可替代的核心位置，就是因为这一思想是建立在他本人及党的领导集体特定而丰富的革命实践基础之上的，并且通过对实践活动的深入研究将其上升为科学的思想体系。他的革命活动的一生，也是他从事社会革命科学研究的一生。而这些研究成果，直接得益于历史文献、档案材料。他曾对一些人在工作和研究中忽略实际事物的存在和忽视对档案材料的依赖这两种错误倾向都提出了批评。

以毛泽东为代表的中国共产党的领导者们，是一批有着极强历史意识的群体，因此，对文件材料在历史研究尤其是党史研究上的作用很早就有透彻的体悟。毛泽东在延安时期，就曾认真地研究中国的历史，研究中国的经济、政治、军事和文化，向全党同志发出号召，要求"对每一问题要根据详细的材料加以具体的分析,然后引出理论性的结论来"。1942年3月初,奉命回延安的刘少奇,因将马匹让给病号,与秘书们一同背着12包文件材料步行,警卫员小刘看到行军打仗后的刘少奇腿疼脚肿,非常心疼,抱怨"背这些纸片片,有啥用"。刘少奇笑着回答:"这些文件记载着华中党政军民抗日斗争的历史事迹,将来用它写出抗日斗争历史,还有你这个小鬼一份功劳呢。"《文件处置办法》更是在总注中指出各类档案文件最理想存两份,一份存阅一份入库(中央文库),"备交将来(我们天下)之党史委员会"。这不仅体现了老一辈革命家对胜利充满了信心,也展现了他们对保存档案不仅是为当前斗争需要,还要考虑未来需要的高瞻远瞩。

二、对文书档案工作作用的宏观认识

(一)文书档案工作是中国共产党制定的战略决策得以部署、执行的重要保障

中国共产党的文书档案工作,是革命斗争的一条特殊战线,通过文书档案工作广泛而全面地开展,党中央的战略决策能够得到及时部署并得以贯彻实施。

文书及其处理工作,通过一系列连续的手续和环节,将党的路线方针政策的具体内容通过文件形式呈现出来。同时,党对斗争形势的分析,主要策略,近一段时期的工作重点及方式、手段、途径等,则通过文件的运转、接收、批办等文件处理的一系列活动得以被各方知晓和领会,从而用来具体指导党政军群系统的各项工作,指导白区工作的开展。正如任弼时在《中央秘书处组织及任务》中所概括的那样,中央秘书处的中心任务是准确、及时地传达党中央的指示和决定,并及时准确地汇报不同地区、不同单位和不同机关的情况,从而保证全党各机关的紧密联系,这是秘书部门的主要任务。中国共产党制定的方针政策、公布的政治主张和指示,来自下级机关呈送的请示报告等都是党的重要文件,都是文书工作的中心内容。所以,在新民主主义革命期间,党的主要领导人不仅亲自起草、修改、审定了大量的文件,并对文书及其处理工作都下达过重要指示,也有相当一批有关文书处理工作的法规制度是经他们签阅后颁行的。

(二)文书档案工作对总结党的历史经验、研究党的路线问题、确立党的思想路线等都发挥了重要作用

档案利用在宏观方面可以得出对阶段性工作的总体认识,进而总结规律,为今后工作指出新的方向。中共七大前,为准备相应材料,中国共产党将六大以来收集的文件呈交毛泽东审核。在这一过程中,由于大量文件系统地反映了该段时间的整体情况,毛泽东对一个阶段以来错误路线的形成及其给中国革命造成的严重损失有了更加深刻的感受,也对这段历史有了一个系统的了解。因此,他认为有必要首先在党的高级干部中开展一个学习和研究活动,于是亲自主持编辑了三部文件汇集,《六大以来——党内秘密文件》《六大以前——党的历史材料》和《两条路线》,这三部文件汇集有个特定的称谓——"党书"。通过对三部文献的学习,不仅在全党统一思想认识,也为延安整风运动的开展、对党内错误路线的清算、对党的实事求是思想路线的确立起了重要的作用。进而为七大的顺利召开,并在会议上对以往中国共产党的各项工作加以全面的经验总结,制定新的路线方针政策做了充分的准备。

(三)以利用为目的、以汇编出版与刊载为主要形式的文件材料汇集,是教育党员干部的生动教材,也是宣传动员群众的有效武器

档案文件,尤其是经汇编后系统而主题鲜明的中央文件,比较详尽

新民主主义革命时期中国共产党文书档案工作研究

地反映了革命战争时期的历史风貌,为党员干部学习马列主义毛泽东思想、研究党史军史、进行各类教育提供了较大的便利。中国共产党非常善于利用档案材料教育党员干部,如中共中央书记处在1942年7月编辑出版了刊载60余篇有关中国共产党、八路军、新四军重要方针政策性文件材料的《抗战以来重要文件汇集》。书成后,由中央秘书处负责分发,先发给区党委以上机关使用,后来随着使用人员范围的不断扩展,在抗日战争后期成为党政军各级干部的必读书。而通过学习对党员干部进行形势、斗争策略、民族气节等教育,使他们对抗战以来的局势变化有了解,对建立抗日民族统一战线、团结一切可以团结力量的意义有认识,对敌后与正面战场的军事斗争状况有把握,对国民党反共立场和行为有谴责,有效地解决革命和建设中的实际问题。

利用档案材料唤起民众,集中体现了中国共产党对档案工作的深切认识与把握。作为政治主体,中国共产党要实现自己的政治目标仅仅依靠自身的力量是远远不够的,必须集聚社会力量,获取广大民众的追随、参与和支持。这一时期,党政军各系统都有大量的报刊、布告和文件材料汇编,登载了中央有关农村革命、土地政策、保护农民百姓利益等一系列文件和法规,解决了民众在社会中的地位,国家、社会与民众的关系等根本性问题。这样,中国共产党以其制度上的合理安排和来自政党、政权乃至军队自始至终不曾停歇的政治灌输和塑造,获得了民众的广泛支持。中国共产党相信群众、依靠群众的群众路线和策略,因得到了很好的贯彻执行与群众的拥护和积极参与,为新民主主义革命取得胜利奠定了坚实的社会基础。

(四)有效保护与接管旧政权档案,是揭露和打击敌人、巩固政权的重要手段

马克思认为,彻底打碎旧的国家机器的必要手段和方式之一,就是接

管敌人的档案文件,唯有如此,才能充分利用这些档案文件揭露和打击敌人。列宁在俄国十月革命中践行了马克思的这一思想,而中国共产党的领导者不仅继承而且是发展了这一思想,他们认为接管敌人的档案文件不单纯是一种手段或方式,因为即使是旧政权的档案文件,其内容也必然包含了一个国家建设的基本信息,其本身就是打碎旧的国家机器、建立无产阶级专政国家的一个重要组成部分。

1949年分别由朱德、毛泽东署名发出的《惩处战犯命令》和《中国人民解放军布告》,在建立无产阶级国家的大决战阶段,提出了对所有旧政权档案予以全面保护与接收的基本政策。中央及地方组织了各级档案接管委员会在实践上进行指导和监督,中国人民解放军在向全国进军的过程中,每解放一个城市和地区,都要先行接管大批档案。据统计,两个政策性文件颁行后,国民党中央一级机关的130余万卷档案被我接收,而地方被接收档案中仅湖南一省的就达40余万卷。档案材料成为党和国家的历史财富,并作为极其重要的凭证与参考,在以后开展的肃反、清理阶级队伍,以及清理产权债务、恢复和发展生产等方面发挥了作用。

第二节 党的领导人对文书档案工作的指示

一、对文书档案工作的总体指示

中国共产党领导人对文书档案工作的指示,大多以规范性文件的形式为主,也有以建议和命令等形式提出的。因此,从某种程度上讲,建章立制成为中国共产党领导文书档案工作最重要的方式。这一时期在各个不同历史阶段有关文书档案工作的规章制度和法规方面,很多情况下是因党的领导人注意到了文书档案工作应当在哪方面加强,所以在他们的指导下出台了一系列有关制度规定,其中大部分是经他们签批、审阅甚至亲自起草的。正是在他们的指导下,文书档案工作逐步向规范化、制度化的方向过渡。我们按时间先后为序,将颇具代表性的文书档案制度、规定、建议概括如下:

陈独秀首倡秘书制。1923年6月在中国共产党第三次代表大会的报告中,陈独秀向大会建议在党内设秘书制,以加强机关工作,加强文书处理、文件资料的搜集管理等,并由秘书统一负责文书处理和文件资料的收集保存工作。这一倡议使中国共产党首次设置了秘书制,这项制度成为后来文书档案工作机构与人员设置的基础。1927年时,为了强化中央秘书处职能,陈独秀曾准备在秘书长之下设八大政治秘书分管各项事务,由于形势变化,最终未能实现。

毛泽东建立了红军的第一个秘书处。秋收起义后毛泽东率领起义部队上了井冈山,之后就有了红军的文书处理和档案工作。特别是1928年5月红四军成立以后档案材料有了一定的积累,11月25日毛泽东在《井冈山前委给中央的报告》中说:"前委暂设秘书处、宣传科、组织科及职工运动委员会、军事委员会。"红四军秘书处主要任务就是负责文件传递和收集文件材料。

瞿秋白起草、周恩来批阅的《文件处置办法》(1931年)出台。《文件处置办法》对党中央文件分类整理、安全保管、销毁提出了建设性规定,是党的文书档案管理制度之滥觞。《文件处置办法》是中国共产党在文书档案工作中制定的首个具有系统性、政策性、科学性的专业规定,对于机关对办理完毕文件的处理和保管具有重要参考价值,也标志着中国共产党的文书档案工作迈上了一个新的高度。尤其是《文件处置办法》中对文件保管的相关认识,正是对档案工作自身规律性的正确反映。

建立军队干部档案工作。1938年1月,邓小平时任八路军一二九师政治委员,在他的直接领导下,从1940年8月开始至1941年1月,一二九师在短短的几个月时间内,迅速建立起了不同层级的军队干部档案工作。当时规定,营以上干部档案由师政治部建立并保管,连以上干部档案由各旅各分区建立并保管。一二九师的做法得到了八路军野战政治部的高度评价,认为一二九师建立干部档案"是组织工作中新的发扬与创造",并强调"档案是了解干部的主要根据,档案工作的健全,对于干部政策的执行,是有重大意义与作用的"。一二九师建立军队干部档案的方法及档案管理的经验,也由八路军野战政治部向全军介绍和推广。

确立战时清理和保管文件基本原则。前述刘少奇、朱德曾提出文件清理和保管的基本原则就是将文件的重要性与机密性相结合,并专门发布了指示文件,后根据这一文件精神,在刘少奇提出的档案分三类的基础上,中央各机关档案室(科)均将全部档案按甲、乙、丙、丁分成了四大类,不同类别的档案在紧急情况下分别做不同的处理。甲类:重要而不秘密者,既可由档案部门携带转移,也可妥善坚壁保存;乙类:秘密而不十分重要者,在军情紧急时可以烧毁;丙类:又重要又秘密者,这类档案必须在武装部队保护下由档案工作人员随身携带转移;丁类:公开档案文件类,此类文件在紧急情况下可自行处理。

为迎接全国解放对档案工作进行周密的部署。中央各机关于1948年4月抵达西柏坡后,在中央书记处书记任弼时直接领导下,一是着手新的秘书工作机构的组建,使党政军三大秘书系统基本形成体系;二是加强请示报告制度,指示中央办公厅发出通知,要求各地各部门遇涉及方针政策的大事时不准擅专,必须"随时请示报告";三是恢复领导集体办公制度,指出集体办公制度有多重作用,既可以防止"公文旅行",又可以克服"浮在上面的官僚主义"作风,还能提高机关工作效率,从而迅速地解决重大问题。

周恩来亲自修改、杨尚昆起草《中央办公厅承办和收发电报(文件)及归档程序》。周恩来在1948年9月30日细致审阅了杨尚昆起草的《收发电报程序》,认为无论是标题还是具体内容尚不够周全,最终将标题改为《中央办公厅承办和收发电报(文件)及归档程序》,又亲自补充了文件归档的相关内容,并且专门书写了文件电报归档的相关要求。因该文件内容科学、简洁、实用,在党政军系统中的各级部门中得到了很好的贯彻执行,成为文电处理从战时散乱状态纳入规范轨道开端的一份重要文件,也成为新中国档案事业发展可赖以遵行的基础性规定。

保护旧政权档案。朱德、彭德怀联名签署的《惩处战犯命令》(1948年11月1日)和毛泽东起草、毛泽东与朱德联名签署的《中国人民解放军布告》(又称"约法八章",1949年4月25日),是两个非常重要的政策性文件。前者告诫在人民解放军接管前,国民党军官和党部各级官吏,凡命令部属烧毁一切文电案卷者,皆以战犯论罪;后者针对各级国民政府、官僚资本企业事业单位,提出在人民政府接管前,负有保护图表、账册、档案之责,破坏、偷盗档案或携带档案潜逃者,予以惩办。这两个政策法令性文件,只是严正警告的对象不同,核心内容基本一致,对旧机关文书档案的接管和保护起到了巨大的作用。

以上制度或要求,都在不同时期为文书档案工作中最根本、最棘手问题的解决,提出了最有效的策略与办法。

二、对文书处理工作的指示

(一)改革与整顿文风

毛泽东作为党的首任秘书,对文件及处理有着深切的体会,所以在此方面有不少重要的指示。一是书写文件或文章时文字要简洁,尽量用白话文;二是文件内容必须做到实事求是、朴实无华,但又要不失丰富;三是要在行文中克服主观主义和形式主义作风。1942年2月,毛泽东写了著名的《反对党八股》,以严肃、辛辣而又幽默的语言一一列举了党八股的八条罪状,要求无论是起草文件、作报告还是写文章时应多看多思考,要

第七章 党的领导人与新民主主义革命时期文书档案工作发展

让文字与表达更简练,就应竭力将可有可无的字、句、段删去。毛泽东对党内存在的文风不正现象进行的严肃批评,为端正文风起了重要作用。

早在1928年,刘少奇就已经提出草拟文件的文字"不要太深",特别是中央下发至下级各机关的文电,应以"能使群体接受为原则",不要太过深奥,所以起草文件者首先应在文字上狠下功夫。1942年7月刘少奇在山东举行的一次地方干部学习会上做了发言,就领导机关和领导干部起草文件与审批文件之事提出明确指示:文字一定要反复推敲,才能做到结构清楚、事实确凿、内容充分、交代明确,只有建立在上述基础上,文件制作才真正体现了真实可靠、简单明了的初衷和目的。

抗日战争以来,各系统上下级间的相互联系比以往更加频繁,就出现了电台多、电报多、文件多的"三多"现象。据有关部门统计,仅1942年上半年,中央办公厅每天收到的文电及其他情报材料平均达到上百件,送中央首长批办的文电材料平均每天有3万余字。为改变当时文电内容繁多的现状,任弼时在《中共中央书记处关于整顿电讯机要工作的机密指示》中提出:首先,要将政治性文件与一般事务性文件区分管理,将重要文件的主要内容摘抄报送给相关领导;其次,只有我党地委和师旅级别以上的机关才可分设机密电台和普通新闻性电台,县团级的电台取消,实行一电一报制度,对于事务性文电要减少发报数量。经过整顿,事务性文电减少三分之一,机关工作效率明显提高。后任弼时又主持发布了《中央书记处关于秘书文件的检查与管理办法》(1943年3月30日),再次重申:党政军发文数量必须做到严格把控,当前文电数量泛滥,致使领导干部工作时间大部分用于查阅和审批各类文件,占用了处理全局性重要事务的时间。因此,为保证领导部门有关工作的正常开展,必须从源头上减少有关机密文电的大量印发。同时还要求可以停办一些不必要的重复刊物,进一步简化文电处理程序与手续。总之,机关设置要少而精,文电的数量与内容也要少而精,干部业务要精进,"精兵简政"的基本精神就是要做到既简又精。

(二)建立职能多元的交通机构——工农通讯社

工农通讯社这一苏区交通联络部门的建立源于周恩来的惠民思想。当时,党中央与中央革命根据地间为传递文件建立起了党内秘密交通线,各苏区之间也通过文件的传送建立起了有效的沟通。苏区中央局成立秘书处交通科后,即于1931年与湘、赣、闽、粤等省委或特委秘书处交通科有了进一步的联系,各个地方以传递文件报刊为主并担任护送干部任务的交通联络点开始陆续创立起来。

1931年12月周恩来从上海去往瑞金通过红色交通线,在经过交通站的时候,对苏区的交通工作给予了很高的评价。与此同时,周恩来又提出,苏区的交通联络站不能仅仅局限于传送文件、护送物资和干部,还应为群众服务。所以,交通站应当称为"工农通讯社"。苏区中央局秘书处遵循周恩来有关"交通站开展邮政业务"指示,将交通站更名,并开展了为工农兵传递邮包、信件等的邮政业务。

1932年苏区中央及中华苏维埃共和国临时中央政府联合发布指令,将联合交通局划分为两个机构,苏区交通科仍保留原有称呼,负责党务信息信件传递、人员护送等相关性事务;而临时政府交通科改成苏区邮政局,负责有关民用邮件及物品的传递运输、党内公开文件及刊物的传送。

(三)提出文电处理的具体规定

一是关于文件留存底稿。建党初期,中国共产党的文件如在党内刊物上刊登之后一般就不留原稿了,毛泽东就任中央局秘书后提出了要保留文件的底稿,即设置秘书之后党的文件才开始保留底稿。党的第三次全国代表大会的决议、宣言、章程、报告、通告等都存有底稿。从1923年7月至1924年7月期间300余件中共中央的重要文件都存有底稿。值得一提的是,1924 年 7 月 21 日的《中央通告第 15 号》的底稿也保存了下来,这是由陈独秀与毛泽东联名签发的,非常珍贵。借鉴党中央的做法,中央其他机构和地方党的组织也开始逐渐建立起保留文件底稿制度。这也意味着从某种程度上讲,中国共产党的档案工作从此时开始逐渐创建并发展起来。

二是关于文件签批制度。文书工作中的一个重要内容就是文件批办。在共产党创立的初期,党组织不完善,人员也较少,党要领导的各项斗争事务特别繁重,也因中国共产党处于秘密状态下的保密需要,在处理文书的时候几乎就是随写随发,没有正式的批办制度。《中国共产党中央执行委员会组织法》由中共中央执行委员会于 1923 年 6 月颁布,该法规仅对发出文件的签署做出一定的规定,却未对收文签署提出明确的要求。1927 年 11 月,周恩来在南昌起义后从香港回到上海,主管中央秘书处的工作。1927 年 12 月初,中共广东省委书记张太雷在给中央的报告中提出了党内文件寄送的问题,周恩来在审阅该报告时针对张太雷提出的问题做出批示,并交由中央组织局和秘书处讨论决定。时任中央组织局秘书长的邓小平和中央秘书处的同志收到批示后,立刻仔细研究并做出处理,自此,批办文件制度在党内正式形成。可见,周恩来回沪后不足月余,很快就建立起文件批办制度。之后文件无论在发出时还是收进时都要经由领导人签发、批办,标志着中国共产党文书处理工作向程序化和制度化方向迈进。

三是关于文电处理。

红军文电处理。1934 年 10 月红军长征开始后,《中央军委关于转移中的文电处理和保管办法》由红军总司令朱德和总政委周恩来联名签发,这个办法共有 6 项内容,从文电书写原则、处理办法、传达要求、建立文件箱制、离开驻地检查文件制度到携带文电的限制,进行了全面的规定。这是红军签发的第一份文电处理和保管办法。上述的几项规定被中央军委作为命令下达到各部队执行,既创立了我军文电处理工作制度,又在后来的斗争中作为一项传统被继承下来,对战时文电处理具有较强的指导作用。

中央秘书处文电处理。《中央秘书处组织及任务》是任弼时刚刚就任中央秘书长一职时制定的相关工作要求,明确规定文件的重要程度决定负责文电处理的机构与人员:秘书长负责党内重要行文和重要电报的及时处理;秘书处长负责一般行文和事务性电报的及时处理;由办公厅派人对中央下达的方针政策性文电进行及时的督促执行;下级请示报告必须立即分配并督促主办机关尽快答复。

文电处理程序化要求。在文电处理工作上狠抓程序化的管理模式,是任弼时担任中共中央秘书长10年中的重要工作之一。1941年中共中央书记处办公厅制定了《中央机关文书处理传阅单》,文电处理的"圈阅制"在全党开始实行。后又先后出台了《中央关于文件资料分类寄送的规定》(1946年)与《中央关于中央各部委处理机密文件的制度》(1948年),以上是有关业务工作的具体化和程序化规定,使全党在文书档案工作方面实践性经验更加丰富,理论性认识进一步增强。

四是关于文件整理的指示。文书处理中非常重要的一个环节就是文件的整理,《文件处置办法》出台前后党组织的文件整理逐步规范。而从1927年到1936年红军的档案,红军总司令朱德、政治委员毛泽东等签发的文件电报一般也都按文件性质或文件名称进行了分类整理,这种整理方法与党的档案整理方法大致相同,但也有明显区别。

其一,烈士材料单独分类。对死亡的烈士材料由中央革命军事委员会抚恤委员会收集,按人头汇集。如1932年1月《中国工农红军优待条例》规定:红军烈士的遗物和名单"由红军机关和政府汇集公布"。到延安以后,还由总政治部编辑了《烈士英名录》以表示对红军烈士的怀念和纪念。

其二,红军档案整理时重在汇编。1931年4月17日,中央革命军事委员会朱德、毛泽东和项英联名发出《成立红军战史编辑委员会的决定》(第9号通令),决定该委员会由叶剑英、左权、黄公略等13人组成,由叶剑英任总编辑。其主要任务:一是收集红军建立以来的历史材料,将其编辑成册,使其成为红军战史的雏形;二是收集红军战士在战争中的经验材料和著述;三是编辑发行红军刊物;四是把红军各部调查的材料汇编起来,供有关部门使用。这种整理办法既能使杂乱无章的材料井然有序,又能使珍贵的红军档案多方面地保护下来。同时,对获得的敌军文件也进行了汇编工作。如1932年11月23日,红军总政治部发出《关于在敌军中政治工作的训令》,要求将收集到的敌军材料"由总政治部汇集编印","以供各级政治部使用"。

(四)文件保密要求

中国共产党历来重视文件的保密工作,这是革命形势与斗争的必然要求。毛泽东为此进行了多次的指示:任何时候都要重视和注意保护档案,因为档案与人民的前途和命运有密切联系。因此,毛泽东在日常对于文件保密的细节就很关注,1942年2月,毛泽东收到了一份绝密电报,然而机要人员送达时该份绝密电报并未被密封,毛泽东就写了"保守党的机密,慎之又慎",从此,有了最早闻名全党的"十字保密方针"。

中共中央在1928年成立了以周恩来和邓小平为领导的秘密工作委员会,他们对保密问题共同做出专门指示,并将其中的一些保密问题融入秘书工作之中,如《中共中央秘密工作委员会关于秘密技术工作规定》中多达8项条款是针对文书处理中的保密工作的。具体内容:(1)实行"机关家庭化";(2)政治文件与事务文件分开书写;(3)文件以"力求商业化作掩护";(4)一切来往文件实行"收条制";(5)一切文件的发出均编号并盖印;(6)文件的分类整理按重要、次要、机密、普通等及时进行;(7)实行机关与文件"分家制";(8)开会时"会场中不宜放过多的文件"。这一规定对于中国共产党早期秘密工作起了很好的指导作用。

朱德在第二次国内革命战争时期,就专门下发了"机密文件专人保管"的命令,从而改变了机密与非机密文件的区别只体现在分类上而没有体现在保管上的状况。这个命令发出后,各级机要室才普遍建立起来,并设立了专门的管理人员。这一档案工作制度,后来一直被沿用。

(五)文件归档规定

除了党政军各系统要严格执行请示报告制度,使本机关本部门的文件及时供上级了解情况并使文件材料不断集中外,整个新民主主义革命时期,没有专门针对文件归档出台相应的制度与要求的状况长期存在,直至新中国成立前,才有了该时期文件归档制度最全面的规定,即由周恩来亲笔拟定标题、杨尚昆起草的《中央办公厅承办和收发电报(文件)及归档程序》(1948年)。这是一份非常重要的文件,其相关规定不仅是文书处理从战时散乱状态迈向规范化的标志,还对中央领导人办文和决策程序的一些重大问题加以规范。从此,党政军群比较规范的文件电报归档制度正式确立。

出于利用的便利和保密的考虑,中国共产党的组织和军队的高级领导干部在战争年代都养成了自己携带保管文件电报的习惯。新中国成立前,为了历史档案的集中保管,他们都自觉地带头按规定移交自己保存的文件。周恩来保存的档案(后统称周公材料)基本是分三批向中央材料保管委员会移交的。第一批是1946年10月中央机关疏散档案时,周恩来将自己保存的两箱档案和一部分照片文件由秘书童小鹏于1946年11月交给秘书处材料科保管;第二批是由周恩来的秘书兼翻译章文晋交给秘书处的;第三批是由邓颖超交给曾三的。当时在陕北协助毛泽东指挥作战的周恩来于1947年6月给邓颖超发电报:"你去五台开会,望将整理好的个人文件,仍交曾三保管。"

三、对档案管理工作的指示

(一)关于文件材料的留存、收集

这时期对档案文件材料的收集,主要是以党和军队的材料为主,依据前述我们了解到,此间比较大规模的档案收集和征集活动共有三次,而每次收集工作开展前,都主要由毛泽东、朱德等领导人联合发布相关文件。每次文件材料收集工作能够顺利进行并基本按计划完成,都与这些相关文件精神和原则指导有密切关系。换言之,凡涉及比较重大的有关文书档案收集工作的开展,中国共产党的领袖们都在其职权范围内加以有益、有针对性的指导。例如,周恩来一向注重做好档案的收集工作,1927年4月,周恩来指示中共上海区执委会发出《关于搜集过去文件存底问题的通知》。从此,战争年代收集党的有关文件存底不仅有了制度规定,而且得到了较好的执行。尤其是中央文库的建立,就是在周恩来亲自筹划和布置下完成的,使中国共产党成立后至党中央撤离上海前幸存下来的文件多数被收集起来。

(二)关于档案材料的保管保护

保护党的文件和机密的安全,无论在国统区还是根据地,都是档案工作的重要方面,所以关于文件的安全保管与保密相关的要求,与新民主主义革命相始终。早在第二次国内革命战争时期,朱德在指挥中央红军第一次反"围剿"中,很多资料被放置在苏区,以防止由敌人的猛烈进攻导致档案损毁。但档案文件仍处于被敌人收缴的危险境地,就是因无专门的人员保管,遂提出了将档案、文件等统一在一处进行规范性管理。这使得大批档案得以在第一次反"围剿"中被完整和妥善地保管起来,而且使

新民主主义革命时期中国共产党文书档案工作研究

各部队一些战斗人员因无须参与保护档案文件而投入作战,从而为第一次反"围剿"取得胜利做出了一定贡献。

第二次国内革命战争时期,机密文件与非机密文件在分类上虽有了一些区别,可是没有各自独立保管。朱德、彭德怀为此特于1938年共同下发了有关命令:"机密文件需要专门人员进行保管,机要室除特殊人员外,一律不得进出。"党中央和中央军委很快就配备了机要室和机要秘书,使这一命令在党内和军队中得到了有效的贯彻执行,机要档案和普通档案分开保管的制度由此形成,党政军的档案管理有了很大的改观。在瞿秋白起草的《文件处置办法》下达后,文件被随意处置的现象被有效控制住了,一些撤掉的秘书处又开始被恢复,党内的档案材料逐渐增多。至1948年7月后,周恩来先签发了《关于中央各部委处理机密文件的制度》,又为《中共中央秘书处工作报告》做出了批示。这两份文件从十个不同的方面对档案工作的建设予以规定,成为解放战争时期党政军机关档案工作人员的业务守则。

(三)关于档案的利用

档案利用是档案管理的直接目的,在我国,档案利用源远流长,利用档案文献处理政务、编史修志等,更成为我国档案界、史学界的优良传统之一。作为无产阶级政党的中国共产党,很好地继承了这一传统,自党创立以来,就高度重视档案文件所发挥的巨大作用,重视档案文献的公布、开放、编纂等利用活动。

毛泽东不仅重视调查研究,广泛收集资料,也极其关注各种档案资料的运用。

1941年大规模收集敌我友三方档案材料的活动,就是根据《中央关于调查研究的决定》的文件精神而开展起来的,而这份重要文件正是毛泽东在1941年8月1日签发的。1942年2月1日在中共中央党校开学典礼上,毛泽东发表了题为《整顿党的作风》的演讲,指出按照中央的决定与号召,全党同志都应"学会应用马克思列宁主义的立场、观点和方法,认真研究中国的历史,研究中国的经济、政治、军事和文化,对每一问题要根据详细的材料加以具体的分析,然后引出理论性的结论来"。而毛泽东在其著作中关于"指挥员使用一切可能的和必要的侦察手段,将侦察与得来的敌方情况的各种材料加以去粗取精、去伪存真、由此及彼、由表及里的思索"的论断,更是揭示了档案利用活动中从感性认识上升到理性认识的飞跃过程。

(四)紧急情况下档案的处置

1946年6月,蒋介石撕毁停战协定,向解放区大举进攻。为了克敌制胜,驻扎于延安的党政军机关要先行转移重要的档案和部分人员。但是因为当时部分机关没有将档案进行必要的整理,也没有对文件进行区分,档案只是被成堆地堆放在窑洞中,所以转移的时候就较为慌乱,一些文件材料也在匆忙中被销毁。毛泽东知悉此事后,立即派时任组织部长的安子文下到各处去检查,并一再强调:疏散档案不要惊慌失措,重要的文件电报片纸只字不能丢掉。继而又签发了《中共中央关于处理和保存密件的指示》,规定在特定时期文件划分为留存与不留存两类,具体处理方法为:不重要的文件可以烧毁,但重要的文件要"指定专人妥善携带",未携带且就地保存档案的场所"绝对禁止无关人员来往接近"。中央的各个机关和中央办公厅遵照毛泽东指示,在周恩来和刘少奇的细致指导下,有条不紊地进行人员和档案的疏散工作,使得重要的档案被保留下来,也避免了一些档案的丢失。

同时撤离延安的朱德与刘少奇于1947年4月2日来到华北,行至山西省临县三交镇时与中央办公厅秘书处处长曾三相遇,当时其正率领中央一些机关人员携带档案转移至此。在详细听取了曾三关于疏散和转移

新民主主义革命时期中国共产党文书档案工作研究

工作的汇报后,朱德与刘少奇联名写了《关于档案资料分三类给中央的报告》,根据这一指示精神,秘书处根据实际情况将所有需要转移的档案分为甲、乙、丙、丁四类分别处理,为后来档案的疏散与转移确定了基本的模式。

(五)接收旧政权档案

在日本无条件投降时,中国共产党就注意了接收档案这个情况。随着国民党军队逐步土崩瓦解,解放战争即将取得最终的胜利,接收旧政权档案的工作更加重要和迫切,成为共产党的一项重要任务。按照党中央的命令,各部队和各地方大军区、各野战军和各地方基本上都建立了不仅接收各类物资,而且还要全面接收各类档案的接收委员会。1947年2月8日,负责全程指挥和指导这项工作的周恩来,亲笔起草了主要发给部队指挥员如刘(伯承)、邓(小平)、贺(龙)、李(井泉)等的电报通知——《收集顽政权一切档案》,要求他们通告本部队在收复城市后,立即"收集顽方政府一切档案、文献、法令,转送后方,得便送延安"。《惩处战犯命令》和《中国人民解放军布告》颁布后,党的各级组织、各地方和各部队都积极行动起来,在接收委员会内成立了专门的文献处(组),集中对旧政权档案进行全面接收、接管,一批数量巨大的旧政权档案得到了安全的保护,成为党和人民宝贵的历史财富。

四、对文书档案人员的关心与爱护

毛泽东历来都对文书档案工作者们的工作给予充分的肯定,也十分关怀他们生活条件的改善。毛泽东在1939年2月25日出席延安科技人员联欢晚会时发表了题为《技术人员在政治上的地位》的讲话,明确指出,机要工作至关重要,必不可少,"少了就不能建造新中国"。"没有保密工作,就不可能建立一个新的中国。"随后,毛泽东又与朱德联名签发了

《文化技术干部待遇条例》,规定文化干部和技术干部分甲、乙、丙三等,按等级每月分别领取10元至30元的津贴,有些同志还可以吃小灶、住单间。后来毛泽东在审阅《中央机要科1943年工作总结及1944年工作计划》时,又做出了很多关于保密工作开展的批示,看到涉及保密人员先进事迹的内容时,则指示"应给予特别奖励";当提及所有机要人员都加强了保密意识时,做了"很必要"的批示。

朱总司令不仅亲自发布命令选调机要人员、培训机要人员,以提高他们的政治水平、业务水平和工作能力,而且对文书处理人员、电讯业务人员、档案管理人员及其他技术人员的生活也极为关怀。1935年2月1日,朱总司令与周恩来等联名发出了《关于优待技术人员的指示》,极大地鼓舞了红军文书档案工作者、电讯业务工作者的革命热忱。

任弼时根据战时形势,提出了秘书人员军事化要求。在战争年代,党和政府机关经常与军队合作,有时,秘书处和机要处受党政军一元化领导。因此,任弼时提出了战时秘书工作军事化的要求,特别强调秘书工作要保持准确、及时、迅速、机密的战斗作风。每到一地,都会请秘书人员第一时间把要批示的文电送首长批阅,把要办的事项请首长裁决,把与首长办理事务需要的一切方面准备好。任弼时于1946年1月2日给中央办公厅一位负责同志的信中说明:战争越激烈,我们就越应该关心和珍惜秘书工作人员,并告诉秘书机要工作人员,第一是保护机密安全,第二是保护首长的安全,第三要保护自己的安全。由于坚持了正确的"三保护"政策,在战争环境中,中央办公厅一份电文也未丢失,一份电文也未误发错办;除个别同志在战争中遭受意外伤害外,大多数秘书人员和机关负责人都在战争中保证了文件和自身的绝对安全。

在战争连绵不断和生产困难的时代,采取适当的激励政策和制度可以鼓励文书档案人员认真对待工作。对文书档案人员的重视和关怀,又促使档案工作者增强了对职业的认同感,更好地促进了文书档案工作的发展。

第三节　党的领导人亲自参与及领导文书档案工作

由于文书档案及其相应的工作贯穿于中国新民主主义革命的全过程，那么也可以这样讲，文书档案工作是融汇于中国共产党每个领导人的整个革命活动之中的。这一时期中国共产党的文书档案工作在得益于他们亲自参与的同时，他们还从个人或从领导者角度出发，投身到文书档案工作实践中去，为该时期文书档案工作的发展引航、助力。

一、兼任文书档案人员或直接领导文书档案工作

毛泽东在中共一大后与周佛海同为秘书，依照本次大会通过的《中国共产党执行委员会组织法》规定，党内外文件起草、会议记录、管理党的文件皆由中央秘书负责，同时党中央文件只有在委员长和秘书共同签署的情况下才可发出。据统计，自党成立至1925年，恰是毛泽东在中央局任秘书时，被保存下来的党中央珍贵的历史材料达3 700余件，这个数量在当时还是比较可观的，因为产生的文件数量有限，且很多文件利用后按规定都被销毁了，说明毛泽东很重视重要文件的保存保管，为此也做了一些有益的尝试。毛泽东也曾在国共第一次合作时兼任中国国民党上海市党部总务主任，基本与其担任中央执委会秘书在同一时期，他成为少数在国共两党机关中均主管秘书工作的人员之一。

刘少奇早在领导工人运动时就曾担任过实际的秘书职务。上海总工会于1925年6月1日成立伊始，他就被选为与秘书长职务类似的总务主任，主管文书档案工作。总务主任管理该组织日常的文件处理、会务、对外联络和行政事务等工作，同时又是工会的主要领导人之一。当时，刘少奇实际上是将全国工人运动组织和工会组织的秘书工作一并承担起来

第七章 党的领导人与新民主主义革命时期文书档案工作发展

了,因为,他同时还兼任中共中央职工运动委员会副书记和中华全国总工会副主席。这样,当时全国各地上报的关于工人运动的大部分文件都是由刘少奇亲自阅办的。1925年10月16日出版的《上海总工会三日刊》,发表题为《刘少奇的奋斗》的通讯:"本会总务科主任刘少奇……因工人利益要紧,宁肯牺牲个人,抱病工作",他是因为"日夜不休片刻地检阅各种稿件"而累病的,足见当时文书处理工作量之大。

在1923年的第一次国共合作期间,周恩来接受国民党总部和孙中山的任命,担任了国民党巴黎通讯处的筹备员,还被推选为中国旅法各团体联合会书记股中文书记,实际上就是兼职的文书档案人员。1924年,周恩来担任黄埔军校政治部主任,为了完善政治工作制度,政治部"分为指导、编纂、秘书三股",标志着具有现代意义的文书档案工作雏形由此诞生,部员有了比较明确的分工和职责。周恩来于1925年被任命为东征军总政治部主任,由于革命活动中积累了一些文件,他建立了秘书制度并配备了秘书人员,这些人员负责文件的处理和档案的管理工作。1926年底周恩来因革命形势的突变秘密前往上海,担任中组部秘书和中央军事委员会委员。1927年,周恩来在南昌起义中任前敌总指挥时,又设立了秘书厅,负责重要军事机密文件的处理和保管。简而言之,在早期的革命实践中,周恩来从最初的参与文书档案工作,转变为更多地组织文书处理和档案保管工作。

邓小平是在"四一二"反革命政变后,中共中央迁至武汉时来到中央任职的,当时,中央秘书长是邓中夏,邓小平则担任中央机关政治秘书,从那时起,邓小平与文书档案工作结缘。他的主要任务是管理中央文件、机要、交通等事务,在中央的重要会议上记录和起草一些相关的文件。1927年9月底至1927年10月初,中共中央因八七会议后武汉的局势更加险恶又从武汉迁回上海,作为中央机关政治秘书的邓小平自然也一同来到上海。年仅23岁的邓小平在同年12月第一次担任了中共中央秘书长,

新民主主义革命时期中国共产党文书档案工作研究

主要负责文件、电报、交通、中央经费、各种会议安排等工作。当时，秘书处虽主管文书档案工作，但没有处长之设，由秘书长主持工作，因此，邓小平就是文书档案工作的直接领导人和实际负责人。在白色恐怖之下，文件管理相当困难。为了文件安全起见，中央文件和会议记录一式三份异地存档，一份在中央机关内保存，一份送共产国际所在地苏联保存，一份送至上海郊区保存。其间，邓小平曾参加了中央秘密委员会对文件安全保护等问题的讨论。邓小平在1929年七八月间，被中共中央派至广西领导百色起义，从中央秘书长岗位上调离。1933年5月，到达苏区的邓小平被调到红军总政治部担任代理秘书长，为红军部队文书档案工作的早期建设打下了良好的基础。

二、亲自参与文件的起草与经办

新民主主义革命时期，在文件起草中端正文风是一项重要的原则。文风就是使用语言文字所表现出的作风。当时党内文件尤其是报告存在如瞿秋白早年总结的"抽象描写""空洞漫论"等现象。作为党的主要领导人，毛泽东历来倡导革命的文风，在1942年延安整风运动开始时，毛泽东更是做了《反对党八股》的著名报告，对党内文件中存在的教条主义、形式主义和官僚主义的文风提出了尖锐的批评。毛泽东认为，好的文风就是公文内容实际、形式规范，所以他对公文的名称、标题、文字和结构等提出了严格的要求，从而为公文形式的规范化奠定了良好的基础。

刘少奇是著名的工人运动领袖，中国共产党早期工人运动方针政策性的文电，特别是中共中央、中华全国总工会和上海总工会发布的文件，其中大部分是他亲自起草或主持起草的。如《工农兵联合工作决议》《上海总工会启事》等全国第二次劳动大会（1925年）通过的以工会名义发布的重要文件，大多数由刘少奇起草。这一系列文件对工人运动具有实际指导意义，易于理解，在工人阶级队伍和工人群众中很受欢迎。大革命期间,中国共产党和职工群众运动的来往文件逐步增多,包括各级工会的请示报告、党中央对各级工会的指示和赤色职工国际的文件,每份文件经刘少奇的审阅核定才能发出、承办和处理。

这一时期,作为中国共产党主要领导人的周恩来,也亲自起草过很多文件和新闻稿。如《中共中央为反抗国民党屠杀革命领袖告全国劳苦群众》就是周恩来于1929年8月31日起草的;随后于同年9月2日周恩来为中央起草了《以群众的革命斗争回答反革命的屠杀》;1929年9月14日又撰写了《彭杨颜邢四位同志被敌人捕杀经过》,强烈谴责与声讨反动当局杀害革命志士的罪行,向世人揭露国民党的反动面目,使国民党在政治上处于被动和尴尬的地位。

邓小平从来就坚持亲自写文件和报告,通常情况下不让任何人代替他写演讲稿。例如,1946年2月,中央致电刘伯承和邓小平,告知马歇尔、张治中和周恩来最近去新乡视察停战后的情况,要求国共两党的司令官向三人小组汇报,并给三人小组带去一份备忘录。刘伯承司令员担心备忘录不能按时完成,起草人也因为时间短而感到紧张。邓小平亲自上阵,3个多小时中一边写一边念给刘伯承听,完全是一气呵成。

三、亲自参与文件整理

中国共产党早期领导人之一的瞿秋白,是这一时期中国共产党文书档案工作史上最著名的纲领性文献《文件处置办法》的起草者。在错误路线下,1931年初瞿秋白被排挤出中央政治局,当周恩来发现并意识到中央秘书处文件保管处的文件散乱地堆积时,建议对保管处的文件集中保管和整理。根据中央指派,瞿秋白至文件保管处主持这项工作并提出几条整理文件的规定出来。以瞿秋白的才华和对党中央文书档案工作的深入了解,很快《文件处置办法》出台,而瞿秋白也仅用半月的时间,带领文件保管处的人员将文件整理完毕。

新民主主义革命时期中国共产党文书档案工作研究

1938年武汉沦陷后,周恩来与八路军办事处迁往重庆,在重庆建立了南方局,住在红岩村。当时国民党特务机关也位于红岩村的附近,此前八路军办事处和南方局在平时的工作中积累的大量文件随时受到威胁,如何才能保证这些文件的安全是当时很棘手的问题。于是周恩来亲自指挥对南方局的文件进行整理和分类,将一些重复的和不重要的文件烧毁,其他文件一部分放在防空洞中保存,一部分重要的原件则转移到国外,由共产国际代为保存。如此同国民党周旋了七八年,才确保了这些文件的安全。

四、亲自保管档案文件

(一)中国共产党文件的首任保管者——李达

中共一大建立了中央局,为了集中统一阅看和经办文件,宣传主任李达的寓所上海辅德里625号被确定为中央局集体办公地点,按规定陈独秀、张国焘等中央局领导都必须来这里办公,办理完毕的文件则交由李达进行处理和保存。这样,李达一人承担了中央局文件的印制、分发、处理、保管以及机关和会议事务等全部工作。在此期间,传送至全国各地的中央决策、主张和指示等重要文件都由这里发出,而各地方上报的文件材料也务必送达这里,中央局日常工作中通过的许多重要文件和地方文件都得到了精心保存。中国共产党成立之初,中央局不仅发布指导全党工作的指导方针和政策文件,还编辑出版了《新青年》《向导》《共产党》《前锋》等机关报,这些机关报刊是党内宣传的重要媒介,是反帝反军阀的重要读物,有着非常重要的作用。作为宣传主任,李达也负责党的宣传和党报党刊的编辑出版工作。当时还要求剪下报纸上登载的重要文件和文章,作为文件的补充材料,与文件一并保存。

中国共产党最高领导机关中央局于1921年成立,召开的第一次工作会议就在上海辅德里625号。当时党的总书记是陈独秀,他除了承担党内的工作外,还负责文件的签批工作。按照组织的保密规定,文件在整个处理过程中处于保密的状态,中央局下达的文件都要在这里起草、讨论、修改和发出,党的领导人家中不准存放文件,个人也不准随身携带文件。由于李达的寓所具有一定的隐蔽性,李达和夫人王会悟也在这里抄写或油印了大量重要的文件,夫人虽不能接触党的文件,但可协助李达做一些具体事务,如《中央局通告第一号》(1921年11月)就是由陈独秀签发,王会悟在邮局寄发出去的。

建党伊始,李达的住所就扮演着重要的角色,既是中国共产党诞生后的第一个党的秘密机关,又是中国共产党早期的革命活动场所,还是中国共产党的机密档案室。而上海辅德里625号的男主人则是中国共产党文件的第一个保管者,中央局从1921年7月至1923年6月,共积累有近百份最重要的文件材料,中国共产党人对中国社会性质和中国革命的清醒认识,都体现在这些纲领性文件中了。这些既有重大理论意义又具实践意义的党史文献,在这里得到了有效的保管和利用。

(二)中国共产党第一位文书档案人员——毛泽东

在1923年召开的中共第三次全国代表大会上正式建立秘书制,作为中央局五位成员之一的毛泽东担任了中国共产党的第一任秘书。这是毛泽东从事文书档案工作的开始,也是中国共产党文书档案工作较纯粹意义上的正式确立。毛泽东不仅成为中国共产党档案文件管理的第一人,而且在担任秘书后,党中央的文书档案工作有了很大的改变。一是文件的保存和底稿的留存都受到重视。二是从前的文件都是刊登之后不留原件的,文件随发随烧,随办随销。因此在党的历史档案中不仅没有中共一大的原始文件,而且1922年以前的文件原稿也奇缺。毛泽东担任此项工作,不仅使文件底稿留存成为一种良好的习惯,而且文件也得到了积累,大量重要文件被保存下来。

(三)中国共产党的领导人长期随身保管重要而机密的文件

井冈山时期,随身携带文件箱是毛泽东、朱德、周恩来等党和军队领导人长期养成的良好习惯,因为文件箱既可以随时作为办公桌,还能在军情紧急的时候,提起就走,被人们形象地称为"活动的档案库"。毛泽东、朱德、周恩来在长征路上都将文件放在自己的马褡子内,随时查阅随时转移,这些文件后来都被带到了陕北。面临非常艰苦的环境,毛泽东在长征途中坚持亲自经管两箱档案文件,哪怕将自己的行装精减到只剩一条军毯。转战陕北时,他多次叮嘱身边工作人员:如遇到危急情况"你们不必顾我,要先保护秘书和文件"。毛泽东不仅指示别人这样做,还亲自过问档案材料的安全问题。据毛泽东的俄文翻译师哲回忆:一天,毛泽东问他,有一批来往文件保存在谁手里。当得知由师哲保管时,毛泽东让他立即处理掉。师哲正在处理时,毛泽东来了,看着他处理完毕才离开现场。

著名的周公材料,是指周恩来保存的从1937年8月至1946年11月中国共产党与中国国民党在合作抗日、处理两党关系、与美国调停代表会谈及日本投降后毛泽东赴重庆与蒋介石商讨和平建国大计中形成的文件材料。三大皮箱再加20余包的材料不仅由周恩来亲自精心保管,而且后来都做了细致的分类。这些档案从1946年末起分三批移交给中央秘书处材料科,在1947年6月编制的《中央材料保管委员会材料目录》中单列清单,被称为"周公材料",这些档案也成为抗战全面爆发后国共合作等重大历史事件的有力见证。

五、指导和参与档案文献汇编工作

中国共产党的文献是党建立成长壮大的历史记录,要想深刻地认识社会现实,就要不断总结历史的经验和教训,从而制定出符合实际的正确的路线方针与政策,所有这些,都离不开对历史档案的系统研究。

在毛泽东革命斗争和理论创造的一生中,可以说档案文献编纂工作贯穿于他革命活动的各个阶段,因而他在档案文献编纂实践方面有着辉煌的业绩。第一次国共合作时,他亲自拟定《国民运动丛书》书目及编纂计划方案,亲自将反映国际重大事件和与各国革命运动有关的资料搜集摘录下来,并编辑成册。毛泽东1926年在广州主办农民运动讲习所期间,主编了《农民问题丛刊》等报刊,对农民运动的开展和总结经验都起到了促进与指导作用。为开展根据地建设,制定有效的土地改革政策,毛泽东从1928年至1933年进行了深入的社会调查研究,写出了著名的宁冈调查、永新调查等调查研究成果。后毛泽东将所有的农村调查材料汇编成册,并亲自写了序言和跋,于1941年3月编印出版了《〈农村调查〉参考材料汇编》《〈农村调查〉的序言和跋》。这些农村调查材料汇编成为延安整风运动中的必读文件,对于坚持和倡导实事求是的思想路线、转变党的思想作风和工作作风起了重要作用。而《六大以前——党的历史材料》《六大以来——党内秘密文件》《两条路线》等党的重要文献的汇编,从选稿、编辑至看清样,毛泽东都全程主持和参与,充分体现了无产阶级革命家对档案文献编纂工作、对革命理论研究的重视。

在档案文献编撰实践上,朱德有着重要的贡献。同毛泽东一样,在广州举办农民运动讲习所期间,朱德也主编过《农民问题丛刊》。根据地建设时期,朱德深入基层,深入社会,全身心地参与到社会调查中,并将掌握的丰富的调查材料编辑成册。在延安整风运动的时候,由他汇编的调查材料被列为较为重要的必读材料,对于中国共产党的党风建设具有很重要的意义。

周恩来首开中国共产党早期的文书档案编研工作先河。早于1925年在黄埔军校任政治部主任之时,周恩来在秘书处下增设了编纂股,从成立时间上考察,这可算作中国共产党历史上最早设置的专门编研工作机

新民主主义革命时期中国共产党文书档案工作研究

构,其中包含对文书档案史料的编纂工作。在参加广东工人运动过程中,周恩来亲自编写了《帝国主义侵略简史》,这是为广东平民教育委员会编写的工人通俗读物,以往积累保存下来的档案史料在撰写中被大量引用,不仅使文件汇编成为保存档案史料的一种有效形式,更达到了宣传、推动工人运动开展之目的。

应当说,社会实践在人的认知活动从感觉过渡至概念递升过程中起着关键性的作用。从中国共产党成立至新民主主义革命取得阶段性胜利,中国共产党的领袖们在领导中国革命特别是他们早期的文书档案实践活动中,对文书档案及文书档案工作的认识随之逐步提升。尽管他们的认识在此阶段尚未形成体系化的理论,但嗣后比较具有中国特色的科学的档案思想,正是他们那些宝贵的思想火花的升华和系统的确证。

第八章　新民主主义革命时期中国共产党文书档案工作特点、历史贡献及其当代意蕴

毛泽东曾于1945年4月21日在延安举行的中共七大预备会议上做了一个报告,报告中回顾了中共一大的情况,并引用《庄子》的"其作始也简,其将毕也必巨"来说明中国共产党创建与发展历程,指出:中共一大时"可谓年幼无知,不知世事。但是这以后24年就不得了,翻天覆地!整个世界也是翻天覆地的"。其实,该时期中国共产党文书档案工作的开展状况,也恰可以用"其作始也简,其将毕也必巨"来概括总结。新民主主义革命时期的文书档案及文书档案工作,除了具体业务环节外,在各个方面都焕发出新的生机与活力,呈现出不同于以往任何时期的时代特征;这一时期的文书档案工作又以特定的形式在革命斗争、社会进步和发展等诸多方面做出了应有的贡献,发挥了无法替代的作用;与此同时,该时期在文书档案及文书档案工作中所透现出的崭新风貌,也足以为后世提供长久的启迪与镜鉴。

第一节　中国共产党文书档案工作的时代特征

中国共产党领导的新民主主义革命,是一场不同于以往的全面而深刻的社会变革,其时的文书档案工作自然被打上了深深的历史烙印。

新民主主义革命时期中国共产党文书档案工作研究

一、为档案事业发展注入了新的时代力量

中国共产党文书档案工作伴随党的建立和第一批纲领性文件的形成应运而生,尽管从主要业务环节与基本做法方面来看,文件及处理、档案及管理工作与以往并无二致,但其内核已经发生了本质的变化。

从1919年五四运动开始,中国的无产阶级正式登上历史舞台,一个新的阶级的产生,势必要形成代表该阶级利益的文书档案与文书档案工作。1921年中国共产党建立,无产阶级不仅有了自己的先锋队和领导核心,而且在中国共产党带领下进行了新民主主义革命。在这一过程中,中国共产党需要加强自身组织建设、军队建设和民主政权建设,还要发展根据地的经济和文化,又要同国民政府和日本侵略者展开军事较量。面对如此繁重的革命任务,中国共产党急需建立稳定的机构人员及相应机制,使党的路线方针政策和任务能够及时准确传达并有效实施,文书档案工作自然担负起了这个历史责任。那么,由代表新生阶级力量的政党建立起来并领导的文书档案工作,必定会呈现出新的时代风貌与特质。

首先,从文书档案工作性质考察,中国共产党是无产阶级政党,中国共产党文书档案工作的建立,使我国档案事业发展进入了无产阶级文书档案工作的新时代。一方面,中国共产党在新民主主义革命时期,建立了"以工人阶级为领导、以工农联盟为基础、联合其他革命阶级和阶层"的工农民主政权,与这样一种全新的政治制度和政权形式相适应而建立起来的文书档案工作,必然要体现建立它的政党及其所代表的阶级的利益与要求。与此同时,由中国共产党领导的新民主主义革命的中心任务和基本内容就是土地革命,农民阶级便成为中国民主革命最雄厚、最具决定性、可依赖的社会力量。故此,在中国档案事业发展历史进程中,第一次出现了代表和体现以工人阶级、农民阶级为主体的最广大人民群众的利益与要求的文书档案工作。另一方面,在领导新民主主义革命过程中,中

第八章 新民主主义革命时期中国共产党文书档案工作特点、历史贡献及其当代意蕴

国共产党要把马列主义的普遍真理同中国革命的具体实践相结合,对中国社会、中国历史与现状加以研究,以探索历史的发展规律,总结历史的经验教训,从而对中国社会现状和中国共产党承担的历史责任进行准确的分析与研判,由此制定出正确的路线、方针政策与战略策略,最终取得新民主主义革命的胜利。基于上述诉求,中国共产党从诞生之日起,首先明确了文书档案工作的目的就是为中国革命事业、为最广大人民的利益服务,并以此为出发点,文书处理与档案保管业务全面开展起来。正是中国共产党对文书档案工作的准确定位,才使其具有了不同以往的本质特征。

其次,从文书档案工作指导思想考察,中国新民主主义革命的指导思想既包括无产阶级革命领袖们的思想——马克思列宁主义,也包括将马列主义同中国革命具体实践相结合的中国共产党集体智慧的结晶——毛泽东思想,还包括中国共产党在不同历史阶段制定的纲领、路线与方针政策。作为中国新民主主义革命组成部分之一的文书档案工作,其根本的指导思想与原则,必然同中国革命的指导思想完全一致,文书档案工作的开展,也必然要运用马列主义的立场、观点、方法去分析问题、解决问题。无产阶级档案观的一个基本观点,就是文书档案工作具有政治性和机要性特征,基于这种认识,中国共产党在开展这项工作时,一切从政治斗争的需要出发。比如,"秘书处工作走向政治化"道路,就是中共中央1929年给顺直省委的指示信中对秘书处工作的目标定位;而政治观念、政治立场和态度,也成为选择与任用文书档案人员的首要标准和条件。再如,中国共产党文书档案工作由于受到各种客观因素的制约,尤其是在抗战时期,不得不在多条战线进行,根据地、国统区、敌占区及在国统区具有半公开性质的中国共产党代表团和办事处,各自文书档案工作的主要任务、业务环节、工作方法和手段都有较大差异,中国共产党在制度和规定上灵活掌握、分别对待,也正是对马列主义和毛泽东思想所倡导的实事求是原则

的灵活运用和具体体现。

再次,从文书体式与处理方面考察,中国共产党文书档案工作与以往各个不同历史阶段都有一些本质的或较大的差别。在中国古代,文件是奴隶主阶级和封建地主阶级维护阶级统治和社会秩序的重要工具,各朝代统治者将宗法制度与等级制度结合起来,使官府文件具有森严而不可逾越的等级特权,如秦朝统一后建立了文件抬头、避讳等一整套尊君抑臣的文书制度。在新的历史环境下随着民主思想的传播,虽然我国近代形成的文件等级特权被逐渐废除,但尊卑等级秩序并未消失殆尽。在文件制作与处理上,无论是古代还是近代各相互继替的政权中,公文泛滥、行文烦冗、浮辞藻饰、传送拖延迟缓等现象普遍存在。反观这一时期中国共产党因对文书完全有别于维权忠君、有别于直接维护统治秩序的认知,文件材料普遍具有格式简洁、内容朴实、语言通俗、结构紧密等特点,使公文条理清晰、简洁凝练,它彻底摧毁了反人民大众的、特权等级制的、形式主义的旧的公文体式。同时,中国共产党在充分尊重文件运动规律的前提下,适应不同斗争环境,使文件处理做到简单快捷、机动灵活,大大提升了公文处理的效率。

最后,从档案管理方面考察,中国古代、近代与新民主主义革命时期中国共产党在档案保管上如收集、保存、整理的做法和要求虽有差别,但其主要方面基本一致,这是档案管理规律性在档案工作中的必然反映。但在档案利用上,它们之间却有着本质的不同。中国古代档案利用呈现出了御用、垄断与封闭三位一体、紧密结合的特点,档案是统治者权力的象征,主要用来巩固皇权和维护统治阶级利益,档案利用者的范围仅局限于高级别官员、档案主管官员与职权对应的档案保管者,其他人员尤其是普通百姓根本接触不到档案,档案利用受到极大限制。至近代,档案馆库封闭的大门被打开,也有了具有近代意义的档案汇编与公布,但档案利用从主体、内容至方式上都仍有严格限定。而中国共产党自创立以来,从中央至党的地方组织、各级军事机关与根据地政权,皆出版了机关报、刊物和简报等,它们成为转载各类文件的主要媒介。同时,通过汇编出版各类文集、汇集等方式,形成了大量的内部资料和公开的出版物。中国共产党通过书报刊物及各类资料的传递交流,向社会各界公布、刊载党的宣言、决议、指示等重要文件,宣传党的方针政策、党在各个不同时期的主要任务,将人民性与民主性思想具体运用在档案开放利用活动中,从而在组织动员民众、建立统一战线、揭露敌人等方面发挥了巨大的作用。

二、奠定了重视文书档案工作的优良传统

鸦片战争以来,如何使中华民族再次立于世界民族之林成为一代代中国人毕生的追求,然而,无论是戊戌变法还是辛亥革命,都未能完成挽救民族危亡的任务。所以,中国共产党成立后,摆在中国人民、中国共产党面前的历史任务前所未有地艰巨。中国共产党要想通过新民主主义革命的胜利来实现民族独立、人民解放,那么,就需要借助并切实发挥文书档案工作自身所具有的记录凭证、上传下达、宣传教育、辅助行政、存史资治等作用。文书档案工作的产生是组织管理的必然要求和结果,也是组织管理最有效的工具。正是由于文书档案工作从上述若干方面满足了革命的诉求,能够为身处困境的中国共产党提供最有力的工具支持,才成为中国共产党及其领袖们重视文书档案工作的内在根源。与此同时,中国共产党的组织及其领导人,不仅直接或间接地受到自第一国际以来无产阶级革命导师档案观的熏陶,更继承并发展了马列主义档案观,在文书档案工作中,始终给予文书档案及文书档案工作以高度重视和极大的关注。此外,中国共产党的领袖们在建党前的革命活动中就接触或直接参与到文书档案工作中了,他们对文书档案工作已经有了初步的了解,在革命斗争实践中,又进一步深化了他们的认识。所以,在整个新民主主义革命过程中,他们在文书档案工作方面所发出的指示意见,对档案事业的发展有

新民主主义革命时期中国共产党文书档案工作研究

巨大的引领作用。

首先,以新的执见认识文书档案工作。一是中国共产党的领袖们摒弃了旧政权统治者对档案工作偏狭的理解,他们在文书档案工作方面的一系列的论述,对文书档案工作性质、功能、作用与地位的认识予以了全面的提升。如周恩来曾经说,"要将这些档案留给后人,让他们记住中华民族曾遭受的苦难"。要利用文件材料解决现实问题,更要注重其存史的作用,是中国共产党领袖们的共识。二是重视文书档案工作并做出了一系列原则性的指示。如1931年12月15日,毛泽东签发了《关于建立报告制度问题的通令》,分别就苏维埃乡政府、区政府、县政府、省政府向上一级组织报告的时间、范围和具体内容做出规定。这样,各级苏维埃文件通过各种渠道呈送给中华苏维埃中央执行委员会总务处,经过分配办理,最后再归回总务部门成为档案材料。报告制度的建立,不仅使上级组织能够及时通晓下情,进行有针对性的领导与指示,而且成为档案集中的有效方式。

其次,党的领导人曾先后亲自从事或直接分管文书档案工作。中国共产党成立之初,都是党的早期领导人亲自从事档案文件保管工作。如中央文件材料的首位保管人为中央局宣传主任李达;1923年后毛泽东担任了中央局的秘书,成为党内第一位较专职的文书档案人员;早在1927年,邓小平就担任了中共中央的政治秘书,与中央文件管理相关的机要、交通等事务都由他亲自承办。党的主要领导人在新民主主义革命时期,都曾直接分管文书档案工作。中国共产党文书档案工作的总枢纽——中央秘书处的工作,始终由周恩来主抓,而关涉中央文库的一切事项,如管理人员的选择、管理原则与方法的确定、文件材料的调阅及文库安全的保障等,都由周恩来亲自过问并指导;抗战时期在八路军驻重庆办事处时,中共南方局的文书档案工作也由周恩来直接领导。任弼时、李富春和杨尚昆相继在中国共产党文书档案工作的领导组织管理机构——中央办公厅担任主任一职,全面负责党政军系统的文书档案工作。

再次,中国共产党及其领导人重视对文书档案人员的教育和关怀,极大地调动了他们献身革命事业的主动性和积极性。一方面,注重对文书档案人员进行理想、信念教育,用马克思主义的政治观点和阶级意识武装他们的头脑,让他们充分认识到文书档案工作是为党及其代表的无产阶级利益服务的,使他们对党的事业无限忠诚,切实担负起党交给的各项工作。另一方面,在学习和生活上给予文书档案人员爱护与关心。当时,很多抗日根据地都制定了包括文书档案人员在内的技术人员优待条例,让技术人员享受与行政人员同等的政治待遇;而物质待遇方面,则按等级划分,但普遍又优于一般的公务人员。毛泽东、刘少奇、周恩来、任弼时等中国共产党的领导人在对文书档案人员政治上关心、业务上求严、生活上照顾等方面,都做出过宏观的指示,而各部门和各地方也遵照中央精神和原则,制定了相应的具体规定并真正落到实处。正因如此,文书档案人员才以高度的责任感和使命感,为中国人民的解放事业忘我地工作。

三、紧密结合斗争实际,因时因地制宜开展工作

在新民主主义革命时期,中国共产党一直处于战争条件下,特别在八七会议上确立了由农村包围城市的战略总方针后,党中央机关、各部队和各根据地都转移并分散到偏僻的农村山区,在国统区坚持地下斗争的各级地方党组织也处于白色恐怖中,那么,对文书档案工作进行统一规划和统筹部署显然不切合实际。中国共产党全面深入地分析了所面临的复杂局势、恶劣环境与艰苦条件,结合不同地区、不同部门进行革命斗争及开展文书档案工作的实际状况,甚至在文书档案工作的各个具体业务环节上,分别制定了文书档案工作的制度、方法与要求。

新民主主义革命时期的国内局势,使得中国共产党文书档案工作注定要在两条或多条战线——根据地、国统区、沦陷区分别进行。由于文书

新民主主义革命时期中国共产党文书档案工作研究

档案工作的环境不同,对象不同,工作任务不同,工作侧重点也不同,因此制定出的具体工作制度和方法就必然有别。在革命根据地,从苏区时我们就已经有自己的武装力量作为后盾,抗日战争时期的陕甘宁边区等若干地区又保持了一个阶段的相对和平与稳定状态,解放战争时期各解放区则处于更巩固的地位。因此,文书档案工作始终紧紧围绕着新民主主义革命时期不同阶段党的各项中心工作进行。在党中央的直接领导下,也对文书档案工作进行了较全面的建设规范,相关文书档案工作的法规制度、具体方法与要求渐次制定颁行,并在抗战后期逐步健全,文书档案工作充分发挥着联系上下的纽带作用和各项党政业务的助手作用。在国统区,文书档案工作环境极其凶险且充满危机,故而,文书档案工作顺利开展的前提与保障,就是制定严格的组织纪律和保密措施。如档案材料保管场所的选择,一般都是在地下党员家中,"家庭化"不单纯是一种保管形式,更是一种保管制度,要切实执行。在国统区从事文书档案工作,稍有不慎,就会给党的事业造成无法弥补的损失;确保文件材料的绝对安全,成为文书档案工作的重中之重,所以,中央文库的保管者们始终保持着高度的警觉,无论遇到任何情况,即使暂时难以确定是否存在危险,都尽量尽快将文库转移。

即使在同一区域,处于大致相同的斗争形势与环境下,中共文书档案工作的开展也并非教条地固守规则,而是具体问题具体分析。抗日战争时期,中国共产党建立了以陕甘宁边区为中心的20余个抗日根据地。由于各根据地所处的政治、军事、社会、地理环境不尽相同,直接决定了各根据地文书档案工作的区域性差别。如组织机构比较弱小、面临的斗争形势也相当严峻的苏东抗日根据地,与陕甘宁边区等相比,受到破坏的程度较高,军事活动频繁,自然其文书档案工作水平就会相对较低些。哪怕是同在相对安定的环境下,各根据地的文书档案工作也不可能整齐划一,必须结合各地实际进行安排与调整。如抗战时期,文书工作建设的一项重要内容就是对公文程式进行改革,并且要求以法规和制度的形式将改革成果确立下来。此次在根据地开展的公文程式改革,并未在具体规定上实行"一刀切",如是否使用新式标点,是否运用规范化语言,是否采取生动活泼的革命文风,对边区从事文书档案工作人员没有硬性规定,尤其不强求文化水平较低、出身工农的干部。可见,这一时期中国共产党的文书档案工作,既提出了不断向规范化、科学化方向发展的要求,又全面兼顾当时各地的实际情况,区别对待,使公文程式改革以渐进化的方式进行。又如,太行山解放区在国民党军队大举进攻时,对敌人重点进攻地区、与敌接壤地区、我军力量较集中地区的档案文件采取了不同的保护措施,太行区党委的做法,可谓灵活运用战时档案工作策略的典范。

四、培养了文书档案人员忠诚信仰的政治品格与奉献牺牲的精神

新民主主义革命时期,鉴于复杂的时代背景和时局环境,以及文书档案工作人员特殊的工作内容,中国共产党在文书档案工作人员遴选方面始终将政治立场观点,即对共产主义的信仰、对党的绝对忠诚视为首要条件。因而,中国共产党长期致力于加强文书档案人员的党性教育、革命传统教育、民族气节教育等,对文书档案人员遵守党的纪律、保守党的机密有着极严格的规范。同时,在文书档案工作人员的业务能力和水平方面也制定了较高的标准要求,提出了业务上要"精益求精",并经常组织人员进行有针对性的业务培训。正是由于中国共产党对于革命队伍中的一员——文书档案人员,在政治上关心他们的成长,在业务上提供了各种加强学习的途径,生活中给予必要的优待,从而造就了一支有忠诚、有担当的高素质的文书档案人员队伍。面对血雨腥风,一大批文书档案人员恪守着忠诚不渝的信念,在极其艰苦的条件下,为党的事业默默奉献,鞠躬尽瘁,谱写了可歌可泣的英雄壮举。

新民主主义革命时期中国共产党文书档案工作研究

坚定的信仰成为汇聚力量的精神纽带,会使一个共同体在长久的时间内始终保持着明确的目标和不懈的热情。故而,才有中央文库四代保管人前赴后继,在白色恐怖最严峻的上海,创造了"一号机密"长期安全守护且还能为中央及时提供利用的奇迹。还有无数革命前辈不畏牺牲,忠实地履行自己的职责:毛泽东曾向埃德加·斯诺介绍过一位年轻的红军战士,他背着藏有苏维埃政府档案的两只铁制文件箱,跟随毛主席走完了二万五千里长征全程,斯诺将这一情景在《西行漫记》中做了描述,尽管我们今天再也无从知道他的姓名,但足以让人民领袖牵念的事迹,是值得后人铭记的。还有长期做地下机要交通工作的原中央机要交通局局长王凯,为了保护好文件,曾经不惜以爱人和孩子为掩护,两次化装为乞丐冒险住进难民营。抗日战争时期,有位冀热边区的党员区长,在遇敌包围情况下,为了使自己携带的重要文件不被抢去,边与敌周旋,边烧毁文件,直至最后把余下的文件吞进肚中。那些有关民兵组织、干部名单、游击队发展及边区政府的材料,关乎党的机密、组织和同志的安全,让一位共产党员以生命为代价守护下来。还有一位人称"白大姐"的地下党员,由于叛徒的出卖被敌人包围,她机警地把刚刚接收的一份党中央重要文件交给身边一位同志,自己则挺身而出为同志作掩护,最终惩罚了叛徒,自己也壮烈牺牲。这一时期,还有许多无名英雄为人民利益甘愿自我牺牲,对党的档案事业赤胆忠心,以大无畏的精神和壮举践行了共同的誓言:"人在文件在""与绝密文件共存亡!"

为全力支持和服务于中国共产党的革命斗争,文书档案人员以兢兢业业、坚韧不拔的精神,在工作过程中注重总结经验,摸索更加简便、有效的文件处理和档案保管方法,为文书档案工作的科学化发展孜孜探求,促进文书档案工作水平日益提高。如曾任中共满洲省委第一任书记的陈为人,虽在领导地下工作中对文件处理和保管会有些许了解,但在接收保管中央文库档案前,对文书档案工作的认识毕竟有限。而他却在短短的一年多时间里,逐一对2万余份文件的作者、时间、代号、暗语进行了鉴别和注解。其后,他又将中央文库的所有文件材料进行了分类整理,并编制了文件目录和1份检索(文件清单)即《开箱必读》。即使以今人的角度去看当时陈为人所作的分类、目录与检索,仍不失是简单明了而科学的。陈为人从1932年12月接手中央文库工作,到1936年1月因健康原因将工作移交给其他同志,前后仅有3年时间,其间,必须要细致研究分析每份文件形成背景、不同年代和机关代号暗语使用规律、文件内容及其相互联系,其艰难程度不言而喻,而陈为人则以勇于探索的精神和忘我的工作热情,圆满地完成了上述工作。又如,新中国档案事业的开拓者曾三,于1927年初任中共湖南区执委秘书,正式成为文书档案工作队伍中的一员。1931年,中央红军与在上海党中央的第一次无线电联系,就是由在红军中担任报务员的曾三完成的;至1945年9月,曾三担任中央秘书处处长。曾三开始从事这项工作至成为该时期中国共产党文书档案工作最直接实际的领导者,历经18年,其时年龄不满40岁,除了他本人的工作及领导能力外,更主要在于他对文书档案工作规律、文书档案工作基本要求和主要方法不懈的探索。他很早就致力于对文书处理与档案保管业务的研究,业务水平稳步提升,走上领导岗位后,更是一再强调"要把研究与保管结合起来"。中央秘书处、材料科业务的精进,尤其是从1946年开始的档案文件的安全大转移,得益于中央的英明决策,也得益于曾三对文书档案工作的深刻理解、认识和应对不同情况时准确的判断和指挥。

第二节 中国共产党文书档案工作的历史贡献

新民主主义革命时期中国共产党的文书档案工作,既是党所领导的革命斗争不可分割的组成部分,也是革命取得胜利的重要保障,同时又是社会主义革命与建设时期文书档案工作最直接的基础。因而,在中国档

新民主主义革命时期中国共产党文书档案工作研究

案事业发展进程中,该时期的文书档案工作有其卓然特立的历史贡献。

一、开启了我国档案事业发展新阶段

文书档案工作具有鲜明的阶级性,任何历史时期的文书档案工作都必然从属于一定的阶级,体现一定阶级的利益。历经奴隶制时代、封建制时代、半殖民地半封建时代的我国各历史阶段的文书档案工作,曾分别代表着奴隶主阶级、地主阶级、农民阶级、资产阶级利益。五四运动后,无产阶级以新的姿态登上历史舞台,而无产阶级政党——中国共产党及其工农革命政权的建立,使文书档案工作第一次代表和体现了以工人阶级、农民阶级为主体的最广大人民群众的利益与要求。中国共产党领导的新民主主义革命的根本任务就是反对帝国主义、反对封建主义,建立独立的人民民主专政的新中国,文书档案工作服从并服务于这一宗旨,可见,文书档案工作的阶级性与文书档案工作发展的方向和目标是一致的。

新民主主义革命时期,代表广大人民群众利益的文书档案工作,也与以往主要代表少数统治阶级利益的文书档案工作有着本质的区别,集中体现在中国共产党文书档案工作具有民主性、平等性上。

在新民主主义革命时期的军事战争、社会改造、经济发展、文化教育等方面,中国共产党的文书档案工作发挥着重要作用,而且文书档案工作本身也是新民主主义革命的一个组成部分。它不再单纯是政权建设的辅助性工作,而是有着自己特定的工作领域、工作内容和工作范畴,并被看作是革命工作中具有独立性的社会分工之一。与此同时,文书处理与档案保管、利用也不再仅被视为资政的工具,它在宣传、组织、动员群众广泛开展各项革命活动中扮演着重要角色,充分展现出无产阶级文书档案工作的人民性、开放性,与旧政权文书档案工作的垄断性、封闭性彻底决裂。

二、成为新民主主义革命取得胜利的重要保障之一

文件与档案是社会实践的产物,也是社会实践的反映,文书档案工作

是社会实践的有机组成部分,更是社会实践的必然要求。新民主主义革命时期,深刻地理解与认识文书档案工作的功能,是中国共产党在文书档案工作发展进程中的又一重要创获,从而使文书档案工作在不同的革命斗争阶段中发挥了独特的作用。

首先,就文书档案工作的总体方面而言,文书档案工作紧紧围绕不同的革命阶段及不同的革命目标,加以适时地开展。第一次国内革命战争时期,档案工作刚刚起步,其主要任务就是文件材料的收集和保管,以便为长期而艰难的中国革命做必要的准备和积累;第二次国内革命战争时期,党的中心任务就是武装斗争和土地革命,除党的机关文书档案工作外,红军与工农民主政权的文书档案工作也先后建立,为加强党中央对各级苏维埃政权和红军各部队的领导和相互之间的联系,机要电讯业务的开展等成为文书档案工作为完成党的中心任务做出的及时回应;抗日战争时期,中国共产党进行了大规模的敌我友材料的收集,为巩固抗日民族统一战线做了切实有效的工作。而八路军文书档案工作的开展,适应了改组后的部队建设,在军事斗争中发挥了重要作用;解放战争时期,随着战争形势的不断好转,新民主主义革命取得胜利已成定局,防止敌人在溃败前疯狂销毁档案成为档案工作的中心内容。为此,朱德与彭德怀联名发布了《惩处战犯命令》,毛泽东亲自起草了《中国人民解放军布告》,这两个文献告诫国民政府、党部和军队人员,保护档案有功,破坏档案有罪,这才使大批珍贵档案被完整地保存下来。

其次,就文书档案工作的具体业务而言,也根据革命斗争开展的具体情况,加以灵活调整。如新民主主义革命时期,中国共产党文书档案工作在国统区和根据地分别进行,文书处理、档案的保管保护与利用等各方面都有所不同;而各革命根据地由于面临的具体形势、具体状况不同,文书档案工作的开展也没有划一的规定。而且随着革命形势的变换,文书档案工作的重心也有所转换,如解放战争中后期的国统区,党的地下组织人

新民主主义革命时期中国共产党文书档案工作研究

员除日常文书档案工作外,一项重要而紧急的任务就是深入了解敌情,以便配合解放军进城时及时接管历史档案,并有效阻止敌人在溃败时大规模疯狂地焚毁档案文献;在各根据地,则主要根据国共两党在军事较量中的具体实际,将档案材料做就地埋藏和长途转移的不同处理。

再次,就文书档案工作开展的具体环节、具体方法与制度而言,中国共产党既充分遵循了文书档案工作的固有规律性,又在实践中努力尝试与探索适合本系统、本地区和本部门实际的具体方式,出台了一系列相应办法、制度与法规,使文书档案工作自身在不断取得进步与发展的同时,也更有针对性地开展了为党政军民服务的各项业务工作。

1. 文书档案工作维系并保证了党政军群组织机构的良性运转

文件及文件处理工作在维系组织机构正常运转、高效传递行政信息、全面贯彻实施文件指示与精神等方面,具有无可比拟的优势。其时,中国共产党受环境艰苦、时局复杂、自身条件薄弱等多重因素的长期影响,国统区与根据地之间、国统区之间、各根据地之间正是借助于文件与电报频繁的往来递转,才及时将党中央的战略决策、目前的任务送达各地,各地则根据党中央的具体要求,全面予以贯彻实施。这一时期,除了日常工作外,党中央在各个重要的历史节点所做出的紧急应对及新的部署,能够在第一时间传达到各地与各机关,全赖于文件电报的快速运转及层层下达。所以说,文书档案工作对于革命斗争、民族抗战和人民解放,具有重要的辅助意义。

2. 通过文书档案工作宣传、动员民众,为革命事业发展奠定了雄厚的社会基础

该时期党的组织、民主政权和人民军队之所以能够由小到大,由弱变强,是和民众的积极参与支持分不开的。正是因为中国共产党长期对民众合适有力的政治灌输、教育和塑造,才有了民众政治热情和政治意识的提升,以及继起的政治参与行为。中国共产党通过在公开的报纸期刊上

登载大量的党内文件,进行多种类的文件汇编,宣传党对中国革命新道路的探索、党的政治主张和经济文化政策,特别是主张人民群众是我们党力量的源泉,我们党要始终如一地相信群众和依靠群众。从第二次国内革命战争确立了走农村包围城市的道路后,文书档案人员就大量征集农民协会的宣言、公告、报告等文件资料,农民运动考察报告,农民运动教育材料等,根据需要汇编成各种宣传材料,使广大农民对中国共产党的政策、目标有了进一步的了解,他们不仅成为人民军队中最重要的来源,也成为国统区中国共产党地下组织最可信赖和托付的对象,更成为民主政权不断扩大与巩固的力量。

3. 文书档案工作在各项建设方面发挥了应有的作用

中国共产党所领导的新民主主义革命,不仅是一场宏大的政治革命运动,也是一场深层次的社会革命运动。政党建设、组织建设、军队建设、政权建设、经济建设、文化建设、社会改造等,都与文书档案工作有着密切的联系。如,中国共产党从成立起就有了党员登记表等人员记录,至抗战时期基本建立起了干部档案,从而使机构设置、人员配置、党员干部使用更加合理。如周恩来能够将保管中央文库的艰巨任务交给未做过文书档案工作的陈为人,正是因为中国共产党对陈为人丰富的地下对敌经验及两次被捕始终坚贞不屈的经历有了了解,才在人员的使用上做出了正确的判断。再如,中国共产党在各阶段政权的全面建设中,缺乏可资借鉴的前人经验,很多问题需要从浩繁的案卷中找寻解决办法,所以每到一地的主要工作之一就是对档案的搜集,以了解当地的建置沿革、山川物产、风土民俗、宗教信仰等方面的情况,在此基础上,结合当地实际有针对性地制定党的各项建设规划并加以有效施行。

4. 文书档案工作成为对敌斗争的有力武器

实际上,中国共产党的宣传阵地不仅在我们内部,也包括在敌对势力中,主要是通过出版报纸期刊、撒传单、贴标口号等形式,传播中国共产党的反战及对缴械、投诚人员的政策,从内部动摇、瓦解敌人力量。同时,也通过对各种反动势力相关材料的收集与研究,有理有据地揭露敌人反共、反人民的立场及阴谋,与文书档案工作相关的这些活动取得了显著的效果。

其时,中国共产党不仅需要带领广大民众抵御外侵之敌,反抗国民党的反动腐朽统治,而且又要联合民主进步爱国人士建设革命的统一战线。因而,中国共产党必须通过文书档案工作的全面系统开展来掌握、保存并分析各方面的信息与情报,以完成繁重的革命任务和建设任务。为了能够及时将中国共产党对待民主爱国人士的政策传播出去,争取友人对中国共产党的积极支持,还相继在各地建立了交通网络并由专人负责相关文件的传递与档案管理。正是得益于积极的奔走、争取,中国共产党才获得了广泛的同情和支持,在西安事变后,迅速建立起抗日民族统一战线。为维护与巩固抗日民族统一战线,中国共产党做了多方努力,其中与文书档案工作直接相关的就是主动收集和保管了一部分涵盖民主进步人士在内的相关材料,针对这部分材料的收集保管和利用,成立了专门的机构,并在制度建设方面给予了特别的关注和支持。

三、真实记录、有效保存了反映新民主主义革命进程的文献资料

从反映中国共产党领导的新民主主义革命完整过程的角度考察,文书档案工作与政党、政权和军队建设,与工人运动、农民运动、学生运动、妇女解放、文化教育等各项工作相比较而言,最重要的区别就在于其不仅自身属于革命斗争的有机组成部分,文书档案工作的物质对象——文书与档案,更以得天独厚的条件与优势,详尽、细致而全面记录了中国共产党的革命历程,成为新民主主义革命时期各项斗争工作最真实的写照。

文件与文件使用完毕后转化而来的档案,都是历史事件最直接最真

实的反映,文书档案也当然成为中国共产党建立、初步发展期间,对其所经历的成长、挫折、牺牲及贡献最权威、最全面、最客观的体现者。从宏观看,中国共产党从一大至七大发布的纲领性文件和决议案,在历史转折时期召开的八七会议、古田会议、遵义会议、瓦窑堡会议等所做的报告及发布的文件,系统反映了中国共产党在各个不同时期对国内国外形势及国内阶级关系变化的分析,以及为应对时局变化中国共产党制定的不同的战略决策,这些文书档案内容涉及党的领导、武装割据、军队建设、政权组织、统一战线、反对机会主义等中国共产党最具原则性、最重大、最根本性的问题。从微观看,当时与农民签订的各种土地改革文书、土地登记册,一些会计账簿、税收凭据,各支部队的征兵名册、烈士名录,各民主政权发布的各种宣传单和公告等,从不同角度对新民主主义革命过程中在政治、军事、经济、文化等方面所采取的政策、策略及实施效果给予的反映,这些文书档案成为中国共产党领导新民主主义革命斗争最忠实、最珍贵的记录。

如果说文书档案主要是对事务最直接记录的话,那么,文书档案工作则让这些记录有效保存、传承并发挥了应有的作用。中国共产党成立后至新中国成立前产生的所有文件档案,尽管有一部分因各种客观原因在紧急情况下被烧毁,但新民主主义革命时期中国共产党文书档案工作的有效开展,使党的辉煌的革命斗争历史记录得到了妥善的管理,进而被相对完整地保存和传承下来。相互衔接的文书处理活动,特别是文件立卷归档工作,使文件材料更加有序化与条理化,因保持了文件之间的历史联系,使文件信息更加完整、系统。而继起的档案收集、保管、保护工作,让信息记录的载体及内容在艰难困苦的环境下,尽可能被集中起来妥善保存,并成功地留给了后人。可以说,这一时期文书档案工作中颁行的一系列制度、法规,文书档案工作各环节的设计、主要方法与各种具体要求,无不是以文件档案的安全保存、保管保密与利用为指归的,这才使得我们今天仍可以回望那段光辉岁月,才有可能在更久远的未来将鲜为人知的历史继续传承下去。

四、为新中国档案事业的发展奠定了坚实的基础

新中国成立后,虽政通人和,但百废待兴,摆在中国共产党和中国人民面前的建设任务空前繁重和艰巨,新中国包括档案事业在内的各项事业都需要尽快地恢复甚至是重建。然而,可以为中国共产党借鉴和学习的社会主义建设经验甚少,苏联的支持和苏联专家的帮助只可解燃眉之急,无法持久。那么,中国共产党只能从以往的历史中寻求经验和灵感,以便使社会主义档案事业的发展更符合中国实际,更具有恒久的后劲。从新中国档案事业建设看,应当说,在抗日战争时期较为稳定的机构体系、较为专门的人员设置、规范面较广的文书档案法规制度、较为固定的业务环节、相对较成熟的工作方法手段,经过解放战争时期的平稳过渡和进一步的改进创新,都为新中国档案事业的开创奠定了良好的基础。该时期文书档案工作的许多规定与具体做法,都在新中国成立初期被蹈袭着,成为社会主义档案事业建设的根基。从某种程度上讲,新中国档案事业最直接的历史渊源,主要来自抗战后中国共产党的文书档案工作,而历史也充分证明,新中国档案事业的建设,充分汲取了新民主主义革命时期的有益成分。

新民主主义革命时期的文书档案工作不仅与新中国一脉相承,而且为新中国档案事业的建设贡献了较丰厚的积淀。其一,新中国成立后文书档案工作一个最迫切的任务就是尽快接收旧政权档案和收集革命历史档案。当时组成了以陈云、董必武为首的接收领导小组,发布了《征集革命文物令》,这项工作的开展,很大程度上借鉴了新民主主义革命时期中国共产党在档案资料收集及旧政权档案接管方面的经验,因此进行得比较顺利。其二,新中国第一个文书处理和档案工作办法《公文处理暂行办

法》,在确立了统一机关文书、档案工作的基本原则和做法时,还强调档案应以"集中管理为原则"。而新民主主义革命时期由各级办公厅(室)主管文书档案工作的体制,以及解放战争时期因党政军民一元化领导在文书档案工作中显现的集中化管理趋势,都为新中国档案的集中统一管理奠定了基础。其三,新民主主义革命时期为新中国档案事业发展储备了一批政治素养高、政策水平高且有文化的文书档案工作者,他们成为新中国档案事业建设的中坚力量。如曾三于1954年成为国家档案局首任局长;裴桐先后在中央办公厅、国家档案局担任领导职务,成为新中国档案事业的开拓者和奠基者。最后,我们在文书档案工作上的一些好的传统被继承,比如,一直鼓励文书档案人员在实践过程中要重视理论研究。新中国成立不久,在裴桐主持下创办了新中国档案界的第一份专业工作刊物——《材料工作通讯》(即现今的《中国档案》),既交流实际工作经验,也在理论上进行有益的探讨。

五、铸就了具有丰富内涵和时代特点的职业精神

自中国共产党成立以来,一代代文书档案工作者在平凡的工作岗位用热血和青春谱写出一曲曲英雄的赞歌。与和平年代相比,在物质条件极其匮乏、民族危机空前严重、时刻面临危险的这个时期,文书档案人员的忠诚与担当、奉献与牺牲体现得尤为突出。回顾中国共产党文书档案工作历程,我们总是被先辈们的英勇事迹所感动、震撼,他们的英勇事迹和精神成为新时期文书档案工作者前行的动力。

新民主主义革命时期,一方面,中国共产党在政治上始终高度重视对属于革命队伍中主要从事技术工作的公务人员——文书档案人员职业精神的模塑,陕甘宁边区政府就制定了《边区政务人员公约》,从政治素养、集体观念、工作态度、创新精神、廉洁奉公、遵纪守法、严格自律等各方面,对公务人员的职业行为予以规定。正是该时期对文书档案人员的严格约

束和规范,才有一大批文书档案工作者在平凡而特殊的工作岗位上,以坚定的理想信念、初心不改的政治品格,矢志不渝地为党的事业默默奉献,甚至不惜以鲜血和生命为代价保护珍贵的档案文件。另一方面,在具体业务上对文书档案人员有特定的要求,历来强调文书档案人员要有主动自觉学习的精神,不断提升个人的业务能力与水平,还要求文书档案人员要将保管与研究结合起来,要进行分科的业务研究,而且在那样艰苦的斗争环境和条件下,倡导文书档案工作技术上要有"新的发现",依然将强烈的创新意识作为文书档案工作发展的最有效助力。文书档案人员也切实担负起了本职工作,克服难以想象的困难,几乎在零起点上、在摸索中不断探求与改进文书档案工作的方法,总结文书档案工作的基本规律,创造了一个又一个的奇迹。

新民主主义革命时期的文书档案工作者,将文书档案工作与国家和民族命运紧密相连,不顾个人利益与安危,全身心地投入到工作中,用鲜血和生命捍卫着民族的历史和党的机密。他们在业务上一丝不苟、精益求精、勇于创新,探索出了既体现一般性要求又适合战时文书档案保管的方法与制度。他们坚定的革命信仰和无私奉献的职业精神为今天文书档案工作人员树立了光辉的典范。

六、形成了优良的工作作风

中国共产党在新民主主义革命中孕育形成了许多优良作风,这些优良作风,不仅贯穿于中国共产党各项政治、军事斗争中,也在文书档案工作中得到了具体的体现。

(一)勤俭节约、艰苦奋斗

这一时期,中国共产党在文书档案工作中一贯倡导艰苦奋斗、勤俭节约的优良作风,不仅是因为我们长期处于战争环境与条件下,需要"节省每一个铜板为着战争和革命事业",更重要的,它是中国共产党在斗争实践中总结出的一个有益经验。我们可以没有"金匮石室",但档案与资料则会分别保管在"妥当的地方",按上海地下党的规定,凡档案文件保存地点"只有至多两人知道的,同时既要保证档案、资料的安全,又要注意节约"。战争年代档案材料的保藏运输工具也是非常简陋的,现保存于井冈山革命博物馆里的两只竹制皮箩,就是当年毛泽东用来装运文件的,他的警卫员龙开富在行军中既要负责挑运文件,又要保卫首长安全。他总是将文件进行细致的分类整理,为防雨防潮,随时用油纸包好,到了宿营地,根据需要挑拣出相关文件供中央领导同志研究利用。在物质生活艰苦的情况下,中国共产党一直倡导开展节约运动。1932年2月,中央人民委员会发出第三号通令《帮助红军发展革命战争,实行节俭经济运动》。1933年12月5日,苏维埃中央政府颁发了为节省经费而开展反浪费斗争的训令。1934年3月,苏维埃政府发出号召,提出了开展节省运动的具体办法,其中第六项规定为:"节省笔墨纸张。消灭无用文件,每月可节省一万二千元。"①"文件起草和其他需要尽量用无用文件及油印裁下之纸条,制定了文件印刷散发之标准。"②

在人员设置及酬劳等方面进行严格的限制。如县执行委员会,是全县苏维埃代表大会闭会期间最高政权机关,发放生活费的工作人员总额规定为不得超过25人,包括……总务处长1人,文书、印刷、事务、收发各1人。再如抗日战争时期,本着精简节约的原则,一些地方机关在设置专门的文书档案机构时,尽可能缩小编制和人员数量,几乎所有的机构人员都是一人多职的,而且还要参加生产与战斗。如陕甘宁边区政府秘书处文书科1945年至1947年的《工作总结简报》,记载了这个科三年的工作情况:1945年,文书科整理案卷632份,归档文件457份,调卷80次。为

---

① 摘自《红色中华》1934年3月13日,第1版。
② 摘自《红色中华》1934年3月24日,第3版。

随时总结经验,提高水平,每天抽出半小时学习时事、文件和业务座谈。文书档案工作人员除本职工作外,还要参加生产和经济建设:拔苦菜三百斤防旱备荒;春天还派了三人到南泥湾开荒一个多月,夏季去二人锄草十天,四人到农场割麦十几天。也要完成额定的交粮任务:每人完成上交一斗小米的任务,全科超额二斗。这段文字极其生动地展现了革命先辈勤俭节约、艰苦奋斗的革命精神和优良作风。

(二)实事求是、求真务实

实事求是原则是毛泽东思想的精髓,其基本点就在于一切从实际出发,求真务实。新民主主义革命时期中国共产党文书档案工作的开展,从实践上对党的思想路线的核心——实事求是做了最好的诠释。该时期文书档案业务工作最重要的特点就是因时因地制宜,尽管各级党的组织、各根据地、各国统区、各部队在文书档案管理原则、制度规定上大致相同,但因所处环境、面临的形势和具体情况各异,因而,在文书档案工作中都要根据现实状况提出不同的要求。如1942年中央办公厅发出通知,全国各地收集敌、我、友各方面材料并运送到中央,其中对各根据地送交文件材料的时间做了如下安排:新四军、华中局、山东分局每半年送一次;晋察冀、晋东南三个月送一次;晋西北每个月送一次。显然送达时间的长短规定,既考虑到了各根据地与中央所在地延安的距离远近,也考虑到了当时各根据地的局势。再如,中国共产党在一切工作中历来倡导要勤俭节约,但在实际工作中并不是一味教条地运用,曾三在1949年2月28日《中央秘书处十个月工作报告》中指出:"行政工作要保障业务。节约是应该的,但为了业务必须花费的东西也必须办到。"实践证明,中国共产党因时因地制宜建立起的战时文书处理与档案管理方法、制度与具体要求措施,是党的实事求是原则在档案事业建设上的具体体现,因为其既合理可行,又卓有成效。

(三)勇于批评与自我批评

批评与自我批评不仅是中国共产党一贯的优良作风,也是该时期文书档案工作不断取得新的进步的一个重要法宝。各级文书档案机构与人员定期进行工作总结,其中很重要的内容就是开展批评与自我批评。总结报告需要及时传送给上级组织,而相应的上级组织也要针对总结报告中的问题做出新的指示,这在新民主主义革命时期已经完全经常化、制度化了。如1930年5月《中央秘书处文书科二、三、四月份工作报告》中,分别就工作方式、工作技术、工作人的精神等进行了全面总结,工作方式上"过去所形成的机械分工,已大部分的改正(如二处),不过也还未能运用得很经济很灵活",工作技术上"在各自担任的较以前熟练,……但是缺少新的发现",工作人的精神上"在集体生活中每发生些小的问题,表现有些缺乏相互间的了解与帮助",报告最后总结全科的情形"还是限于日常工作的应付,未能进作中央整个工作的帮助"。这一工作报告既有分项说明又有全面概括,既肯定工作成绩,也不掩饰存在的不足,使今后工作方向明确。再如1929年10月中央秘书处在《中共中央给江苏省委的指示信——关于省委秘书处的工作》中,就此前接到江苏省委秘书处的工作报告,提出了尖锐的批评:"完全束缚在机械的纯技术的范围,非常缺乏政治的意义","秘书处的工作方法上是漫无计划的,日常工作缺乏系统"等,并对今后工作提出了具体的指示意见。可见,该时期批评与自我批评的优良作风贯穿于文书档案工作中的各个方面,成为督促各级文书档案机构和人员不断改进、提高和创新的推动力量。

(四)相信群众、依靠群众

世界上任何政党的根基,都在于民众的拥护与支持。坚持走群众路线,这是中国共产党的生命线和制胜法宝。而文书档案工作既以一种特

新民主主义革命时期中国共产党文书档案工作研究

定的方式贯彻和执行党的群众路线,同时,文书档案工作的发展也离不开群众的支持与帮助。一方面,文书档案机构与人员就是要在工作中,通过文件书写使用白话文、当地土语或少数民族语言,将文件制作成布告和小册子等形式,以通俗、明晰的表达,将中国共产党的政治主张和相信群众、依靠群众的理念传播给民众,起到应有的组织、宣传与动员作用,赢得民众对中国共产党的认同和拥护,以此为党的中心工作服务。另一方面,文书档案工作本身也离不开群众的支持和协助,特别是在国统区显得尤为重要。中央文库最后一任保管者陈来生,其之所以在入党不久、年仅23岁时临危受命,除了他有地下工作经验且灵活机敏外,还与他家在上海有关。陈来生的家人都是普通群众,却能在关键时刻齐上阵,使这批档案在最险恶的环境中得以安全保存下来。还有很多地下交通员在递送文件遇险时,临时委托群众代为保管。可以说,正是中国共产党与人民群众血肉相连的关系,才使中国革命及其文书档案工作获得了民众广泛的支持和帮助,才有了新民主主义革命的最后胜利。

当然,我们必须承认,新民主主义革命时期中国共产党的文书档案工作还有很多不尽如人意的地方。长期处于战争环境下,各地区和根据地之间的相互隔绝,主要力量集中于交通不便、信息闭塞的乡村,文书档案工作开展基本没有可参照的经验等,成为文书档案工作发展最重要的客观制约因素。该时期文书档案工作主要存在以下不足。

一是没有普遍树立起较强的档案意识。这一时期,除在紧急情况下为保守党的秘密不得已销毁档案文件外,随意处理档案文件,以致很多应当保存的文件被焚毁的事情时有发生,反映出人们档案意识的淡薄。如党中央撤离延安前,清涧县对中央一些"不应烧毁""可烧可不烧"档案文件加以焚毁的处理就严重失当,曾三特就此事在致任弼时的电报中进行了深刻的检讨,说明他"应负主要责任",并进一步总结经验教训,认为中央档案"交地方干部保管的办法,很值得检讨,因为事到下面越不了解重要性,就越难负责"。

二是没有确立统一的文书档案工作管理体制。这一时期,党政军群文书档案工作分属不同的系统,具有相对独立的地位,机构之间的联系也是比较松散。同时,文书档案机构规模小、人员少、流动性大,机构设置和职能都带有依形势变化的不稳定性,而且文书档案机构与其他机构在职能上都有互相交叉的情形。因此,文书档案工作管理体制的未确立及分散式的管理模式,阻滞了文书档案工作的统一领导,这种状况直到解放战争中期后才有所改观。

三是文书档案工作法规制度建设不够健全。一是文书档案法规的层次较低,绝大多数属于政策性文件或规章制度,甚至包括工作总结与报告,少部分可归类于行政规章,纯粹意义上的法规很鲜见。二是档案法规制度内容原则性的规定不多,大多是关于文书处理与档案管理具体环节的简单规定。三是法规制度结构形式上带有不完备性,现代法律制度的许多规范性要求没有完全体现出来。

四是文书处理与档案管理相对较粗放。从这一时期文书档案工作法规制度内容考察,文书档案工作方面的规定都比较浅显,如文件的整理、编目、保密等,还是比较简单而具体的,更多是工作性指南,缺少对一些问题规律性的归纳概括。从该时期文书档案工作实践考察,主要着眼于简单实用,便于实际工作中对档案文件的查考利用,但有些方法是不甚科学的。

无论如何,新民主主义革命时期中国共产党文书档案工作中存在的诸多不足,主要还是受到当时各种客观条件的限制。在文书档案工作中的一些新的创见,对文书处理和档案保管规范化、科学化的不懈探索与追求,仍是该时期文书档案工作的主要方面。

第三节 新民主主义革命时期中国共产党文书档案工作的启示

在中华五千年的发展进程中,新民主主义革命时期只是历史洪流的一瞬间,然而它带给中国历史和中华民族的影响却是深刻而全面的。这一时期不仅产生了代表无产阶级利益的文书档案工作,而且其以独特的工作领域和形式发挥着不可替代的作用。文书档案工作不仅伴随着中国革命进程而日益成熟,而且也镌刻上了深深的时代烙印。该时期文书档案工作的成功经验,对于加强和推动新时期档案事业发展,有着重要的借鉴意义和有益的历史启示。

一、中国共产党的领导是文书档案工作建设与发展的根本保证

从中国共产党诞生之日起,文书处理与档案管理就成为党的一项重要工作。该时期正是由于有了中国共产党的英明决策和指导,得到了党的领导人的高度重视与亲切关怀,文书档案工作才能在革命斗争进程中不断地改进、提高。

一是在文书档案工作中,中国共产党继承、确立并丰富了马克思主义档案观,全面提升了对文书档案,文书档案工作性质、功能、作用与地位的深刻理解。1941年5月1日中共中央发布了《关于党员参加经济和技术工作的决定》,在全党范围内,给予经济工作和技术工作以准确定位,说明它们是"革命工作中不可缺少的部分,是具体的革命工作",并对一些党的组织和部分党员因抽象地狭隘地理解革命工作而产生的"轻视经济工作和技术工作,认为这些工作没有严重政治意义的错误观点"予以了及时纠正。因此,在全党、全军统一了思想认识,使文书档案人员对自身工作

的政治属性、与革命斗争之间的密切关系及在其中发挥的不可替代的作用有了较清醒的认知,对于他们准确把握文书档案工作的主旨与任务具有重要的指导意义,进一步推动了党的文书档案工作的健康发展。

二是给予文书档案工作以方向上的正确指引、具体目标上的准确定位,特别是在文书档案机构设置、人员选择与分配、法规制度建设、保管利用方法的规定等方面,给予科学的指导。毛泽东对文书档案各项工作的深刻认识,陈独秀与秘书制的建立,瞿秋白与《文件处置办法》的出台,周恩来对文书档案工作的长期领导等,为文书档案工作做出一系列的示范性、指导性的奠基工作。

三是在革命斗争的各个历史阶段,在革命形势与任务有所变化的关键时刻,正是在中国共产党的领导和全面指挥下,文书档案工作才能根据党中央新的战略部署及时调整工作重心。比如为建立巩固的抗日民族统一战线,对敌、我、友文件材料的大规模收集,国民党军队全面进攻时对档案的埋藏、疏散转移,革命即将取得全面胜利时对旧政权档案的接管等,在全局性、长远性方面给予革命斗争以有效的支援与服务。

新中国成立至今,我国社会主义革命与建设 70 余年的历史充分证明,正是在中国共产党的领导与指引下,在党的第一代、第二代领导集体和以江泽民、胡锦涛、习近平为代表的新时代党的领导集体的重视与关怀下,档案事业才能取得长足的发展,文书档案工作才能在新的历史时期不断向着科学化、现代化、信息化方向迈进。因此,在任何历史时期,无论面临怎样的形势与情况,都离不开党的领导,离不开党的领导人对文书档案工作的重视与关注,这是档案事业发展的前提与根本保证。

二、文书档案工作要与社会实践紧密结合,为社会各项建设提供良好的服务

文书档案既是社会实践的反映与记录,也是社会实践的必然产物。

新民主主义革命时期中国共产党文书档案工作研究

因此,与社会实践紧密结合、为社会各项建设提供服务也是文书档案工作的根本出发点与归宿。一方面,从宏观上讲,新民主主义革命时期,文书档案工作紧紧围绕党的建设、政权建设、军队建设等有序开展,并且能够随着中国革命面临的不同形势及任务的转换及时调整工作重心,为新形势下的革命斗争提供最直接的服务;另一方面,从微观上讲,文书档案工作为了适应不同阶段、不同系统、不同地区和不同部门的工作,不断探索不同的形式与方法,使之与社会实践有机融合。这一时期的文书档案工作具有极强的适应性和创造力,而这种适应性和创造力的源泉,则来自社会实践。其时,新民主主义革命以革命任务、战争策略、革命路线、建设重点、中心工作等方面的转变去适应不断变化的形势,而这期间直接为中国革命斗争服务的文书档案工作,也随之不断地变化、调适。可以这样讲,中国革命艰难而曲折的历史进程,给文书档案工作提供了广阔的实践平台和发展空间,而文书档案工作在与社会实践的紧密结合中,不仅获得了快速成长,使得这项工作和与之相适应的职业赢得社会的普遍认可,更彰显出自身的价值。

虽然档案事业今天的发展早已超越了以往,但文书档案工作为社会各项建设所提供的服务,却远远不能满足社会的基本需求。尽管我们树立了较强的服务理念与意识,有比较强大的新技术支撑,有高水平的管理队伍,有保管有序且数量可观的文献资源,但这项工作与社会实践有距离,社会服务不到位,对社会的贡献度也不尽如人意。因此,我们今天的文书档案工作机构和人员,有必要去对我们的工作进行深刻的反省,将服务社会实践作为文书档案工作的第一要务,切实为社会发展与进步发挥应有的作用。

三、法规制度建设是文书档案工作持久开展的基本保障

新民主主义革命时期,中国共产党处于长期的战争环境下,为了适应

各个阶段的工作重点和不同要求,更好地为革命斗争服务,中国共产党在文件书写、文书处理、档案保管、保护与利用等方面制定了一系列的法规制度,包括具体的工作方式方法。法规制度确立了中国共产党文书档案工作的基本准则与规范,如为最大限度地适应革命发展的需要,在各个阶段文书档案机构设置上都有所增减、合并或缩扩。而作为文书档案工作的行为模式与手段,当时在文书处理与档案管理实践中创造性地运用到很多特殊而有效的方式。在文件收集方面,采用了资料、文件并重,电报、照片档案单列,专门"因事"进行收集等方法,既适合战时特点,又机动灵活;在文件整理方面,吸收了与革命斗争实际相契合的图书馆分类法,并且分类、编目都简洁实用,又比较科学;在档案文件保管方面,在不同的情境下采取了坚壁、转移、分散方法等,以保证文件材料的安全。可以说,法规制度建设是文书档案工作坚持正确的政治方向、全面践行服务宗旨、保持执着的探索精神、不断精进业务水平的动力与保障。

目前,层次分明、规范有序、内容全面、系统齐全的文书档案法规体系已经确立,档案法制建设有了巨大的进步与发展。但现今法规制度尤其是行业基本法《档案法》还存在着很多欠缺,不能完全适应档案事业发展的具体状况,档案事业发展进程中出现的新情况、新问题,相当一部分内容法规并未予以有效的规范。因此,我们的档案法制建设仍任重而道远。那么,新民主主义革命时期在极艰苦的条件下,在文书档案工作中对法制建设的不懈追求,文书档案工作者对法规制度的敬畏、严格遵守与执行,对于我们在未来全面提高档案法律意识,日益健全档案法规制度,提升依法行政的能力和水平,保证档案事业可持续发展,仍然具有借鉴和启示作用。

四、坚定信仰、勇于担当、善于思考、乐于服务是文书档案人员永远的价值追求

新民主主义革命时期,中国共产党的文书档案人员无论面对怎样恶

新民主主义革命时期中国共产党文书档案工作研究

劣的环境与条件,都毫不畏惧退缩,以坚定的信念完成党交给的任务,以对党的无限忠诚履行自己永不叛党的誓言。长征中,党中央组织的由160多名战士临时组成的运输队,为了运送、转移党多年积累的重要物资和机要档案,爬雪山、过草地,背负重担行军作战。途中,近百名战士英勇牺牲,历尽千辛万苦把党的重要档案文件背到陕北。曾任中共湖南区委组织部长兼秘书长、省委特派员等职的谭明烈士,按毛泽东的指示发动农民开展斗争,"四一二"反革命政变后,转移到湘潭进行秘密活动,1927年7月经手管理党的重要文件,1928年12月被捕,受尽严刑拷打,坚贞不屈,被国民党反动派杀害。该时期的文书档案工作者以执着的热情一直为党的事业默默奉献,不计个人得失,无怨无悔。该时期的文书档案工作者,在异常艰苦的形势下,仍然能够精益求精,不断对业务工作开展加以细致的琢磨、研究,探索更加科学有效的为革命斗争服务的新方法、新途径。

可以说,该时期一大批党的忠诚卫士对党的事业的忠诚与热爱,成就了档案事业昨天的历史,在前辈精神的激励下,一代代档案人也铸就了档案事业今天的辉煌。而新时代的文书档案工作,依然需要文书档案人员继承先辈的精神,按照为党管档、为国守史、为民服务的要求,坚定信仰、勇于担当、善于思考、敢于创新、乐于服务,承担起历史责任,为中国档案事业的发展,甘于奉献、砥砺前行。

五、应继承和发扬党的优良传统与作风

老一辈革命家和前辈们在革命斗争中形成的优良传统与作风,在今天乃至今后一段相当长的历史时期内,仍然有其巨大的生命力。

改革开放后,中国经济、科学技术获得了飞速的发展,文书档案工作在各个层面也已经得到了很大的提升,时代在发展,社会在进步,但勤俭节约、艰苦奋斗的传统没有过时。因为勤俭节约、艰苦奋斗不仅是我们中

第八章 新民主主义革命时期中国共产党文书档案工作特点、历史贡献及其当代意蕴

华民族的传统美德,也是贯穿我们建设美好未来始终的精神支柱。历史经验表明,一个没有艰苦奋斗、勤俭节约精神作支撑的民族,难以自立自强。我国所处的社会主义初级阶段的现实状况也决定了提倡艰苦奋斗、勤俭节约精神的必要性。在文书档案工作中,仍要求我们像前辈们那样,从节约一张纸、一度电做起,把艰苦奋斗、勤俭节约的优良作风发扬光大,让这一传统和作风成为新时代文书档案工作进步发展的不竭动力。

实事求是的思想路线是中国共产党人经过长期革命斗争实践的探索,经过延安整风运动而逐步形成的,是中国共产党在理论上走向成熟的标志。当前,新时代档案事业的发展遇到了新情况、新机遇和新挑战,那么就必须遵循实事求是的原则与态度,直面新机遇,迎接新挑战,解决新问题。档案事业未来的发展仍然是一切从实际出发,做到工作目标切实、工作措施扎实、工作作风务实。唯有如此,才能在新的历史条件下对档案事业发展的根本问题树立科学的思想认识,制定正确的发展策略,提出切实的解决方案。在此基础上,对档案事业未来发展前景和趋势做出合理的规划与预测。

中国共产党从成立至今,一以贯之的工作路线就是群众路线,群众观点是马克思主义的基本观点,相信群众、依靠群众是坚持党的群众路线的核心。从本质上讲,文书档案工作就是为社会公众服务的,离开了群众的支持,档案事业就会失去其存在和发展的社会基础。所以在文书档案工作中,要相信群众,虚心向群众请教学习,特别是要充分挖掘出蕴藏在群众中的积极性和创造力,形成推动文书档案工作发展进步的强大合力。要依靠群众,就应在文书档案工作开展过程中,随时广泛听取群众的意见,集中群众的智慧,使文书档案工作中形成的决策、规划与部署充分体现百姓的意愿和利益,这样我们的工作才能获得最广泛、最牢固的群众基础和力量源泉。要坚持一切为人民负责的观点,只有扎根于群众中去,全心全意为人民服务,档案事业才能持久发展,长盛不衰。

新民主主义革命时期中国共产党文书档案工作研究

笔者循着新民主主义革命时期中国共产党文书档案工作孕育、成长、壮大及遭遇挫折的复杂轨迹一路走来,再现当年那段光辉岁月的研究,就过程而言已经走到了终点。当我们试图去点亮、触碰历史的那些暗角时,常常会不无遗憾地发现,可以照亮的部分是如此有限。当然,过程的完成远远不意味着认知的终结,历史的帷幕终将被徐徐拉开,让人们看见它精彩的全景和更恒久的价值。

参 考 文 献

史料

[1]中央档案馆编:《中共文书档案工作文件选编(一九二三——一九四九)》,档案出版社1991年版。

[2]中国人民大学档案系档案史教研室编:《中国档案史教学参考资料(新民主主义革命和社会主义革命与建设时期)》,中国人民大学档案系1982年版。

[3]中央档案馆编:《中共中央文件选集(1921—1949)》,中共中央党校出版社1989年版。

[4]中共江西省委党史研究室等编:《中央革命根据地历史资料文库·党的系统》,中央文献出版社、江西人民出版社2013年版。

[5]中共江西省委党史研究室等编:《中央革命根据地历史资料文库·政权系统》,中央文献出版社、江西人民出版社2013年版。

[6]陕西省档案馆、陕西省社会科学院编:《陕甘宁边区政府文件选编》,档案出版社1988年版。

[7]川陕革命根据地历史文献选编编委会编:《川陕革命根据地历史文献选编》(上、下),四川人民出版社1979、1980年版。

[8]中央档案馆编:《中国共产党第二次至第六次全国代表大会文件汇编》,人民出版社1981年版。

[9]中共中央书记处编:《六大以来——党内秘密文件》(下),人民出版社1981年版。

著作

[1]费云东、潘合定编著:《中共文书档案工作简史(1921—1949)》,档案出版社1987年版。

[2]费云东、余贵华:《中共秘书工作简史(1921—1949)》,辽宁人民出版社1992年版。

[3]费云东:《中共保密工作简史(1921—1949)》,金城出版社1994年版。

[4]费云东:《中共档案文献征集》,中国档案出版社2004年版。

学位论文

[1]赵琰:《新民主主义革命时期中国共产党档案事业研究》,硕士学位论文,广西民族大学,2008年。

[2]胡明波:《建国前中国共产党文书工作的现代化进程研究》,博士学位论文,南京师范大学,2014年。

[3]丁一:《民主革命时期中共档案法规建设研究》,硕士学位论文,黑龙江大学,2014年。

[4]薛涛:《抗战时期民主政权文书档案工作研究》,硕士学位论文,黑龙江大学,2016年。

[5]连婵玲:《探析毛泽东的档案观》,硕士学位论文,福建师范大学,2013年。

[6]牛文娟:《论周恩来对中国档案事业的贡献》,硕士学位论文,福建师范大学,2014年。

[7]马婷婷:《曾三档案学思想研究》,硕士学位论文,山东大学,

2016年。

期刊论文

[1]费云东、刘静一:《共产党人目光如炬 建党的同时即开始形成自己的档案》,《档案天地》2008年第1期。

[2]费云东、刘静一:《建党伊始,中共就特别重视各种材料的收集工作》,《档案天地》2008年第5期。

[3]费云东、潘合定:《民主革命时期党的文书档案工作——第二次国内革命战争时期》,《档案工作》1984年第5期。

[4]费云东、潘合定:《民主革命时期党的文书档案工作——抗日战争时期》,《档案工作》1984年第6期。

[5]费云东、潘合定:《民主革命时期党的文书档案工作——解放战争时期》,《档案工作》1985年第1期。

[6]李荣忠:《民主革命时期四川党的档案工作》,《四川档案》1992年第3期。

[7]费云东:《长征中红军秘书工作的特点》,《秘书工作》2016年第10期。

[8]费云东、康俊娟:《从〈红军长征记〉的问世说起——抗日战争时期我党对文献资料的征集》,《档案天地》2009年第1期。

[9]王素平:《解放战争时期的一次档案转移情况——访原国家档案局副局长田凤起》,《档案学通讯》1992年第4期。

[10]方新德:《解放战争时期时局与档案工作重点之演变》,《浙江档案》2001年第6期。

[11]邓绍兴:《抗日战争和解放战争时期的干部档案工作》,《档案管理》1990年第3期。

[12]潘合定:《中央材料科成立发展始末》,《档案学研究》2017年第

3期。

［13］孙果达:《中央特科地下档案库的毁灭》,《纵横》2009年第12期。

［14］费云东、康俊娟:《中央文库数次安全转移的奇迹》,《档案天地》2008年第11期。

［15］费云东、康俊娟:《中央文库文件三送党中央》,《档案天地》2008年第12期。

［16］费云东、康俊娟:《中央文库在与党组织失去联系的日子里》,《档案天地》2008年第9期。

［17］费云东、刘静一:《抗日战争时期的档案工作之一——档案机构的设置》,《档案天地》2011年第7期。

［18］费云东、刘静一:《抗日战争时期的档案工作之二——档案的系统化管理》,《档案天地》2011年第8期。

［19］费云东、刘静一:《抗日战争时期的档案工作之三——文献编辑出版工作》,《档案天地》2011年第9期。

［20］陈福荣:《论抗战时期陕甘宁边区的秘密工作》,《延安大学学报》(社会科学版)2009年第6期。

［21］费云东:《历险十八年 护宝志弥坚(二)——记中共中央秘密档案库》,《机电兵船档案》2012年第3期。

［22］朱国明:《壮哉、脊梁——中共中央地下档案库纪事》,《上海档案》1989年第3期。

［23］费云东、刘静一:《解放战争中的档案工作之一——中央机关的档案工作》,《档案天地》2011年第10期。

［24］费云东、刘静一:《解放战争中的档案工作之二——各中央局的档案工作》,《档案天地》2011年第11期。

［25］费云东、刘静一:《解放战争中的档案工作之三——解放区政府

及人民解放军的档案工作》,《档案天地》2011 年第 12 期。

[26]徐寿芝:《第二次国内革命战争时期书刊报的出版和利用》,《图书情报工作》2009 年第 5 期。

[27]铁柱:《记解放战争时期一次区分档案密级的工作》,《档案工作》1986 年第 5 期。

[28]费云东、刘静一:《解放前档案编研工作发展历程回顾之一——严密的组织领导》,《档案天地》2010 年第 1 期。

[29]费云东、刘静一:《解放前档案编研工作发展历程回顾之二——文电汇集的种类和作用》,《档案天地》2010 年第 2 期。

[30]费云东、刘静一:《解放前档案编研工作发展历程回顾之三——档案部门在文电编辑工作中的作用》,《档案天地》2010 年第 3 期。

[31]费云东、刘静一:《解放前档案编研工作发展历程回顾之四——中共顺直省委刊物简介》,《档案天地》2010 年第 4 期。

[32]费云东、刘静一:《解放前档案编研工作发展历程回顾之五——中共河北省委刊物简介》,《档案天地》2010 年第 5 期。

[33]费云东、石维行:《解放战争时期中央档案的三次大转移》,《党的文献》1999 年第 5 期。

[34]费云东、刘静一:《中央档案三次大转移之一——中共档案紧急撤离延安》,《档案天地》2009 年第 8 期。

[35]费云东、刘静一:《中央档案三次大转移之二——刘家曲与战时档案管理》,《档案天地》2009 年第 9 期。

[36]费云东、刘静一:《中央档案三次大转移之三——中共档案转战西柏坡》,《档案天地》2009 年第 10 期。

[37]费云东、刘静一:《中央档案三次大转移之四——中共档案进北京》,《档案天地》2009 年第 11 期。

[38]王荣华、张正国、李维勇:《中国共产党在民主革命时期的保密

工作》,《秘书之友》1993年第6期。

[39]刘建美:《民主革命时期中国共产党文物保护工作的历史考察》,《党史研究与教学》2009年第1期。

[40]陈明显:《平津战役中对档案文件的保护》,《档案工作》1982年第5期。

[41]余巍巍:《浅谈延安时期的档案管理工作》,《党史文苑》(学术版)2007年第4期。

[42]唐铨第:《陕甘宁边区政府的文书处理与档案工作》,《陕西档案》1994年第1期。

[43]费云东:《深入敌营抢救档案》,《档案工作》1991年第7期。

[44]费云东:《苏维埃政府的秘书工作》,《秘书工作》1997年第6期。

[45]李文远、张晓彤:《土地革命战争时期人民军队的秘书工作》,《秘书之友》1991年第8期。

[46]韦界儒:《温故知新 与时俱进——广西革命根据地文书档案工作研究》,《档案学通讯》2008年第4期。

[47]费云东:《解放区秘书工作的基本建设》,《秘书工作》1997年第10期。

[48]杨剑宇:《建国前党对秘书队伍的建设》,《秘书》2000年第2期。

[49]费云东、刘静一:《解放战争中的档案管理工作》,《档案天地》2011年第1期。

[50]田兆福:《我国档案事业史上的重要文献——〈文件处置办法〉》,《档案学通讯》1981年第6期。

[51]费云东、刘静一:《瞿秋白起草的我党第一个档案管理文件——〈文件处置办法〉》,《档案天地》2008年第6期。

[52] 林清澄:《学习抗日根据地文书、档案工作改革的经验》,《山西档案》1985 年第 4 期。

[53] 费云东:《惊涛骇浪见忠诚——新民主主义革命时期党的秘书工作史实辑要》,《秘书工作》2011 年第 7 期。

[54] 胡效英、王忠:《延安整风中党的档案工作》,《淮北煤师院学报》(社会科学版)1986 年第 4 期。

[55] 陈宏斌:《优良的传统 宝贵的经验——谈新四军第五师的文书档案工作》,《档案管理》1987 年第 1 期。

[56] 费云东:《战争环境中的档案工作(上)〈新民主主义革命时期党的档案工作形成与发展〉之三》,《机电兵船档案》2009 年第 4 期。

[57] 费云东:《战争环境中的档案工作(下)〈新民主主义革命时期党的档案工作形成与发展〉之四》,《机电兵船档案》2009 年第 5 期。

[58] 孙伟、王柳芳:《中共军史档案的早期征集工作述略》,《浙江档案》2014 年第 5 期。

[59] 王光远:《中共中央档案历险记》,《炎黄春秋》1999 年第 5 期。

[60] 刘守华:《中共中央档案在战火中的数次秘密转移》,《党史博览》2009 年第 1 期。

[61] 郅宗:《"中央文库"早期负责人——陈为人》,《档案工作》1982 年第 4 期。

[62] 王玉波:《陈来生与中央文库》,《山西档案》2009 年第 5 期。

[63] 李荣喜:《陈为人:誓死保卫中央文库》,《文史天地》2009 年第 6 期。

[64] 马昌法:《陈为人舍命保护中央文库》,《党史纵横》2011 年第 2 期。

[65] 韩开琪:《陈为人与"中央文库"》,《湖南档案》1993 年第 Z1 期。

[66] 李文乾:《舍身保卫中央文库的省委书记》,《党史文苑》2002 年

第 4 期。

[67] 章树成:《毛泽东档案思想浅议》,《淮阴师专学报》1993 年第 4 期。

[68] 周赟:《毛泽东的档案情结》,《兰台世界》2010 年第 13 期。

[69] 连婵玲:《试述抗日战争时期毛泽东的档案观》,《云南档案》2013 年第 1 期。

[70] 李永红:《毛泽东的档案收集之功》,《档案管理》2002 年第 2 期。

[71] 于应华:《毛泽东的文书档案思想及其实践》,《湖南城市学院学报》2008 年第 3 期。

[72] 潘合定、费云东:《毛泽东抚育下的档案工作——纪念毛泽东同志逝世十周年》,《档案学通讯》1986 年第 5 期。

[73] 王萍:《毛泽东关心档案工作》,《党史博览》2012 年第 10 期。

[74] 卢世菊:《毛泽东同志对档案工作的贡献》,《中南民族学院学报》(哲学社会科学版)1994 年第 1 期。

[75] 齐得平、郑淑兰:《毛泽东同志有关档案工作的论述》,《档案工作》1983 年第 6 期。

[76] 刘芳莲:《毛泽东与档案工作》,《档案学通讯》1998 年第 5 期。

[77] 王根广、齐得平:《毛泽东与档案工作》,《档案学通讯》1993 年第 6 期。

[78] 吴杰、李培清:《毛泽东与档案工作》,《湘潭大学学报》(社会科学版)1992 年第 1 期。

[79] 毛峥嵘:《毛泽东与档案事业》,《档案学研究》2003 年第 6 期。

[80] 费云东、刘静一:《毛泽东与秘书、档案工作》,《档案天地》2011 年第 6 期。

[81] 黄春燕:《毛泽东与文书档案工作》,《广西民族学院学报》(哲

学社会科学版)2002年第11期。

[82]杨树标:《无产阶级革命家与档案——纪念毛泽东同志诞辰九十周年》,《浙江档案工作》1983年第12期。

[83]冯子直:《学习毛泽东同志关于档案和档案工作的论述》,《档案工作》1979年第1期。

[84]张云:《长征中毛泽东重视档案工作》,《档案与建设》1997年第8期。

[85]曾三:《回忆刘少奇同志对档案工作的几次指示》,《档案工作》1980年第3期。

[86]石勇、铁柱:《刘少奇对档案工作的指导》,《北京党史研究》1998年第6期。

[87]王勇:《刘少奇和档案》,《辽宁档案》1993年第4期。

[88]费云东、刘静一:《刘少奇情系档案事业》,《档案天地》2009年第12期。

[89]陈建伟:《刘少奇同志与我国的档案事业》,《上海档案》2008年第7期。

[90]费云东:《刘少奇与秘书工作》,《秘书工作》1998年第11期。

[91]陈建伟:《刘少奇与我国的档案事业——纪念刘少奇诞辰110周年》,《兰台世界》2008年第19期。

[92]于应华:《略论刘少奇的文书档案思想——纪念中国共产党诞生80周年》,《湖南档案》2001年第3期。

[93]张欢:《朱德对我国档案事业的贡献》,《兰台世界》2013年第28期。

[94]张瑜:《朱德同志对档案工作的关怀》,《兰台世界》2012年第22期。

[95]费云东:《朱德同志关怀档案事业二三事》,《档案工作》1986年

第6期。

[96] 王大德:《朱德同志与档案工作》,《辽宁档案》1993年第5期。

[97] 费云东、刘静一:《朱德与档案及档案工作》,《档案天地》2011年第2期。

[98] 潘合定、费云东:《朱总司令与红军档案》,《档案学通讯》1986年第3期。

[99] 窦晓光:《论周恩来档案学思想中的历史意识》,《档案与建设》1993年第1期。

[100] 贺吉元:《略谈周恩来的档案学思想——为周总理逝世廿周年而作》,《档案学通讯》1996年第1期。

[101] 费云东、潘合定:《擎天柱下好藏史——记周恩来同志关怀党的档案工作历史片断》,《档案学通讯》1986年第1期。

[102] 夏志高、叶荣强:《周恩来档案学思想与实践初探》,《档案与建设》1993年第3期。

[103] 陈坚:《周恩来档案学思想渊源探微》,《档案与建设》1993年第2期。

[104] 费云东、郑淑兰、张秋云:《周恩来对党的文书工作的贡献》,《秘书工作》1994年第5期。

[105] 费云东、刘静一:《周恩来同志关怀档案事业的故事——之二:指导建立科学的档案管理制度》,《档案天地》2011年第4期。

[106] 张蕾蕾:《周恩来早期领导情报工作的理论与实践》,《上海革命史资料与研究》第三辑。

[107] 费云东:《周恩来早期秘书工作》,《秘书工作》1998年第2期。

[108] 李筑宁:《远见卓识护瑰宝——周恩来草创党的档案工作》,《党史纵横》1998年第3期。

[109] 费云东、刘静一:《神秘隐讳的"周公材料"》,《档案天地》2009

年第 6 期。

[110]李中华:《瞿秋白与文件处置办法》,《兰台世界》2010 年第 13 期。

[111]苗体君、窦春芳:《瞿秋白与中共的文书档案工作》,《南通大学学报》(社会科学版)2009 年第 3 期。

[112]徐秀娟:《瞿秋白同志与档案工作》,《档案学通讯》1985 年第 6 期。

[113]费云东、刘静一:《在中共中央秘书长岗位上的任弼时》,《档案天地》2010 年第 6 期。

[114]费云东:《任弼时的秘书工作指导思想》,《秘书工作》2000 年第 4 期。

[115]李筱春:《邓小平的档案观》,《档案管理》2008 年第 2 期。

[116]王贵胜:《邓小平三任中共中央秘书长》,《秘书工作》2009 年第 4 期。

[117]李维强:《邓小平同志与档案工作》,《机电兵船档案》1999 年第 3 期。

[118]周彬、周雷鸣:《邓小平与档案工作——纪念邓小平同志诞辰 100 周年》,《档案与建设》2004 年第 7 期。

[119]李荣忠:《邓小平与文书、档案工作》,《四川档案》1997 年第 2 期。

[120]黄梅、陈建伟:《邓小平与我国档案事业的发展》,《兰台世界》2006 年第 8 期。

[121]首小琴:《习仲勋的档案工作思想》,《兰台世界》2014 年第 8 期。

[122]费云东、刘静一:《秘密斗争环境中党内行文的基本要求》,《档案天地》2008 年第 7 期。

[123]白继忠:《陕甘宁边区的公文改革》,《秘书之友》1985年第4期。

[124]费云东、刘静一:《秘密环境下的电报档案工作之一——机要电讯工作的创立》,《档案天地》2010年第8期。

[125]费云东、刘静一:《秘密环境下的电报档案工作之三——党政军三大系统机要电讯与保密》,《档案天地》2010年第10期。

[126]蔡毅:《新民主主义革命时期的照片档案工作》,《档案与史学》1996年第3期。

[127]费云东:《我党机要电讯工作的建立与发展》,《秘书工作》1997年第4期。

[128]费云东、康俊娟:《我党在白区秘密交通网的建立》,《档案天地》2009年第2期。

[129]仲一:《中央电报档案保管与整理方法的历史回顾》,《档案学研究》1990年第1期。

[130]李珊:《抗战时期人民军队干部档案工作制度的创建与基本成就》,《军事历史》2016年第3期。

会议论文

[1]王萍:《毛泽东关于档案工作的论述及实践探析》,载《中共中央文献研究室个人课题成果集2011年》(上),中共中央文献研究室科研管理部,2012年。

[2]高爽:《试论抗战时期文献史料文物资料的征集整理及研究利用工作》,载《博物馆藏品保管学术论文集》,北京博物馆学会,2004年。

报纸文章

[1]费云东:《电报档案的形成》,《中国档案报》2001年5月7日第

3 版。

［2］费云东:《刘家曲与战时档案管理》,《中国档案报》2001 年 5 月 14 日第 3 版。

［3］孙成德:《毛泽东档案工作实践与思想——纪念毛泽东诞辰 120 周年（上）》,《中国档案报》2013 年 12 月 26 日第 3 版。

［4］孙成德:《毛泽东档案工作实践与思想——纪念毛泽东诞辰 120 周年（下）》,《中国档案报》2013 年 12 月 27 日第 3 版。

［5］费云东:《中央档案进北京》,《中国档案报》2001 年 5 月 24 日第 3 版。

［6］王心文:《中央文库的首任掌门人张唯一》,《人民政协报》2013 年 9 月 19 日第 B03 版。

后　记

今年,适逢伟大的中国共产党百年华诞!由中国共产党领导的新民主主义革命,不仅终结了百年来中国任人宰割的屈辱历史,更实现了民族独立和人民解放。而这一时期中国共产党的文书档案工作,既是新民主主义革命的组成部分,也是新民主主义革命取得胜利的重要助力,又成为新中国档案事业发展的直接渊源。因此,在这一特定的时间节点,以新的体例、内容和观点对该时期中国共产党文书档案工作加以周彻的考量,并将相关研究成果以书的形式呈现出来,更使本著作具有了一层别样的意蕴。

笔者在长期从事中国档案史的教学过程中,一直对与新民主主义革命时期中国共产党文书档案工作相关的研究比较关注,并尝试着对一些问题加以探讨。2014年因有幸得到国家社科基金项目资助,遂开始了对该时期中国共产党文书档案工作原貌进行细致的梳理与全面的阐释,嗣后课题研究成果的出版更幸运得到国家出版基金资助,本书得以付梓。显然,正是由于相关研究的鲜少与不足,才使本课题的研究能够获得较广泛的认可。

本书主要依托于笔者主持的国家社科基金项目研究报告,以百年前中国共产党诞生至中华人民共和国成立为背景,用专题的形式对该时期中国共产党文书档案工作予以深入系统的探讨。集国家社科基金和国家出版基金两个项目资助于一身的本论著,在课题研究和出版过程中得到了各方大力支持。我的研究生们,现任职青海大学图书馆的薛涛、哈尔滨医科大学档案馆的丁一,目前仍在读的陈明、陈天爱和吴玥,他们几届学生相继接力进行文献资料的查找、整理与补充,项目组成员则就体系框架构筑和基本内容呈现提出了富有建设性的意见,还参与了部分内容的撰写;正是在黑龙江人民出版社李庭军老师的积极鼓励下,才以国家社科项目研究成果形式斗胆申报了2021年度国家出版基金并终获资助,李庭军和姜新宇两位编辑老师还通览了全部书稿并提出了卓有见地的修改意见,黑龙江人民出版社也为本书出版给予了鼎力支持;吉林大学朱哲教授和辽宁大学赵彦昌教授则在申报国家出版基金项目时认真撰写了专家推荐意见书;本书在撰写和修改过程中,参阅及吸摄了国内部分专家学者的研究成果;在此一并表示诚挚的谢意!

新民主主义革命时期中国共产党文书档案工作研究,是具有一定难度的研究课题,不仅内容涉及面宽泛、庞杂,还属于典型的跨学科研究,原始档案及汇编资料有限且分散,加之作者学识水平之囿限,粗浅、疏误之处在所难免,诚望专家学者与档案界同人赐教、斧正。

刘迎红
2021年4月于哈尔滨